고금명인명감
古今名人命鑑

고대 중국의 제왕들로부터 근대의 명인들까지 306인의 명조 해석집

고금명인명감
古今名人命鑑

東海 서락오 지음 / 春光 김기승 옮김

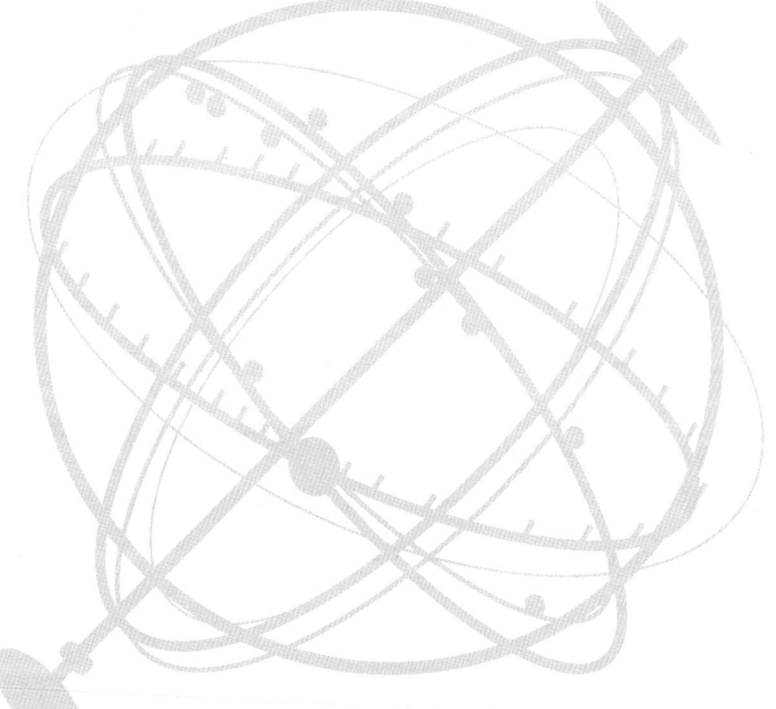

다산글방

| 역자 서문 |

 이 책 『고금명인명감』을 저술한 동해(東海) 서락오(徐樂吾)는 청나라 광서(光緒) 12년 3월 3일 申時(서기 1886년 4월 6일)에 출생하여 1948년까지 생존하였으며 근대 중국 사주학계의 최고 거두로 평가받고 있다. 이 책의 〈제5부 근대명인명조〉 [275]번은 '樂吾自造'로 서락오의 사주가 기록되어 있다.

 서락오의 저술 업적은 다음과 같다. 『난강망』의 필사본을 모아 여춘태가 『궁통보감』을 발행한 이후 서락오가 주석을 달아 1937년 『궁통보감평주』를 출판하였다. 1935년에는 『명리심원(命理尋源)』과 『잡격일람(雜格一覽)』을 저술하면서 『적천수징의(滴天髓徵義)』를 출판하였다. 1936년에는 『자평진전평주(子平眞詮評註)』를 저술하였고, 1937년에 『적천수보주(滴天髓補註)』를 저술하였으며, 1938년에 사주학의 내용을 일목요연하게 정리한 『자평수언(子平粹言)』을 저술하였다. 그밖에도 『자평일득(子平一得)』, 『명리입문(命理入門)』, 『명리일득(命理一得)』, 『조화원약평주』, 『고금명인명감(古今名人命鑑)』 등을 저술하였다.

 사주학의 삼대 필독서라고 평가되는 『적천수』, 『자평진전』, 『궁통보감』을 평주하고, 고금의 유명 인물들의 사주를 해설하고, 사주학의 이론을 정리하고 사주학의 연원을 밝히는 등의 일련의 저술 활동을 했던 서락오의 공로에 의해서 근대와 현대의 사주학은 체계적인 논리구조를 가진 학문으로 정립될 수 있었다고 할 것이다.

무엇보다도 서락오의 가장 큰 업적은 용신을 정하는 다섯 가지의 원칙을 최초로 정립했다는 데 있다. 억부용신(抑扶用神), 통관용신(通關用神), 병약용신(病藥用神), 조후용신(調候用神), 전왕용신(專旺用神)의 다섯 가지 용신 정하는 법을 『자평수언』[1)]에서 확실하게 밝혀 놓았다. 이것이 현대까지 그대로 공식처럼 전해지고 있다. 또한 체용(體用)을 명확하게 분별하였다. 즉, 일주(日主)=체(體), 월령(月令)=체(體)의 용(用), 용신(用神)=용(用)의 체(體), 희신(喜神)=용(用)의 용(用)이 그것이다.

서락오는 원수산을 선의의 경쟁자로 생각하여, 원수산의 『명리탐원』에 필적하는 『명리심원』을 저술하였고, 원수산의 『명보』에 필적하는 『고금명인명감』을 저술하였으며, 원수산의 『적천수천미』에 필적하는 『적천수징의』를 출판하고 『적천수보주』를 저술한 것이었다. 선의의 경쟁자 두 사람에 의해서 명리학의 이론과 역사가 잘 정리되는 좋은 결과가 생겼다고 할 수 있다.[2)]

---

1) 자평수언 (1986년 대만 무릉출판사 발행) 295~341쪽 참조.
2) 2017, 김기승,나혁진 [명리학사] pp.258·250. 참조

서락오 선생의 저술서 중 하나인 이 책 『고금명인명감』은 중국 역대 왕조 황제들의 사주와 각계 명인(名人)들의 사주를 모아 해석한 책이다. 이 책의 특징은 사주명조에 대하여 인물의 생애사적 관점에 대입하여 논한 것이 특징으로 사주명리의 이론은 없고 오직 명조를 모아 놓고 간략한 설명을 붙인 것이 전부라고 볼 수 있다. 하지만 사주명리학은 이론을 바탕으로 사주를 해석하는 상담 중심의 실용학문이라는 점에서, 또한 수많은 사례의 삶과 그 사주를 대입하고 분석하는 경험을 쌓고 명조를 보는 혜안을 갖춰야 한다는 점에서 중요한 자료가 아닐 수 없다.

현실적으로 실제 국가 지도자나 높은 직의 벼슬을 가진 자 등 고위층 사람들의 사주를 접할 기회는 매우 미미할 뿐이다. 이 책에는 24명의 고대 제왕들의 명조뿐만 아니라, 공자(孔子)를 시작으로 60명의 역대 명인들과 명대(明代) 및 청대(靑代) 명인들, 그리고 근대 명인들의 사주 명조까지 총 306명조가 실려 있으니 명인들의 사주를 세세히 탐구해 볼 수 있다.

서락오는 명조 해석에서 잡기격(雜氣格)을 논하였으며 삼기격(三奇格)과 천을귀인(天乙貴人)과 월덕귀인(月德貴人), 천덕귀인(天德貴人)을 중요하게 다루었다. 그리고 〈제6부 부록 - 왕희문평〉에 수록된 명조는 앞에 수록된 명조와 여러 개의 명조가 중복되어 있는데 이는 논명(論命)의 차이가 있었다.

   그리고 역자는 고증이 가능한 사례 명조 인물들의 간략한 생애를 기록하였으므로 인물들의 생애에 나타난 기상과 업적 및 길흉화복(吉凶禍福)등을 운과 비교하여 볼 수 있게 하였다. 고금(古今)의 사회 고위층과 저명인사들의 사주를 음미하여 일반인들과의 차이점은 무엇이고, 또 사주를 떠나 당시의 시대적인 국가 문화, 사상과 가문, 기회와 運 등 기득권으로 주어지는 부귀와 성공을 판단해 볼 수 있을 것이다.

   사례 해설은 원서(原書)의 뜻을 그대로 전달하고자 가급적 직역(直譯)하였다. 그리고 역자의 개인적인 사견을 붙이지 않았으나 서락오의 해석이 이치에 맞지 않는다고 생각되는 곳에는 '역자 주'를 첨언하였다. 또한 이 책은 원문이 중요시 되는 이론서가 아니기에 원문 삽입을 생략하였다.

   끝으로 번역에 도움을 준 문하의 인강(認江) 김현덕 박사에게 고마움을 전하며, 부족하나마 공부하는 사람들에게 참고자료의 역할이 되길 바라는 마음이다.

2019년 8월 1일

春光 김기승

차례

제1부 고대 제왕 명조 古代帝王命造

[001] 元世祖 忽必烈(원세조 홀필렬) · 018
[002] 元順帝(원순제) · 019
[003] 明太祖 朱元璋(명태조 주원장) · 020
[004] 明建文帝(명건문제) · 022
[005] 明成祖 朱棣(명성조 주체) · 023
[006] 明穆宗 隆慶(명목종 융경) · 024
[007] 明神宗 萬曆(명신종 만력) · 025
[008] 明武宗 正德(명무종 정덕) · 026
[009] 明世宗 嘉靖(명세종 가정) · 027
[010] 明光宗 泰昌(명광종 태창) · 028
[011] 明憙宗 天啓(명희종 천계) · 029
[012] 明思宗 崇禎(명사종 숭정) · 030
[013] 李太后(이태후) · 031
[014] 淸太宗 天聰(청태종 천총) · 032
[015] 淸世祖 順治(청세조 순치) · 034
[016] 淸成祖 康熙(청성조 강희) · 035
[017] 淸世宗 雍正(청세종 옹정) · 036
[018] 淸高宗 乾隆(청고종 건륭) · 037
[019] 淸仁宗 嘉慶(청인종 가경) · 038
[020] 淸宣宗 道光(청선종 도광) · 039
[021] 淸文宗 咸豊(청문종 함풍) · 040
[022] 淸穆宗 同治(청목종 동치) · 041
[023] 淸德宗 光緖(청덕종 광서) · 042
[024] 宣統 溥儀(선통 부의) · 044
[025] 慈禧厚 西太后(자희후 서태후) · 046

제2부 역대 명인 명조 歷代名人命造

[026] 孔子(공자) · 050
[027] 顔子(안자) · 051
[028] 韓信(한신) · 052
[029] 猗頓(의돈) · 053
[030] 石崇(석숭) · 054
[031] 陶朱公 范蠡(도주공 범려) · 055
[032] 韓愈(한유) · 056
[033] 呂洞賓(여동빈) · 057

[034] 范祖禹(범조우) · 058　　　　　[035] 歐陽脩(구양수) · 059

[036] 文潞公 彦博(문로공 언박) · 060　　[037] 富弼(부필) · 061

[038] 寇準(구준) · 062　　　　　　　[039] 邵康節(소강절) · 063

[040] 范仲淹 文正(범중엄 문정) · 064　　[041] 韓琦 魏公(한기 위공) · 065

[042] 呂惠卿(여혜경) · 066　　　　　[043] 王安石(왕안석) · 067

[044] 楊令公(양령공) · 068　　　　　[045] 章惇 子厚(장돈 자후) · 069

[046] 蔡京(채경) · 070　　　　　　　[047] 蘇東坡(소동파) · 071

[048] 佛印禪師(불인선사) · 072　　　[049] 丘濬(구준) · 073

[050] 秦檜(진회) · 074　　　　　　　[051] 岳飛(악비) · 075

[052] 朱文公 熹(주문공 희) · 076　　　[053] 李綱(이강) · 077

[054] 賈似道(가사도) · 078　　　　　[055] 史彌遠(사미원) · 079

[056] 眞西山 德秀(진서산 덕수) · 080　[057] 趙孟府(조맹부) · 081

[058] 元托克托(원탁극탁) · 082　　　[059] 庫庫(고고) · 083

[060] 達什特穆爾(달집특목이) · 084

제3부 명대 명인 명감 明代名人命鑑

[061] 于謙 忠肅(우겸 충숙) · 086　　　[062] 王陽明 王守仁(왕양명 왕수인) · 087

[063] 張居正(장거정) · 088　　　　　[064] 嚴嵩(엄숭) · 089

[065] 嚴世蕃(엄세번) · 090　　　　　[066] 趙文華(조문화) · 091

[067] 徐階(서계) · 092　　　　　　　[068] 劉瑾(유근) · 093

[069] 李東陽(이동양) · 094　　　　　[070] 楊一淸(양일청) · 095

차례

[071] 劉瑜伯溫子襲爵誠意伯(유유백온자습작성의백) · 096

[072] 楊溥(양부) · 097
[073] 楊榮(양영) · 098
[074] 海瑞(해서) · 099
[075] 李春芳(이춘방) · 100
[076] 胡宗憲(호종헌) · 101
[077] 戚繼光(척계광) · 102
[078] 劉大夏(유대하) · 103
[079] 高耀(고요) · 104
[080] 王崇古(왕숭고) · 105
[081] 高拱椒山(고공초산) · 106
[082] 楊繼盛(양계성) · 107
[083] 王鳳洲 世貞(왕봉주 세정) · 108
[084] 王鴻儒(왕홍유) · 109
[085] 王象乾(왕상건) · 110
[086] 方逢時(방봉시) · 111
[087] 方從哲(방종철) · 112
[088] 董其昌(동기창) · 113
[089] 謝遷(사천) · 114
[090] 仇鸞(구란) · 115
[091] 雄廷弼(웅정필) · 116
[092] 楊鎬(양호) · 117
[093] 夏言(하언) · 118
[094] 王鏊(왕오) · 119
[095] 楊漣(양련) · 120
[096] 袁宗道(원종도) · 121
[097] 俞大猷(유대유) · 122
[098] 孫承宗(손승종) · 123
[099] 熊文燦(웅문찬) · 124
[100] 周延儒(주연유) · 125
[101] 沈一貫(심일관) · 126
[102] 聞淵(문연) · 127
[103] 潘潢(반황) · 128
[104] 商輅(상로) · 129
[105] 崔呈秀(최정수) · 130
[106] 孫傳庭(손전정) · 131
[107] 李維楨(이유정) · 132
[108] 趙南星(조남성) · 133
[109] 李成梁(이성량) · 134
[110] 祖大壽(조대수) · 135
[111] 盧象昇(노상승) · 136
[112] 史可法(사가법) · 137
[113] 馮保太監(풍보태감) · 138
[114] 魏忠賢(위충현) · 139
[115] 馬士英(마사영) · 140

[116] 馬文升(마문승) · 141

[117] 闕名(궐명) · 142

[118] 闕名(궐명) · 143

[119] 倪元潞(예원로) · 144

제4부 청대 명인 명조 清代名人命造

[120] 洪承疇(홍승주) · 146

[121] 錢謙益(전겸익) · 148

[122] 馮銓(풍전) · 149

[123] 費淳(비순) · 150

[124] 張廷玉(장정옥) · 151

[125] 岳鍾琪(악종기) · 153

[126] 阮元(완원) · 154

[127] 和坤(화곤) · 156

[128] 劉墉(유용) · 158

[129] 鐵保(철보) · 159

[130] 戴衢亨(대구형) · 161

[131] 董誥(동고) · 162

[132] 朱珪(주규) · 163

[133] 熊學鵬(웅학붕) · 164

[134] 謝墉(사용) · 165

[135] 駱秉章(락병장) · 166

[136] 胡林翼(호림익) · 167

[137] 曾國藩 文正公(증국번 문정공) · 168

[138] 彭玉麟 剛直公(팽옥린 강직공) · 170

[139] 曾國荃(증국전) · 172

[140] 左宗棠 文襄公(좌종당 문양공) · 174

[141] 稽曾筠(혜증균) · 176

[142] 瞿鴻璣(구홍기) · 177

[143] 張之洞(장지동) · 178

[144] 周玉山(주옥산) · 179

[145] 李鴻章(이홍장) · 180

[146] 岑春煊(잠춘훤) · 182

[147] 盛宣懷(성선회) · 183

[148] 陳夔龍(진기룡) · 184

[149] 馮煦(풍후) · 186

[150] 樊樊山(번번산) · 188

차례

제5부 근대 명인 명조 近代名人命造

[151] 袁世凱(원세개) · 192
[152] 黎元洪(여원홍) · 194
[153] 馮國璋(풍국장) · 196
[154] 徐世昌(서세창) · 198
[155] 段祺瑞(단기서) · 200
[156] 曹錕(조곤) · 202
[157] 吳佩孚(오패부) · 204
[158] 張作霖(장작림) · 206
[159] 張勳(장훈) · 208
[160] 江朝宗(강조종) · 209
[161] 閻錫山(염석산) · 210
[162] 徐樹錚(서수쟁) · 212
[163] 畢庶澄(필서징) · 213
[164] 張宗昌(장종창) · 214
[165] 唐繼堯(당계요) · 216
[166] 蔡成勳(채성훈) · 217
[167] 李純(이순) · 218
[168] 朱瑞(주서) · 219
[169] 齊燮元(제섭원) · 220
[170] 孫傳芳(손전방) · 221
[171] 盧永祥(노영상) · 223
[172] 周蔭人(주음인) · 224
[173] 趙恒惕(조항척) · 225
[174] 張敬堯(장경요) · 226
[175] 王占元(왕점원) · 227
[176] 王承斌(왕승빈) · 228
[177] 商震(상진) · 229
[178] 孫寶琦(손보기) · 230
[179] 梁士詒(양사이) · 231
[180] 袁克文(원극문) · 233
[181] 王克敏(왕극민) · 234
[182] 張弧(장호) · 235
[183] 葉恭綽(엽공작) · 236
[184] 潘復(반복) · 237
[185] 朱桂莘(주계신) · 238
[186] 楊宇霆(양우정) · 239
[187] 靳雲鵬(근운붕) · 240
[188] 張一麟(장일린) · 241
[189] 龔心湛(공심담) · 242
[190] 高凌尉(고능위) · 243
[191] 陳錦濤(진금도) · 244
[192] 孫洪伊(손홍이) · 245

[193] 谷鍾秀(곡종수) · 246

[194] 王輯唐(왕집당) · 247

[195] 吳光新(오광신) · 248

[196] 張志潭(장지담) · 249

[197] 張英華(장영화) · 251

[198] 楊森(양삼) · 252

[199] 鄧錫侯(등석후) · 253

[200] 陳光遠(진광원) · 255

[201] 孫中山 文(손중산 문) · 256

[202] 蔣奉化=蔣介石(장봉화=장개석) · 258

[203] 汪兆銘 精衛(왕조명 정위) · 260

[204] 宋子文(송자문) · 262

[205] 胡漢民 展堂(호한민 전당) · 264

[206] 黃克强(황극강) · 265

[207] 孫科 哲生(손과 철생) · 266

[208] 孔祥熙 庸之(공상희 용지) · 267

[209] 張學良(장학량) · 268

[210] 馮玉祥(풍옥상) · 270

[211] 李濟深(이제심) · 272

[212] 李烈鈞(이열균) · 273

[213] 柏文蔚(백문울) · 274

[214] 唐紹儀(당소의) · 275

[215] 張人傑(장인걸) · 276

[216] 張繼(장계) · 277

[217] 陳濟棠(진제당) · 278

[218] 陳調元(진조원) · 279

[219] 程潛(정잠) · 280

[220] 劉鎭華(유진화) · 281

[221] 唐生智(당생지) · 282

[222] 顔惠慶(안혜경) · 283

[223] 王寵惠(왕총혜) · 284

[224] 王正廷(왕정정) · 285

[225] 羅文幹(나문간) · 286

[226] 顧維鈞(고유균) · 287

[227] 黃郛(황부) · 288

[228] 蔣作賓(장작빈) · 289

[229] 薛篤弼(설독필) · 290

[230] 熊希齡(웅희령) · 291

[231] 薩鎭永(살진영) · 292

[232] 陳炯明(진형명) · 293

[233] 陳銘樞(진명추) · 294

[234] 蔡廷楷(채정해) · 295

[235] 湯玉麟(탕옥린) · 296

[236] 徐源泉(서원천) · 297

[237] 萬福麟(만복린) · 298

[238] 鹿鍾麟(녹종린) · 299

차례

[239] 李鼎新(이정신) · 300
[240] 林建章(임건장) · 301
[241] 方本仁(방본인) · 302
[242] 董康(동강) · 303
[243] 李根源(이근원) · 304
[244] 許世英(허세영) · 305
[245] 朱慶瀾(주경란) · 306
[246] 張乃燕(장내연) · 307
[247] 吳經熊(오경웅) · 308
[248] 鄭洪年(정홍년) · 309
[249] 蔣百器(장백기) · 310
[250] 張學銘(장학명) · 311
[251] 朱光沐(주광목) · 312
[252] 袁良(원량) · 313
[253] 傅宗耀(부종요) · 314
[254] 錢永銘(전영명) · 315
[255] 周作民(주작민) · 316
[256] 張嘉璈(장가오) · 317
[257] 虞和德(우화덕) · 318
[258] 榮宗敬(영종경) · 319
[259] 黃金榮(황금영) · 320
[260] 杜月笙(두월생) · 321
[261] 張嘯林(장소림) · 322
[262] 章炳麟(장병린) · 323
[263] 袁伯夔(원백기) · 324
[264] 胡適(호적) · 325
[265] 徐謙(서겸) · 326
[266] 日本 昭和天皇(일본 소화천황) · 327
[267] 鄭孝胥(정효서) · 328
[268] 陳寶琛(진보침) · 329
[269] 張作相(장작상) · 330
[270] 梅蘭芳(매란방) · 331
[271] 筍慧生(순혜생) · 332
[272] 楊小樓(양소루) · 333
[273] 孟小冬(맹소동) · 334
[274] 蔣驢子(장려자) · 335
[275] 樂吾自造(낙오자조) · 337

제6부 부. 왕희문 평 명리 附. 汪希文評命理

[276] 康有爲(강유위) · 342

[277] 梁任公(양임공) · 345

[278] 朱啓鈐(주계검) · 348

[279] 張宗昌(장종창) · 351

[280] 孫傳芳與施劍翹(손전방과 시검교) · 354

[281] 熊希齡(웅희령) · 358

[282] 章太炎(장태염) · 361

[283] 徐樹錚(서수쟁) · 365

[284] 段祺瑞(단기서) · 368

[285] 袁世凱與康熙(원세개와 강희) · 371

[286] 徐世昌(서세창) · 374

[287] 馮國璋(풍국장) · 378

[288] 黎元洪(여원홍) · 381

[289] 張作霖(장작림) · 384

[290] 曹錕(조곤) · 387

[291] 吳佩孚(오패부) · 390

[292] 孫中山(손중산) · 393

[293] 黃興(황흥) · 396

[294] 胡展堂(호전당) · 399

[295] 于右任(우우임) · 403

[296] 馬歇爾(마헐이) = 맥아더 · 406

[297] 溥儀(부의) · 408

[298] 李濟深(이제심) · 412

[299] 伍憲子(오헌자) · 416

[300] 陳公博(진공박) · 418

[301] 汪精衛(왕정위) · 421

[302] 葉譽虎 恭綽(엽예호 공작) · 424

[303] 許崇智(허숭지) · 427

[304] 陳濟棠與胡適之(진제당과 호적) · 430

[305] 胡展堂與劉紀文(호전당과 유기문) · 433

[306] 劉紀文與汪希文(유기문과 왕희문) · 436

제1부

고대 제왕 명조
古代帝王命造

001 元世祖 忽必烈(원세조 홀필렬)

쿠빌라이칸(忽必烈汗), 원세조(元世祖, 1215-1294). 징기스칸의 손자이며 몽골의 5대 칸으로 원 제국을 창립한 인물이다. 그의 통치 아래 몽골은 전성기를 누렸다.

```
乙 乙 乙 乙
酉 酉 酉 亥

丁 戊 己 庚 辛 壬 癸 甲
丑 寅 卯 辰 巳 午 未 申
```

정신이 포만하고 기상이 만천하에 드러난 것은 亥字에 묘(妙)함이 있으니 화살(化殺)하여 일주를 생조(生助)함에 있다. 혹 4 乙酉가 이보다 더 뛰어났다고 하나 이것은 지어낸 말이다. 亥水가 없으면 흐름이 막히고 지지(地支)의 기운을 싣지 못하고 상하가 서로 떨어져 두절되어 왕한 칠살(七殺)이 나를 극(剋)하는 기운의 모습이 지나치고 메마르게 하여 가난하고 요절할 수도 있다. 원나라 13년 丙子에 중원의 주인이 된 것을 運에 판별하면 당연히 卯運에 있다. 일원이 녹왕(祿旺)의 지지(地支)라 가살이 권세를 잡았다. 巳運에 죽지 않는 것은 마땅히 황제를 이루기 위함이다.

002   元順帝(원순제)

원 혜종 토곤테무르(元 惠宗 妥懽帖睦爾, 1320년 ~ 1370년) 혹은 원 순제(元 順帝)는 원나라의 제11대 칸(재위: 1333년 ~ 1368년)이다. 순제(順帝)는 명나라가 그를 호칭할 때 사용하는 시호이다.

```
丙 乙 壬 丁
子 未 子 未

丙 丁 戊 己 庚 辛
午 未 申 酉 戌 亥
```

子月 추운 乙木이 따뜻한 곳을 향하면서 동지(冬至) 후에 출생하였다. 일양(一陽)이 움직이므로 丙火가 用神이다. 비록 중국의 가운데를 잃었어도 오히려 황제의 칭호는 남아 있었는데, 원통 癸酉년에 황제에 오르니 겨우 7세였다. 서북(西北)운에 나라를 잃었다. 재위 35년에 운이 끝나니 홍무 3년에 나라를 잃고 죽는다. 申運에 水氣가 왕성하여 용신을 다쳤기 때문이다.

003 明太祖 朱元璋(명태조 주원장)

명나라를 건국한 초대 황제, 명 태조(재위 1368~1398년). 황각사에서 탁발승 생활을 하다 홍건적에 들어가 승승장구하여 남경에서 명(明)을 세우고, 북벌군을 일으켜 원나라를 몰아냈다. 몽골의 풍습과 제도를 철저히 금했으며, 한족 중심의 중앙집권 체제를 이룩했다.

```
丁 丁 壬 戊
未 丑 戌 辰

戊 丁 丙 乙 甲 癸
辰 卯 寅 丑 子 亥
```

　辰戌丑未 사고(四庫)를 모두 갖추고 있는 황제라는 귀인으로 사주의 격이 기이하다. 그 묘함은 辰戌丑未가 순서로 배열되어 천을귀인(天乙貴人)과 음양(陰陽)이 고루 분포되어 사방을 싸안고 있는 것이다. 마땅히 그 귀함은 나라를 창업한 천자이겠다. 戌未土가 月支, 時支에 있어 丁火 일주의 힘이 있고 年支 辰土는 官星 묘고(墓庫)에 앉아 있고 또한 日干은 財星 묘고에 앉아 있으며 月令 戌中 戊土 원신이 투출하여 영화로움을 빛나게 드러내고 壬水 관성이 (戌月에 燥土 기운을) 윤택하게 조화하니 배치가 적당하게 이루어졌다. 초년 대운인 癸亥 甲子운에 부모를 잃어 배고프고 갈 곳도 없을 지경이었다. 乙丑 대운부터 점차 발전되어 丙寅 丁卯

대운에 왕성함이 극도에 이르고 戊辰 己巳에 (丁火 日主의) 정신이 기막히게 모두 설기(洩氣)되어 유통하니 홍무 원년 41세에 황제의 자리에 오르고 재위 31년 만에 끝났다.

■ 譯者 註

月令에서 격을 취하면 상관격이 된다. 이때 재성과 인성이 있으면 격국을 이루어 부귀하다. 재성과 인성이 없다면 패격(敗格)이다. 그러므로 개국 황제를 상관격(傷官格)이라는 것은 이치에 맞지 않는다. 이 사주는 정격(正格) 관점에서 볼 것이 아니라 辰戌丑未 토국(土局)으로 戊土가 투출하여 큰 기세(종아격)를 이루었다. 그 기세를 순종하거나 도와야지 거역하면 안 된다. 時干 丁火 비견도 나쁘지 않다. 오히려 丁火는 土를 生하는 기세가 되었다. 그러니 초년 水 대운에 어려움을 겪은 것은 당연하고 이후 火土運을 만나면서 그 세력을 도우니 나라를 창업하여 황제가 된 것이다.

004 明建文帝(명건문제)

명나라 제2대 황제로 명 태조 홍무제 주원장(朱元璋)의 장손이자 의문황태자(懿文皇太子) 주표(朱標)의 아들이다. 휘는 윤문(允炆)이다. 역대 명나라 황제 중 숭정제(崇禎帝)와 함께 가장 비극적인 결말을 맞은 황제로 숙부인 연왕 영락제에게 황위를 빼앗겼다. 조선의 단종과 비슷한 부분이 많은 인물이기도 하다.

```
癸 己 壬 丁
酉 卯 子 巳

丙 丁 戊 己 庚 辛
午 未 申 酉 戌 亥
```

己土 일주가 失令하고 일시(日時)가 卯酉 沖을 만나니 재성은 왕하고 일간은 매우 약하다. 卯木 七殺은 경미함에도 극제(尅制)함은 중(重)하다. 위태로운 것은 月令을 따르지 않는 것이며 또한 命에 종하지 않음이여! 명주(命主)는 정책을 집행함에 일정함이 없어 나라를 잃었다.

005 明成祖 朱棣(명성조 주체)

명나라 3대 황제(재위, 1403-1424)로 태조(太祖)의 아들이다. 19년(1421) 북경으로 천도하고, 남경을 유도(留都)로 삼았다. 환관 감군(監軍)을 등용해 명나라가 환관을 중용하는 시발점을 만들었다. 22년 북정 도중 유목천(楡木川)에서 병사했다.

```
辛 癸 辛 庚
酉 酉 巳 子

丁 丙 乙 甲 癸 壬
亥 戌 酉 申 未 午
```

　金水의 기운이 왕성하고 재관(財官)은 月令을 장악하여 (戊土가 巳의) 건록과 천을귀인(天乙貴人)이 함께 있다. 천을귀인(天乙貴人)이 인수를 만나 맑음이 끊임없이 흘러 정신이 든든하다. 재성과 관성이 왕성한 행운에선 귀함을 막을 수가 없을 정도이다. 酉金이 장성(將星)이지만 巳火가 합하여 묶였으므로 황제가 되고자 병력을 일으키는 己卯년은 장성(酉金)을 충동(沖動)하여 (巳酉) 기반(羈絆)[3]됨을 제거한 것이다. 3년이 지나 癸未년에 황제에 오른 나이가 44세였고 재위는 22년이었는데 丁亥 大運에 巳火를 충거(沖去)하여 재관이 손상되었으니 목숨이 끝나게 된다.

---

3) 기반(羈絆)·사주 내에서 암신격(暗神格)의 경우에 지지에 지합하는 神. 암신격 가운데 암합관격은 동일 지지가 무리를 지어 왕세가 되고 暗 중의 충신(沖神)을 잡아당겨서 용신으로 하는 특수한 격식이다. 〈역학사전〉

006 明穆宗 隆慶(명목종 융경)

주재후(朱載垕). 명나라 황제(재위, 1566-1572). 세종(世宗)의 아들이다. 가정(嘉靖) 45년(1566) 12월 세종이 죽자 제위를 이었다. 다음 해 융경(隆慶)으로 연호를 고쳤다. 재위 6년 동안 특별히 드러난 업적이 없다. 융경 6년 5월 병사했다.

```
辛 癸 癸 丁
酉 卯 卯 酉

丁 戊 己 庚 辛 壬
酉 戌 亥 子 丑 寅
```

납음(納音)에는 癸卯金 辛酉木으로 卯酉가 서로 건록(建祿)을 바꾸었다. 이것은 조화되어 공명을 이루는 격이다. 그러니 五行의 바른 이론으로 살피면 편인 辛金이 일주를 도와 약한 가운데 일주가 왕성함에 이르렀다. 水木의 기운이 맑고 무성하며 또한 천을(天乙), 문창(文昌)귀인의 도움이 있으며 여기에 丁火가 투출하여 (木火가 밝아지니) 더 좋아졌다. 격국이 본래 맑고 신령하여 귀함을 알 수 있지만 애석하게도 酉金이 가까이에서 冲하고 癸水가 급히 丁火를 겁탈하니 청(淸)함이 탁(濁)함으로 바뀌었다. 원기(元氣)가 두텁지 못하니 요절할 징후이다. 융경(隆慶) 丁卯에 제위에 오르니 나이 31세 때였다. 황제에 오르고 6년만인 壬申년에 죽은 것은 子水와 申金이 申子(辰) 삼합으로 회국(會局)하고 丁火를 壬水가 합하여 丁火 희신을 파괴하였기 때문이다.

007 明神宗 萬曆(명신종 만력)

주익균(朱翊均). 명나라 황제(재위, 1573-1620). 목종(穆宗)의 아들이다. 융경(隆慶) 6년(1572) 목종이 죽자 황위를 이었다. 다음 해 만력(萬曆)으로 연호를 고쳤다. 만력 48년 7월 사망했다.

```
辛 癸 辛 癸
酉 亥 酉 亥

乙 丙 丁 戊 己 庚
卯 辰 巳 午 未 申
```

(金水 오행이 맑아) 양신성상격(兩神成象格)이다. 金水가 함께 맑으니 정신(精神)이 완전하고 기운(氣運)이 만족하여 맑음에 이르렀다. 亥水가 암충(暗沖)하여 巳中 재성과 관성을 부르고 酉金을 암합(暗合)하니 酉金이 卯木 식신 수명을 암충(暗沖)하였고, 亥水가 암합(暗合)하니 재성, 관성, 식신이 서로 도와가며 사용될 수 있다. 酉金과 亥水가 戌土 천문성을 공협(拱挾)하여 기운이 건궁(乾宮)에 모였으므로 사주가 일순(一旬) 내에 있어 태평세대에 천자가 된다. 적천수(滴天髓)에서 이르길 "음(陰)을 타고 음에 위치에 자리 잡으면 음기가 왕성하여 오히려 그 앞길이 환하게 밝다"라고 한다. 己未 대운 이후에 기운이 동남(東南)방의 따뜻한 곳으로 바뀌니 운이 알맞고 마땅하여 만력 11세에 황제에 올라 48년을 재위하였고 乙卯 大運에 이르러 수성(壽星)이 충파(沖破)당하여 생을 마치게 되었다.

008 明武宗 正德(명무종 정덕)

주후조(朱厚照). 명나라 황제(재위, 1505-1521). 효종(孝宗)의 아들이다. 홍치(弘治) 18년 효종이 죽자 뒤를 이었다. 다음 해 정덕(正德)으로 연호를 고쳤다. 궁중에 표방(豹房)을 지어놓고 정도를 넘어선 유락(遊樂)에 빠졌다. 재위할 때 중원(中原)과 사천(四川), 강서(江西) 등지에서 농민 봉기가 발생했다. 정덕 16년 3월 표방에서 죽었다. 자식은 없었다.

```
戊 丁 戊 辛
申 酉 戌 亥

壬 癸 甲 乙 丙 丁
辰 巳 午 未 申 酉
```

지지(地支)는 亥戌酉申으로 순서 있게 간격 없이 이어져 연영격(聯榮格)이라 한다. 또한 戌亥 건궁(乾宮)이고 戌申은 곤방(坤方)을 年과 時에 얻었으니 천관지축격(명천관지축격)이라 하여 지극히 귀(貴)하다.

009 明世宗 嘉靖(명세종 가정)

주후총(朱厚熜). 명나라 황제(재위, 1522-1567). 헌종(憲宗)의 손자이며, 흥헌왕(興獻王) 주우원(朱祐杬)의 아들이다. 정덕(正德) 16년 대신들의 상의를 거쳐 무종(武宗)의 종제(從弟)라는 신분으로 황위를 계승했다. 다음 해 가정(嘉靖)으로 연호를 고쳤다. 금석으로 만든 약을 먹고 중독되어 45년 12월 죽고 말았다.

```
己 辛 己 丁
亥 巳 酉 卯

癸 甲 乙 丙 丁 戊
卯 辰 巳 午 未 申
```

巳火 글자가 이미 있어 비천녹마격이라 할 수 있겠으나 巳酉로 合한 사주가 되어 격으로 논할 수 없다. 그러나 관성과 인성이 (즉 巳中 丙戊가) 합록(合祿)되어 복택(福澤)이 스스로 아름답다. 16세에 황제에 오르니 재위는 40년간이었다. 癸卯 大運 丁卯년에 죽으니 酉金 일간의 건록(建祿)을 파괴한 것이 명확하다.

010　明光宗 泰昌(명광종 태창)

주상락(朱常洛). 명나라 황제(재위, 1620). 신종(神宗)의 아들이다. 만력(萬曆) 29년 황태자가 되었다. 만력 48년(1620) 8월 그믐에 즉위하여 다음 해를 태창(泰昌) 원년으로 삼았다. 얼마 뒤 병에 걸려 월말에 홍려시승(鴻臚寺丞) 이가작(李可灼)이 만든 홍환(紅丸)을 복용하고 다음 날 즉사했다.

```
乙 丙 己 壬
未 申 酉 午

乙甲癸壬辛庚
卯寅丑子亥戌
```

시상(時上)에 정인이 투출하고 未土가 乙木 인성의 묘고(墓庫)이니 丙火 일원이 의뢰하는 바다. 申酉 재성이 인성을 파괴하므로 평범한 사람의 운명이다. 사주에 비겁이 없고 행운 또한 비겁으로 흐르지 않는 것으로 죽게 된다. 황제에 오른 날은 30일이고 39세에 죽었다.

011   明熹宗 天啓(명희종 천계)

주유교(朱由校). 명나라 황제(재위, 1621-1627). 광종(光宗)의 아들이다. 태창(泰昌) 원년(1620) 9월 광종이 죽자 제위를 이었다. 다음 해 천계(天啓)로 연호를 고쳤다. 천계 7년 8월 병사하였다.

```
甲 甲 壬 己
子 午 申 酉

丙 丁 戊 己 庚 辛
寅 卯 辰 巳 午 未
```

이 사주는 특별히 아름다움이 보이지 않는다. 겨우 申中 壬水가 투출하고 시주(時柱)에 子水 인수를 만나서 申金 칠살(七殺)을 化하여 살인상생(殺印相生)격이니 귀(貴)하다. 13세에 황제가 되어 재위 7년 만에 죽었다.

012 明思宗 崇禎(명사종 숭정)

주유검(朱由檢). 명나라 황제(재위, 1627-1644). 광종(光宗)의 아들이고, 희종(熹宗)의 동생이다. 만력(萬曆) 38년(1610) 12월 태어났다. 천계(天啓) 2년(1622) 신왕(信王)에 봉해졌다. 16년(1643) 3월 이자성(李自成)이 북경을 함락시키고 피할 길이 다 막히자 목을 매 자살했다.

```
己 乙 庚 辛
卯 未 寅 亥

甲 乙 丙 丁 戊 己
申 酉 戌 亥 子 丑
```

乙庚 化金되었으나 木으로 종(從)한다. 寅亥卯未 목국(木局)으로 기운이 모였으니 당연히 왕한 목기(木氣)의 세력을 따라야 한다. 庚辛金이 병신(病神)이 명확하다. 乙庚이 합하여 金을 제거할 수 없다. 酉運 甲申년에 자액(自縊·스스로 목을 매어 죽다)하였다. 金을 만나 왕한 木局을 파괴하려 함이다. 재위 17년 만이다.

013 李太后(이태후)

① 이태후(李太后, ?~965)는 중국 오대 십국 시대 후촉 왕조의 초대 황제 고조 맹지상의 후궁(측실). ② 이태후(李太后, 1546~1614)는 명 융경제의 후궁이며 명 만력제의 모후. ③ 이태후(李太后, ?~1597)는 명 만력제의 후궁이며 남명 소종 영력제의 모후. (이 세 명의 이태후 중 어느 이태후인지 분명하지 않다.)

```
壬 壬 庚 丙
寅 子 子 寅

甲 乙 丙 丁 戊 己
午 未 申 酉 戌 亥
```

비천녹마격(飛天祿馬)이다. 두 개의 子水가 모여 午火를 沖하여 오므로 寅午가 암중으로 회합(會合)되어 격을 이룬다. 寅中 甲木이 무기(無氣; 힘이 없음)하니 식신생재(食神生財)론은 아니다.

014 清太宗 天聰(청태종 천총)

애신각라황태극(愛新覺羅皇太極). 만주족(滿洲族). 누르하치(努爾哈赤)의 여덟 번째 아들로, 청나라 제2대 황제다. 연호는 천총(天聰)과 숭덕(崇德)을 썼다. 막북몽고(漠北蒙古)를 통일하고 조선(朝鮮)을 침공해 항복을 받았으며, 명나라 국경으로 진공하여 세 차례에 걸쳐 명나라 내륙을 공략했다.

```
丙 辛 辛 壬
申 亥 亥 辰

丁 丙 乙 甲 癸 壬
巳 辰 卯 寅 丑 子
```

변화된 기운으로 격국(格局)을 이루는 것은 진정으로 확신하기가 어렵다. 이 사주는 丙辛 化水하고 10월 출생에 水旺하고 건록(建祿)을 얻은 壬水가 투출하고 연지 辰土에 앉아 용(龍)을 만났으니 丙辛 化水가 되었음이 털끝만큼도 유감이 없을 정도로 진실하다. 이것으로써 복덕과 우수한 힘을 갖추었다. 게다가 묘한 것은 辰申이 子水를 공협(拱挾)하여 사주에 火土가 전혀 혼잡(混雜)되지 않았다. 재성과 관성, 인수가 녹지에서 고르게 상대궁을 비추니 마땅히 빼어난 무장으로 무리에서 뛰어났다. 복택(福澤)이 세상을 덮으니 어찌 중국 심장부로 쳐들어가지 않을 수 있겠는가? 몽골을 통일하고 華夏(중국)를 집어삼켜 청나라의 기업을 시작하게 된다. 순치는 어렸을 때 천자(天子)의 자리에 올랐다. 어리석은 자들이 어찌 알겠는가? 행운의 흐름이 또한 묘(妙)하니 壬子癸丑 대운에 丙辛이 合하여 化水되고 왕한 곳에 이른 것이니 진실로 이야기 할 거리가 못된다. 甲寅乙卯 대운에 화신(化神) 水의 설기가 아름다우니 化神 水가 왕한 사주라 설기됨을 좋아하는 것이다. 이것이 오행의 올바른 이치이다. 화기십가금(化氣十段錦)이라는 책에 오로지 생왕(生旺)함이 길하다 하였으나 한 가지로만 고집하는 것은 아니다. 丙辰丁운에 고르게 아름답다. 巳運 火土 왕지(旺支)에 이르러 亥水 건록을 冲하여 파괴하니 죽음에 이른다. 만약 세월을 빌려 하늘을 갖게 되는 청나라를 개국한 군주는 당연히 태종이지 순치 황제가 아니다.

■ 譯者 註

金이 水를 생하는 기세를 이룬다. 丙辛이 화합하여 水의 기운을 돕고 있다. 그 세력을 순종해야지 거역(拒逆)해서는 안 된다.

015 清世祖 順治(청세조 순치)

애신각라복림(愛新覺羅福臨). 청나라 제3대 황제(재위, 1644-1661). 연호는 순치(順治)이고, 황태극(皇太極)의 아홉 번째 아들이다. 환관들을 임용하는 등 명나라의 제도를 점차 답습했고, 불교를 깊이 믿었다.

```
甲 甲 乙 戊
戌 午 卯 寅

辛 庚 己 戊 丁 丙
酉 申 未 午 巳 辰
```

지지 寅午戌이 합하여 세력을 이루니 식신생재격(食神生財格)이다. 月令에서 건록(建祿)이 되니 신왕하여 능히 임무를 감당할 수 있다. 戊土가 투출(透出)되어 木火의 기운을 이끌어 통(通)하게 하니 맑고 순수하여 귀함을 알 수 있으나 황제의 사주로는 분류할 수 없다. 4세에 행운이 시작되어 7세 甲申년에 황제에 오르게 된 것은 丙運에 木火의 정밀하고 영특(英特)한 기운이 빼어나게 흘러 존귀한 영화로움이 드러났기 때문이다. 戊土가 왕한 행운에 다다르면 지금과는 다를 것이 틀림없다. 순치 18년 24세 壬寅년에 마치게 된다.

016　清聖祖 康熙(청성조 강희)

청나라 4대 황제(재위, 1661~1722). 연호 강희(康熙), 이름 현엽(玄燁), 묘호 성조(聖祖). 순치제의 셋째 아들로 1661년 순치제가 천연두로 24세의 나이에 갑자기 죽자 9세의 나이에 제위에 올라 역대 황제 중 가장 긴 61년간 통치하였다. 청의 지배는 그의 재위기간에 완성되어 다음의 옹정제 · 건륭제로 계승되며 전성기를 이루었다.

```
丁 戊 戊 甲
巳 申 辰 午

乙 甲 癸 壬 辛 庚 己
亥 戌 酉 申 未 午 巳
```

　근원(根源)이 먼 곳에서부터 움직여 흐름이 긴 명조로서 부귀하고 장수할 징조이다. 이 사주는 木을 근원으로 木火土金이 서로 상생(相生)을 하고 있다. 오행 중에 水가 결여되었으나 巳申이 合하여 화수(化水)하고 申辰이 암공(暗拱)하여 순환되어 상생함이 흘러 막힘이 없다. 운세의 흐름에도 오행이 마땅하지 않음이 없다. 1세에 운이 시작되니 9세에 황제에 올라 재위 61년이며 칠순 亥運에 마치게 된다. 이 같은 팔자는 간략하게 흘끔 보면 취할 수 있는 것이 없을 것 같이 조잡한 것 같으나 신강하고 살왕(殺旺)하며 戊土 일주의 건록(建祿)이 巳火 時에 있으므로 복택(福澤)이 이와 같이 두터운 사주는 없을 것이다.

017 淸世宗 雍正(청세종 옹정)

청나라 제5대 황제(재위, 1722~1735). 군기처대신(軍機處大臣)을 두고 지방대관에게 주접(奏摺)이라는 친전장(親展狀)에 의해 정치의 실정을 보고하게 하였다. 토착민에게는 개토귀류(開土歸流)의 정책을 펴서 내지화(內地化)를 꾀하는 등 청나라의 지배체제를 확립하였다.

```
壬 丁 甲 戊
寅 酉 子 午

庚 己 戊 丁 丙 乙
午 巳 辰 卯 寅 丑
```

丁火가 연시(年時)의 기운을 관통하고 七殺은 암장(暗藏)되고 관성은 노출되어 丁火 일원이 천을귀인(天乙貴人)에 앉아 월덕(月德) 관성을 도우며 子水 관살이 月令에서 왕기(旺氣)를 얻었다. 기쁜 것은 甲木이 투출(透出)하여 그 子水를 이끌어 통하게 함이니 적군을 변화시켜 나에게 도움이 되게 하는 것이다. 46세에 즉위하였고 재위는 13년이다. 庚午 大運에 죽은 것은 재성이 인수를 파(破)했기 때문이다. 혹 癸卯시라 하나 의심이 간다.

018　清高宗 乾隆(청고종 건륭)

청나라 제6대 황제(재위 1735~1795). 조부 강희제에 이어 정치, 경제, 문화적으로 '강희·건륭 시대'라는 청나라 최성기를 이룩하였으며, 이 시기에 중국 문화가 유럽 사회에도 널리 알려졌다.

```
丙 庚 丁 辛
子 午 酉 卯

己 庚 辛 壬 癸 甲 乙 丙
丑 寅 卯 辰 巳 午 未 申
```

천간의 庚辛은 丙丁이 있어 가을 金을 단련하고 지지에 子午卯酉 사정의 기운이 전부 있어 水火木金에 기운이 사방팔방으로 드러난다. 庚金 일주 아래에 단문(子午)으로 水火가 기제(既濟)되었다. 묘한 것은 子水가 午火를 沖함이니 午火가 酉金을 극하지 못하고, 酉金이 卯木을 沖함은 卯木이 午火를 돕지 못했기 때문이다. 이와 같이 극제(剋制)하고 굴복시켜 마땅한 것이 사주 전체에 골고루 퍼져 있다. 60년간 태평천자이고 모든 것을 다 갖춘 노인으로 옛 제왕들 가운데 이런 사람은 드물다. 25세에 황제에 올라 자리를 물려주고 난 후 4년 만에 세상을 마치니 89세였다.

019 清仁宗 嘉慶(청인종 가경)

청나라 제7대 황제(재위 1796~1820). 즉위 후에도 태상황제가 된 건륭제가 실질적으로 통치하였고 태상황제의 사망 후에야 친정을 폈다. 백련교의 난을 평정하였으나 천리교의 난, 회족(回族)·묘족(苗族) 등의 반란으로 청나라는 쇠퇴기에 접어들었다.

```
辛 丁 乙 庚
丑 丑 亥 辰

辛 庚 己 戊 丁 丙
巳 辰 卯 寅 丑 子
```

이 사주는 水를 근원으로 하여 水木火土金이 순환하여 상생하니 생명력(활력)이 어그러지지 않았다. 신약하여 인수를 용신으로 하니 인수가 천덕(天德)을 만나고 연월일이 甲戌旬에 같이 있어 귀한 징조가 있다. 8세에 운이 시작되어 寅 대운 東方으로 바뀌자 37세에 황제에 올랐고 재위 25년 나이 61세에 목숨을 마친다. 辛金 大運에 재성이 왕하여 인성을 파괴했기 때문이다.

020 清宣宗 道光(청선종 도광)

청나라 제8대 황제(재위 1820~1850). 서양 자본주의국가들의 외압이 두드러져 국내가 어지러웠으나 치세에 힘썼다. 이슬람 교도의 반란을 진압하고 재정에 힘썼으나 아편전쟁, 난징조약을 겪고 그가 죽은 뒤 반 년도 안 되어 태평천국의 난이 일어났다.

```
壬 壬 己 壬
寅 申 酉 寅

乙 甲 癸 壬 辛 庚
卯 寅 丑 子 亥 戌
```

辛(酉)金이 月令을 장악하니 관성은 맑고 인성은 똑바르다. 신왕한 사주에 재성이 없어 인수를 용신으로 하고 관성을 사용하지 않는다. 8세에 운이 시작하여 癸丑 大運 辛巳년에 황제에 오르니 나이 40이었다. 巳酉가 회합되어 정인 酉金이 왕성했기 때문이다. 癸丑운에 항상 평온하였고 甲木 大運 이후에는 金木이 크게 다투어 내란이 계속 이어져 나라의 근본이 동요되니 한 사람 황제의 경사스러움은 수많은 백성들에게 의지한 것이니 그 관계가 궁극에는 무겁지 않을 수 있겠는가? 卯木 大運에 酉金을 파괴하여 목숨을 마치니 재위 29년에 나이 68세였다. 양덕훤군이 문서에 기록된 것으로는 甲戌일 丙寅시라 하나 잘 모르겠다.

021 淸文宗 咸豊(청문종 함풍)

청나라 제9대 황제(재위 1850~1861). 태평천국군의 남경 점령에도 불구하고 당파싸움에만 몰두하는 만주인 관료들을 물리치고 젊은 한인관료를 기용하는 등 치정에 애썼다. 애로호 사건을 계기로 체결된 천진조약의 비준문제로 분쟁이 일어 영국·프랑스군이 북경에 침입하자 열하(熱河)의 이궁으로 피난하였으며, 병사하였다.

```
乙 己 乙 辛
丑 丑 未 卯

己 庚 辛 壬 癸 甲
丑 寅 卯 辰 巳 午
```

신왕(身旺)하여 七殺을 用神으로 하니 가살(假殺)로 권위를 잡았다. 6월은 土가 메마르고 木이 말라 水가 없이는 윤택할 수 없다. 나쁜 것은 辛金이 가까이서 칠살을 극하여 사주의 핵심을 다스리지 못하기 때문이니 내란과 외환이 있어도 죽지 않은 것은 다행이다. 3세에 운이 시작되니 癸巳 大運 辛亥년 21세에 황제에 오른 것은 巳丑이 합하고 亥卯未가 木局이 되기 때문이다. 재위는 11년 간이었고 壬辰 大運 辛酉년에 辰酉가 合金하여 乙木을 극하고 卯木을 冲하여 용신을 다치게 하여 없애버리니 죽게 되었다.

022 淸穆宗 同治(청목종 동치)

청나라 제10대 황제(재위 1861~1875). 9대 함풍제(咸豊帝)의 독자로서 어머니는 서태후(西太后)이다. 5세에 즉위하였으나 실제 정치에 관여하지 못하고 18세 때 천연두로 사망하였다.

```
辛 庚 壬 丙
未 辰 辰 辰

戊 丁 丙 乙 甲 癸
戌 酉 申 未 午 巳
```

 연간 丙火를 壬水가 가까이에서 극(剋)하니 삼월(三月)은 화기(火氣)가 오르고 未中 여기를 얻어 팔자가 비록 청순(淸純)하다 하나 용신이 박약하고 무력하여 운명을 통제할 수 없다. 3세에 운이 시작되어 7세에 황제에 오른 것은 癸巳 大運 중에 있는 것이 틀림없다. 재위 13년만인 甲午 大運에 갑자기 죽은 것은 왕가의 내막으로 바깥사람들은 알 수가 없다.

023 淸德宗 光緖(청덕종 광서)

청나라 제11대 황제(재위 1874~1908). 사실상 정권은 서태후가 장악했다. 서구열강과 문제가 많은 시기였다. 메이지 유신을 본받은 변법자강책을 받아들여, 1898년 무술변법을 시작했으나 수구파 세력의 쿠데타로 실패했다.

```
壬 丁 丙 辛
寅 亥 申 未

庚 辛 壬 癸 甲 乙
寅 卯 辰 巳 午 未
```

丁壬과 寅亥 간지가 모두 합하니 천지덕합(天地德合)이라 한다. 丙辛이 합이 되어 水로 변하니 격국이 매우 맑다. 자세히 보면 申月에 태어나 丙火는 절지(絶地)에 앉았고 인성이 있어 관성을 化하나 申中 庚金이 인성 寅木을 다치므로 신약하여 겁재를 반긴다. 겁재가 七殺로 化하여 丁火 일원이 고립되고 밖으로는 북방 水氣로 포위되었다. 丁火는 겉으로는 부드럽고 안으로는 성품은 매우 밝으나 마치 친엄마(인성)가 있어야 추동(秋冬)에도 옳은 것이다. 인성이 있어 丁火를 생하고 (水를 변화하면) 본래 水를 두려워하지 않는다. 왕한 申金이 寅木을 충거(沖去)하니 木은 쇠약하여 극제(剋制)되었다. 運으로 論하면 乙未 甲午운은 아름답고 癸巳 운도 괜찮으나 단 癸水가 개두(蓋頭)되고 巳亥가 상충(相沖)하니 곳곳에서 괴로움이 있었으나 戊戌년에는 묘고(墓庫)를 만나 세운에서 도움이 있었다. 과연 그와 같이 되었다. 그러나 七殺이 강하여 신약하면 인성을 용신으로 하여 관살의 마음을 이끌어 통하게 하여야 하나 인성의 힘이 부족하여 강제로 하니 도리어 화(禍)를 당하게 된다. 적천수(滴天髓)에서 약자를 돕는 것이 무익(無益)하다 하고 그 강한 기운에 순종함에 있으니 자기의 역량이 부족하여 정변(政變)이 일어난 것이다. 壬辰운에 金水가 재앙이므로 庚子년에 혼란이 있었고 戊申년에 兩申이 寅木을 冲하고 辰申이 子水를 협공(挾拱)하여 合하니 걱정 끝에 죽었다. 이 또한 슬프다.

024　宣統 溥儀(선통 부의)

청나라 마지막 황제 선통황제(宣統皇帝)의 이름은 부의(溥儀 1906~1967)다. 도광황제(道光皇帝)의 증손자이자 순친왕(醇親王) 재풍(載灃)의 아들인 부의는 광서황제(光緒皇帝)가 죽은 뒤 4세에 황위를 계승했다(재위 1909~1911). 3년간 재위하던 중 신해혁명(辛亥革命)으로 황위를 내어주면서 중국 역사상 마지막 황제로 남았다. 1967년 부의는 신장암으로 시달리다 쓰러져 1967년 10월 16일 세상을 떠났다.

壬 壬 庚 丙
寅 午 寅 午

丙 乙 甲 癸 壬 辛
申 未 午 巳 辰 卯

壬水 일주가 庚金 근원이 있으나 (寅木) 절지(絶地)에 있고 壬水 무근(無根)이다. 적군인 수레에 실은 땔나무가 불을 일으키는 火를 감당할 수 없다. 적천수(滴天髓)에 이르기를 ; "五陽干은 종기(從氣)하나 종세(從勢)는 하지 않는다."라고 하였다. 입춘(立春) 후 삼일에 태어나니 戊土가 사령(司令)하고 寅午 회국(會局) 丙火 투간하여 왕한 火氣를 종(從)함이 필연할 것이나 애석하게도 지지에서 이루어진 火局이 때를 만나지 못하여 명리가 뜬구름이다. 9세(9대운)에 기운이 일어나 4세에 황제에 오르니 소한(小限)운이 甲戌에 己巳년이었다. 癸運 壬水가 통근(通根)되었음을 보았

으나 기왕에 月令 화국(火局)에 종하지 못하니 좋은 운명을 받지 못한 것이다. 巳運 후에는 이름 없는 사람이다.

■ 譯者 註

壬水 일주는 양간(陽干)이라 성품이 굳세고 강하여 자립하고자 하는 것이 천성이다. 적군에 항복하지 않는다. 시상에 壬水가 투출하고 庚金이 월간으로 투출하니 모두 양간이며 일주를 생하며 돕고 있다. 지지에서는 사절(死絶)되었으나 천성이 양간이니 굳세다. 그러므로 인성을 용신으로 하고 비겁(比劫)을 희신으로 한다. (위천리는 丙午時라 하여 종재격(從財格)이라 주장하나 그렇지 않다.)

025 慈禧后 西太后(자희후 서태후)

청나라 함풍제의 후궁이며, 동치제의 생모인 자희황태후. 동치제와 광서제의 섭정을 지냈고 광서제가 입헌파 강유위와 입헌군주제를 위한 전환을 꾀하자 무술정변을 일으켰다. 말년에는 신정을 실시했으나 중국의 반식민지화는 더욱 심각해졌다.

```
丙 乙 丁 乙
子 丑 亥 未

乙 甲 癸 壬 辛 庚 己 戊
未 午 巳 辰 卯 寅 丑 子
```

乙木 귀인은 子水에 있고 丙火 귀인은 亥水에 있다. 亥子丑 북방 수기(水氣)가 완전하여 용신이 인성에 있다. 한목(寒木)이 양지(暘志)로 향하니 기쁜 것은 丙丁이 해동(解冬)하고 있으므로 水木이 매우 우수하다. 연월(亥水와 未土가 卯木을) 공협(拱挾)하여 (乙木 일주에 건록(建祿)이며) 일주 아래에 丑土 재성의 묘고(墓庫)가 있으나 애석하게도 편관 부성(夫星)이 입묘(入墓)하여 寅運에 관성이 절지에 이르니 남편 함풍 황제가 죽었다. 5세에 운이 새롭게 시작하니 辛卯 大運에서 癸巳 大運 즉 25년 간 水木이 왕성한 운에 중흥의 업을 이루었으나 癸巳運에 재성이 인성을 파하니 庚子년에 어려움이 있었고 甲午運에 子水를 沖하여 귀한 인성이 완전하게 파괴되어 목숨을 마치니 74세이다. 조정에 40여 년간 참여하여 동치 시대의 중흥

을 이루었으나 늦게까지 덕을 마치지 못하고 (청나라가 망한 것은) 운이 없었다고 하지 말라. 혹은 己卯시라 하나 잘 모르겠다.

제2부

역대 명인 명조
歷代名人命造

026 孔子(공자)

중국 고대의 사상가, 유교의 시조. 최고의 덕을 인이라고 보았다. 인(仁)에 대한 공자의 가장 대표적인 정의는 '극기복례(克己復禮)' 곧, "자기 자신을 이기고 예에 따르는 삶이 곧 인(仁)"이라는 것이다. 그 수양을 위해 부모와 연장자를 공손하게 모시는 효제(孝悌)의 실천을 가르치고, 이를 인(仁)의 출발점으로 삼았다.

```
甲 庚 戊 庚
申 子 子 戌

甲 癸 壬 辛 庚 己
午 巳 辰 卯 寅 丑
```

이 명조의 근거는 사기(史記) 공자가어(孔子家語)에 실려 있다. 주나라에서는 子月을 정초라 해서 주나라 10월은 지금의 8월이니 乙酉라 한다. 책에 己酉년 癸酉월이라 하나 너무 먼 세월에 역법이 누차 바뀌어 가늠할 수가 없다.

027 顔子(안자)

이유(夷維) 사람으로 이름은 영(嬰), 字는 중(仲), 시호는 평(平), 또 평중(平仲), 안자(晏子)라고도 한다. 춘추(春秋)시대 제(齊)나라의 대부(大夫)로 정치가이자 사상가, 외교가이다. 제나라 상대부(上大夫) 안약(晏弱)의 아들로 부친의 뒤를 이어 상대부가 되었고, 제영공(齊靈公), 장공(莊公), 경공(景公) 등 삼대(三代)에 걸쳐 40여 년 동안 군주를 보좌했다. 저서로《안자춘추(晏子春秋)》가 있다.

```
戊 丙 辛 己
子 午 未 丑

乙 丙 丁 戊 己 庚
丑 寅 卯 辰 巳 午
```

이렇게 전하기는 하나 그 진위를 믿기는 어렵다. 戊子 (간지는 戊土와 子 中 癸水가 명암합(천간 戊土와 子中 癸水)하여) 관성이 겁재로 화(化)하였고 丁火 운은 양인(陽刃)이 왕성한 겁재이니 빈궁(貧窮)하고 단명하다. 혹 그럴까?

028 韓信(한신)

중국 한(漢)나라 초의 무장. 초나라의 항량·항우를 섬겼으나 중용되지 않아 한왕 유방의 수하가 되어 대장군이 되었다.

```
乙 乙 丁 辛
酉 卯 酉 酉

辛 壬 癸 甲 乙 丙
卯 辰 巳 午 未 申
```

乙卯 전록 일주에 편관이 月令을 장악하고 辛金 원신(元神)이 투출하여 (식신 丁火의) 극제(剋制)함을 얻음이 귀한 것이다. 신강하고 살왕하여 七殺의 권위를 빌려 사용한다. 이것은 장수(將帥)와 사병(司兵)이 많으면 많을수록 좋은 것이다. 水運에 들어서니 식신을 빼앗겨서 칠살이 극제(剋制)하지 못하게 되자 몸을 상하여 갑자기 화(禍)를 당하였으니 갑자기 죽은 것은 종묘사직에 불행한 일이다.

029 猗頓(의돈)

춘추 시대 노(魯)나라 사람으로 대부호(大富豪)다. 이름은 돈(頓)이다. 의씨(猗氏)라는 고을에서 재산을 일으켰기 때문에 의돈으로 불린다.

```
丙甲戊壬
寅戌申辰

甲癸壬辛庚己
寅丑子亥戌酉
```

시상(時上) (寅木에 甲木 일주가) 건록(建祿)이니 신왕하여 재성을 감당한다. 일주 좌하(座下)에 戌土 재성의 묘고(墓庫)가 있어 재성과 일간이 유기(有氣)하니 돈으로 적국(敵國)을 살 수 있을 정도로 부유하다. 애석하게도 寅木과 申金 또 辰土와 戌土가 상충(相沖)하여 먼저 부자였다가 후에 빈한(貧寒)함을 면할 수가 없다. 글에 土가 두터우면 부자라 하였으나 金이 있어 오히려 덮었으니 대개 申金이 寅木 건록을 상하게 한 것이 나쁘다.

030 石崇(석숭)

중국 서진(西晉) 시대의 문인(文人)이자 관리로 항해와 무역으로 큰 부자가 되어 매우 사치스러운 생활을 하였으며, 중국과 한국 등지에서 후대에도 부자의 대명사로 여겨졌다.

```
壬 丙 壬 己
辰 申 申 卯

丙 丁 戊 己 庚 辛
寅 卯 辰 巳 午 未
```

丙申 일주에 申金 재성이 있고 가을에 태어나 金이 왕성(旺盛)한 月令이니 돈으로 적국(敵國)을 살 수 있을 정도로 부유(富裕)하다. 다행인 것은 己土가 제살(制殺)하고 卯木 인성이 일주(日主)를 도와준다. 그러나 인성이 식신을 파(破)하고 뺏으려는 지경이다. 돈이 많은 곳에서 허망함을 짊어지는 것이니 갑자기 죽게 되는 재난(災難)을 당할 수밖에 없다.

031 陶朱公 范蠡(도주공 범려)

춘추시대 월(越)나라의 공신. 이름은 여(蠡)이고 소백은 자이며, 월왕 구천(句踐)을 도와 오왕 부차(夫差)를 쳐서 이겼지만, 높은 명성을 얻은 뒤에는 오래 머물기 어렵다고 하며 벼슬을 내어놓고 미인 서시(西施)와 더불어 오호(五湖)에 배를 띄우고 놀았다고 한다. 나중에 치이자피(鴟夷子皮)라 자칭하고 재물을 모았다가 백성들에게 나누어 준 다음 또 도(陶) 땅에 가서 호를 도주공이라 일컫고, 다시 수만금을 모아 대부호가 되었다.

```
辛 庚 己 丙
巳 申 亥 寅

乙 甲 癸 壬 辛 庚
巳 辰 卯 寅 丑 子
```

이렇게 전하는 팔자(八字)가 있어 그것을 살펴보니 진위(眞僞)를 따르기는 어렵다. 특별히 명조를 보니 부자(富者)이고 복(福)이 있음이 확실하다.

032　韓愈(한유)

중국 당나라의 문인이자 사상가이다. 字는 퇴지(退之)이며 선조가 창려(昌黎) 출신이므로 한창려라고도 했다. 관료 집안에서 태어났으나 3세에 고아가 되어 형수의 손에서 자랐으며 어려운 환경에서 학문에 정진하여 유가를 비롯한 제자백가의 학문을 두루 섭렵했다. 25세에 진사시에 합격하고 경조윤 등 여러 벼슬을 거쳐 이부시랑에 이르렀으며 57세로 생을 마쳤다.

```
丙 癸 庚 戊
辰 酉 申 申

丙乙甲癸壬辛
寅丑子亥戌酉
```

癸水가 申月에 태어났으니 죽을 곳에서 살 곳을 만난 것이다. 庚金이 굳세고 예리하여 火가 없으면 단련되지 않아 입신, 출세할 수가 없다. 애석하게 재성과 관성이 (투출하였으나) 통근(通根)됨이 없이 무력하고 대운이 겁재 방향으로 흐르니 천하(天下)에 이름은 높지만 빈궁(貧窮)하고 술책이 없다.

033 呂洞賓(여동빈)

당나라 하중(河中) 사람으로 일설에는 경조(京兆) 사람이라고도 한다. 이름은 암(嵒, 또는 岩)이고, 字가 동빈(洞賓)인데, 字로 알려져 있다. 종남산(終南山)에서 수도한 팔선(八仙)의 한 사람으로 전해지며 덕화령(德化令)을 지냈다. 화양건(華陽巾)을 즐겨 쓰고 황백색의 난삼(襴衫)을 입고 큰 비단 끈을 매고 다녔다. 나중에 종남산에서 수도하면서 도교 전진북오조(全眞北五祖)의 한 사람이 되었다고 한다.

```
癸 辛 癸 丙
巳 巳 巳 子

己 戊 丁 丙 乙 甲
亥 戌 酉 申 未 午
```

수도(修道)하는 사람이다. 불교에서는 생사(生死)고해(苦海)를 벗어난다 하는데 오행(五行)의 변화를 따르지 않을 수 없다. 신선이 되고자 수련하였으나 오행의 흐름을 벗어날 수 없고 오행 범위 안에서 빠져 나갈 수 없다. 辛金 일간이 巳月생이니 관성이 건록(建祿)을 얻어 지극히 귀한 격이나 재상(宰相)의 그릇이 아니고 신선(神仙)이라 이름 한다.

034 范祖禹(범조우)

북송 성도(成都) 화양(華陽) 사람으로 字는 순보(淳甫) 또는 몽득(夢得)이다. 인종(仁宗) 가우(嘉祐) 8년(1063) 진사가 되었다. 사마광(司馬光) 밑에서 『자치통감(資治通鑑)』을 편수했고, 책이 완성되자 비서성정자(祕書省正字)에 임명되었다. 영주(永州)에 안치되었다.

```
辛 壬 辛 辛
丑 辰 丑 丑

乙 丙 丁 戊 己 庚
未 申 酉 戌 亥 子
```

천간은 (金水의 기운이라) 춥고 지지는 (한겨울에) 얼어있다. 인성이 왕성한 월령(月令:提綱)⁴⁾이니 金水의 기운을 따른다. 운행이 西北으로 흘러 청귀(淸貴)한 격을 이룬다. 이것이 이른바 강한 세력을 따른다는 것이다.

---

4) 제강(提綱) : 원 뜻은 [강연이나 강의 따위에 쓰는 중요한 줄거리] 이지만 사주학에서는 월지(月支)를 가리키는 말이다

035　歐陽脩(구양수)

文忠公(문충공), 중국 송나라의 정치가 겸 문인. 한림원학사(翰林院學士) 등의 관직을 거쳐 태자소사(太子少師)가 되었다. 송나라 초기의 미문조(美文調) 시문인 서곤체(西崑體)를 개혁하고, 당나라의 한유를 모범으로 하는 시문을 지었다. 당송8대가(唐宋八大家)의 한 사람이었으며, 후배들에게 많은 영향을 주었다. 주요 저서에는 《구양문충공집》등이 있다.

```
戊 乙 戊 丁
寅 卯 申 未

壬 癸 甲 乙 丙 丁
寅 卯 辰 巳 午 未
```

　申月은 木은 시들어 메마르고 金이 왕하다. 戊土가 개두(蓋頭)한 것이 기쁘다. 火金의 기운을 이어주고 乙卯 일주가 건록(卯木)에 寅時를 얻으니 신왕하여 관성을 만족하게 담당한다. 큰 나무가 뿌리가 깊고 金을 얻어 동량(棟梁)의 그릇을 이루었다. 관성을 합하여 유정하니 용신이 하나의 기운으로 뭉쳤다. 이것을 이른바 재성과 관성이 모두 아름답다고 하는 것이다.

036 文潞公 彦博(문로공 언박)

중국 북송 때의 정치가, 재상. 서하 대책에 공을 세웠고, 패주 왕측의 난을 평정했다. 부필 등과 영종 옹립에 진력했다. 철종 즉위 후 정계의 원로로서 중신이 되었다. 전후 50년에 걸쳐 장상의 지위에 있었다.

```
丙 庚 乙 癸
子 戌 丑 亥

己 庚 辛 壬 癸 甲
未 申 酉 戌 亥 子
```

亥子丑 北方의 빼어난 기운을 모으니 아름다우나 庚金 일주를 설기(洩氣)하므로 인성이 用神이다. 丙火를 기뻐하는 것은 추위를 푸는 것이지 용신이 아니다. 오행이 전부 구비되어 있어 성정(性情)의 기운이 두텁다. 왕(旺)하지 않고 약(弱)하지 않아 부귀(富貴)하고 장수(長壽)하는 징후가 있다.

037　富弼(부필)

낙양(洛陽) 사람으로 字는 언국(彦國). 북송(北宋) 시대의 명재상으로 1055년에 문언박(文彦博)과 더불어 재상(宰相)이 되었고, 그 후에 추밀사(樞密使)가 되었으나 질병으로 사직했다. 정국공(鄭國公)에 봉해졌다. 1069년에 다시 재상이 되어 왕안석(王安石)의 변법(變法)을 반대했다. 시호는 문충(文忠)이다.

```
癸 辛 丙 丙
巳 巳 寅 辰

壬 辛 庚 己 戊 丁
申 未 午 巳 辰 卯
```

金水가 휴수(休囚)되어 봄의 양기(陽氣)가 조열(燥熱)하나 묘한 것은 辰土 습토(濕土)이니 水를 저장하여 金을 생하고 火를 어둡게(설기)하니 用神은 필히 辰土이다. 일시 辛癸가 巳中 丙戊와 합하니 참된 기운이 서로 주고 받는 것이다. 부귀하고 아름다운 장수(長壽)의 징조이다.

038 寇準(구준)

북송시대의 정치가이자 시인이다. 태평흥국(太平興國) 5년(980) 진사 출신으로 벼슬은 대리평사, 전중승, 우정언, 직사관, 삼사도지추관, 동지추밀원사, 참지정사, 추밀사 등을 역임했다. 시문(詩文)에 능했고, 특히 칠언절구시를 잘 지었다.

```
癸 辛 癸 辛
巳 巳 巳 巳

丁 戊 己 庚 辛 壬
亥 子 丑 寅 卯 辰
```

천간 癸辛과 지지 네 개의 巳火가 위아래에서 무정(無情)한 것 같으나 巳中 丙戊가 천간 癸辛과 合하니 수화기제(水火旣濟; 水와 火가 서로 돕고 있음)가 되었고 양신성상격(兩身成象格)으로 사주가 변한 것을 모르는 것이다. 火가 왕기(旺氣)를 얻어 마땅히 갈 곳은 北方 水의 곳이다.

039 邵康節(소강절)

중국 송대(宋代)의 유학자(儒學者). 이름은 옹(雍), 자는 요부(堯夫). 강절은 그의 시호이다. 이정지(李挺之)에게 도가(道家)의 《도서선천상수(圖書先天象數)》의 학을 배워 신비적인 수학을 설파하였으며 또 이를 기본으로 한 경륜(經論)을 주장했다. 왕안석(王安石)이 신법을 실시하기 전에 천진(天津)의 다리 위에서 두견새 우는 소리를 듣고 천하가 분주할 것임을 예견하였다 한다.

```
甲 甲 辛 辛
戌 子 丑 亥

乙 丙 丁 戊 己 庚
未 申 酉 戌 亥 子
```

적천수(滴天髓)에 이르기를 "水의 기운이 분주하게 흐르면 성품이 온유(溫柔)하다."라고 한다. 온전한 金水의 기운이 지지에 서북(西北)으로 모여 있으니 우수(優秀)하며 그 왕성한 세력을 종(從)한다. 金水木이 상생(相生)하여 그 사람이 강하고 부드러움이 상제(相濟 : 서로 도와서 성취하다)하여 사람됨과 덕을 갖춘 자질이니 학문이 쌓이고 행실이 돈독하여 그 이름이 오래도록 높았으니 한 시대만의 인물이 아닐 정도로 훌륭하다.

040 范仲淹 文正(범중엄 문정)

북송(北宋)의 정치가, 학자. 인종의 친정이 시작되자 간관이 되었고, 곽 황후의 폐립으로 인해 쫓겨났다가 서하 침입을 막은 공으로 승진하여 내정개혁에 힘썼다.

```
壬 戊 己 丙
子 子 亥 午

丁 丙 乙 甲 癸 壬 辛 庚
未 巳 午 辰 卯 寅 丑 子
```

戊土 일주가 午火에 통근(通根)하여 10월 양춘가절(陽春佳節)이므로 甲木이 자라나니 재성이 왕성하여 관성을 생하는 것이다. 水木火土가 꼬리를 물듯 이어져 상생하여 어지러움이 없다. 戊土 일원이 약한 듯하나 다치지 않았다. 처음 金水운을 만났을 때에는 고달프고 고통스러워 헤매었으나 행운(行運)이 동남(東南)으로 바뀌자 기운을 얻어 나이를 먹을수록 더욱 당당하여 많은 사람들이 우러러 보게 된다. 한 시대의 유명한 신하(臣下)이다. 이것은 연시(年時) 관성이 서로를 지켜주는 것이니 (丙午 연주와 壬子 시주의 천간충과 지지충) 부귀와 수명(壽命)이 더욱 아름답다.

■ 譯者 註

정기(正氣) 沖은 沖이라 할 수 없고 더욱 분발하여 출세한다. 정기 沖이란 甲寅과 庚申, 丙午와 壬子 또는 甲申과 庚寅, 丙子와 壬午는 서로 건록(建祿)을 바꾸는 것이라 한다.

041 韓琦 魏公(한기 위공)

북송 상주(相州) 안양(安陽) 사람으로 字는 치규(稚圭), 호는 공수(贛叟), 시호는 충헌(忠獻). 인종(仁宗) 천성(天聖) 5년(1027) 진사에 합격했다. 우사간(右司諫)에 올라 왕수(王隨)와 진요좌(陳堯佐), 한억(韓億), 석중립(石中立) 네 사람을 파직할 것을 상소했다. 익주(益州)와 이주(利州)에 흉년이 들자 체량안무사(體量按撫使)가 되어 세금을 완화하고 탐관오리를 내쫓으며 불필요한 부역을 줄이는 등 조치를 취해 기민(饑民) 90만 명을 구제했다.

```
庚 庚 庚 戊
辰 辰 申 申

乙 甲 癸 壬 辛 庚
卯 寅 丑 子 亥 戌
```

천간이 세 개의 庚金이고 지지에 申金과 辰土가 있어 土金의 기운이 다른 것과 섞이지 않았다. 그리하여 힘은 족히 상대 궁(宮)의 충동(沖動)을 감당하여 녹마(祿馬·관성과 재성)를 용신으로 한다. 하는 일이 뚜렷하게 드러남은 丙運 이후일 것이다. 나이가 들어서도 기운이 넘치고 기세(氣勢)는 산하(山河)를 삼킬 태세이다. 명성(名聲)은 요하(중국)를 떨치니 이유가 없는 것이 아니다. 戊申 庚申 연월에 申中 庚金 壬水 일간과 식신이 한 보금자리에 있다. 부귀하고 장수(長壽)의 징조이다. 또 말하기를 己未, 壬申, 甲子, 丙寅이라 하나 잘 모르겠다.

042 呂惠卿(여혜경)

북송 천주(泉州) 진강(晉江) 사람으로 字는 길보(吉甫). 인종(仁宗) 가우(嘉祐) 2년(1057) 진사가 되었다. 왕안석(王安石)과 경의(經義)에 대해 논하다 일치하는 점이 많아 교유를 시작했다. 신종(神宗) 희녕(熙寧) 초 집현교리가 되고, 판사농시를 거쳐 신법(新法) 운영에 적극 참여했다. 지제고(知制誥)와 판국자감(判國子監)을 거쳐 왕방(王雱)과 함께『삼경신의(三經新義)』를 편수했다. 간원을 맡고, 한림학사가 되었다.

```
庚 丁 己 壬
子 巳 酉 申

乙 甲 癸 壬 辛 庚
卯 寅 丑 子 亥 戌
```

巳火는 酉金을 좇아 변하니 丁火 일주(日主)가 허탈하여 丁火 일주를 버리는 기명종재(棄命從財)하는 것이 당연하다. 時柱 아래에 관성(子)이 귀인이며 재성의 건록(建祿)을 月슈에서 만나고, 더불어 천을(天乙)이니 벼슬살이가 뛰어나 계속 이어지는 데 최고로 좋은 시기는 불과 丑運 5년에 불과하다. 甲運에 이르니 옛날에 지위를 보전하기 어려워 궁박(窮迫)함이 운명에 있었다. 소인(小人)으로 소인의 노릇이나 할 것이지 어찌 그리되었을까?

043 王安石(왕안석)

중국 북송(北宋) 때의 문필가이자 정치인으로 1069~1076년에 신법(新法)의 개혁 정책을 실시하였다.

```
辛 丁 丙 甲
丑 酉 寅 申

壬 辛 庚 己 戊 丁
申 未 午 巳 辰 卯
```

丁火 일주가 寅月에 생하여 甲丙이 나란히 투출하고 酉丑이 금국(金局)을 이루고 재성이 투출하였으나 인수가 장애를 입지 않아 신왕(身旺)하여 의탁할 수 있다. 유림(儒林)에서 명망(名望)이 무거운 것은 인수가 맑고 다침이 없어 귀함이 재상(宰相)에 이른다. 천간 4字가 서로 귀인(貴人)을 얻으니 높은 이름이 천년의 시간까지 이른다.

044 楊令公(양령공)

북송 초기 인주(麟州) 사람으로 처음 이름은 중귀(重貴)이고, 일명 계업(繼業)으로도 불렸다. 대대로 인주의 토호(土豪)였으며, 활쏘기와 말 타기에 능했고, 약관의 나이로 북한(北漢)의 유숭(劉崇)을 섬겨 보위지휘사(保衛指揮使)에 올랐으며, 양계업(楊繼業)이란 이름을 하사받았다.

```
己 丁 丁 丁
酉 卯 未 亥

辛 壬 癸 甲 乙 丙
丑 寅 卯 辰 巳 午
```

천간에 세 개의 丁火가 나란히 있어 귀함이 酉金에 집중되어 있고, 하지(夏至) 후에는 천을(天乙)이 酉金에 있다. 일주 아래에 장성(將星:卯)과 관성인 천을귀인[亥]이 거주하여 月令의 기운에는 통하지 못하였으나 인수가 천을귀인(亥속의 甲)에 있으므로 무장(武將)으로서 전략이 비상하여 백전백승(百戰百勝)한 까닭이다.

045   章惇 子厚(장돈 자후)

송나라 건주(建州) 포성(浦城) 사람으로 소주(蘇州)에 우거(寓居)했고, 字는 자후(子厚)다. 인종(仁宗) 가우(嘉祐) 4년(1059) 진사가 되었다. 사마광(司馬光)과 함께 면역법(免役法)은 폐지할 수 없음을 강력하게 변론하여 유지(劉摯)와 소식(蘇軾) 등에게 탄핵을 받아 여주지주(汝州知州)로 축출되었다.

```
壬 丁 戊 丁
寅 未 子 亥

壬 癸 甲 乙 丙 丁
午 未 申 酉 戌 亥
```

丁壬이 가화(假化)란 것은 (月令을 얻지 못하였기 때문이다.) 그러나 시(時)에서 기운을 얻었고 亥未가 卯木 건록(建祿)을 공협(拱挾)하고 月令인 癸水가 천간으로 흐르며 戊土를 보자 변화하였으니 이로써 木火의 기운을 따르는 것이다. 사주가 관성과 인성으로 달아나니 관직은 매우 높았다. 역시 그러한 것이 확실하다.

046 蔡京(채경)

중국 북송 말기의 재상·서예가. 16년간 재상자리에 있으면서 숙적 요(遼)를 멸망시켰으나, 휘종에게 사치를 권하고 재정을 궁핍에 몰아넣었다. 금군(金軍)이 침입하고 흠종 즉위 후, 국난을 초래한 6적(賊)의 우두머리로 몰려 실각하였다. 문인으로서 뛰어나 북송 문화의 흥륭에 크게 기여하였다.

```
辛 壬 壬 丁
巳 辰 寅 亥

丙 丁 戊 己 庚 辛
申 酉 戌 亥 子 丑
```

(연월에) 丁亥와 壬寅이 丁壬, 亥寅으로 합하니 이름하기를 관성이 六合한 것이라 한다. (年과 日이) 一旬에 같이 있으니 귀(貴)하다 하겠다. 丁壬 寅亥가 化木하니 식신의 우수(優秀)함이 빼어나다. 당연히 문장(文章)으로 중국을 대표하겠다. 시상(時上)의 정인은 천을귀인(巳)에 앉아 있고, 寅辰은 卯木을 협공(挾拱)하며, 亥水는 암합(暗合)하여 귀인(卯)을 공협(拱挾)하고 있다. 음양(陰陽)의 두 귀인(巳, 卯)이 있으며 협공하여 일주가 되었다. 의당히 그는 재상(宰相)이겠다.

047 蘇東坡(소동파)

중국 북송 시대 최고의 시인. "독서가 만 권에 달하여도 율(律)은 읽지 않는다" 고 해 초유의 필화사건을 일으켰다. 당시(唐詩)가 서정적인 데 대하여 그의 시는 철학적 요소가 짙었고 새로운 시경(詩境)을 개척하였다. 대표작인《적벽부(赤壁賦)》는 불후의 명작으로 널리 애창되고 있다.

```
乙 癸 辛 丙
卯 亥 丑 子

丁 丙 乙 甲 癸 壬
未 午 巳 辰 卯 寅
```

亥子丑 北方의 기운이 전부있으며 丙辛이 (水로) 化하여 돕고 있다. 감궁(水)의 기운이 모두 모였다. 乙卯는 온전히 木氣이다. 水를 설기(洩氣)함이 영화로우므로 맑음이 계속 이어지니 정신(精神)이 순수하다. 이는 천지(天地)의 영험(靈驗)함을 빼어나게 하는 기운이다. 卯木은 귀인(貴人)이고 문창성(文昌星)이다. 문장(文章)은 천고(千古)에 길이 남아있음이 있을 것이다. 애석하게도 사주에 재성(財星)이 없다. 재성인 丙火는 겁재로 化하였으니 잘못되면 여러 가지 환란(患亂)을 당할 것이니 어찌 재상(宰相)에 다다르겠는가?

048 佛印禪師(불인선사)

송(宋)나라의 승려. 강서(江西) 부량(浮梁) 사람으로, 속성(俗姓)은 임(林)씨고, 법명(法名)은 요원(了元)이다. 신종(神宗)이 그의 도풍(道風)을 흠모하여 불인선사(佛印禪師)란 호를 하사했다.

```
己 己 壬 乙
丑 丑 午 巳

丙 丁 戊 己 庚 辛
子 丑 寅 卯 辰 巳
```

月令이 午火 건록(建祿)이니 水木은 휴수(休囚)되었으나 水木火土는 (상생(相生)하여 일주에서 머무르고 있다. 그러므로 의당히 산림(山林)과 연관되어 있다. 구름이 흐르듯 무심한 마음으로 골짜기를 벗어나니 金의 아름다운 기운이 빼어나는 것은 丑土에 깊이 암장(暗藏)되었기 때문이다. 이로써 문인(文人) 학사(學士)들의 반려(伴侶)가 되었다. 자줏빛 복색을 입은 관리는 아닌 사람이니 큰 스님이다.

049 丘濬(구준)

북송시대 정치가이자 시인이다. 태평흥국(太平興國) 5년(980) 진사(進士) 출신으로 벼슬은 대리평사, 전중승, 우정언, 직사관, 삼사도지추관, 동지추밀원사, 참지정사, 추밀사 등을 역임했다.

```
戊 乙 庚 辛
寅 巳 子 丑

甲 乙 丙 丁 戊 己
午 未 申 酉 戌 亥
```

칠살(七殺)은 왕하고 신약하나 묘한 것은 인수가 月令을 잡아 칠살을 변화하여 일주를 생하는 것이다. 金에서 시작하여 水木火土로 순환하여 끊어짐이 없이 모여서 결집되는 곳이 寅木이니 木의 신령(神靈)함이 녹왕(祿旺)한 지지(地支)가 되었다. 이것은 수명을 오래 유지하고 마음이 편안한 것의 바탕이다.

050 秦檜(진회)

남송 초기의 정치가. 남침을 거듭하는 금군(金軍)에 대처, 금과 중국을 남북으로 나누어 영유하기로 합의하였으며, 금나라에 대하여 신하의 예를 취하고, 세폐(歲幣)를 바쳤다. 24년간 재상직을 지낸 유능한 관리였으나 정권유지를 위해 '문자의 옥'을 일으켜 반대파를 억압해 비난받았다.

```
壬 乙 己 庚
午 卯 丑 午

乙 甲 癸 壬 辛 庚
未 午 巳 辰 卯 寅
```

乙卯 전록(專祿) 일주에 己土 원신(元神)이 천간으로 투출(透出)하여 기운의 흐름이 年과 時에 관통(貫通)한다. 식신과 같이 있어 부귀가 마땅할 것 같으나 乙庚이 합(合)을 탐(貪)하고 壬水를 탐하여 생하니 官印이 통근(通根)이 없어 용신이 섞이어 있다. 소위 재주만 있고 덕이 없는 사람이다. 드러내는 재주는 많을 것이나 쓰임을 얻지 못한다. 뜻은 간절하나 구(求)하는 것에만 탐욕(貪慾)하게 된다. 이는 신강하고 재성이 왕하여 그 악(惡)함을 다스린다고는 하였으나 간사(奸邪)하고 아첨으로 얼룩진 간사하고 아첨하는 사람이 될 것이다.

051 岳飛(악비)

남송 초기의 무장(武將)이자 학자이며 서예가. 북송이 멸망할 무렵 의용군에 참전하여 전공을 쌓았으며, 남송 때 호북(湖北) 일대를 영유하는 대군벌(大軍閥)이 되었지만 무능한 고종과 재상 진회에 의해 살해되었다.

```
己 甲 乙 癸
巳 子 卯 未

己 庚 辛 壬 癸 甲
酉 戌 亥 子 丑 寅
```

양인(陽刃)이 月令을 맡고 천간으로 (乙木은) 투출하고 지지(地支)에 卯未는 합하고 癸水 인성이 일주와 가까이서 생하고 있으니 양인(陽刃)의 왕성함이 극도에 이르렀다. 庚金 칠살이 巳火에 암장(暗藏)함을 만났으나 七殺과 양인이 서로 상제(相濟)하는 것이다. 亥運에 양인을 합하고 (巳中庚金) 칠살을 沖하는데 辛酉년에 巳酉가 합살되어 (卯木) 양인을 沖하여 칠살과 양인이 서로 다투니 항복(降伏)하지 않는다. 이것이 참혹한 화(禍)를 당하게 되는 것이다.

052 朱文公 熹(주문공 희)

송대의 유학자로 주자학을 집대성하였다. 그는 우주가 형이상학적인 '이(理)'와 형이하학적인 '기(氣)'로 구성되어 있다고 보았다. 인간에게는 선한 '이(理)'가 본성으로 나타난다고 하였다. 그러나 불순한 '기(氣)' 때문에 악하게 되며 '격물(格物)'로 이 불순함을 제거할 수 있다고 하였다.

```
庚 甲 丙 庚
午 寅 戌 戌

壬 辛 庚 己 戊 丁
辰 卯 寅 丑 子 亥
```

甲寅 전록(專祿) 일주에 지지가 (寅午戌) 火局이고 연(年)과 시(時)에 두 개의 칠살(七殺)이 투간(透干)하였으니 칠살을 변화시킴으로써 권세(權勢)를 잡는다. 그러나 庚金이 火가 왕한 곳에 있어 칠살의 통근(通根)하는 곳을 빼앗기게 되었다. 甲木은 지지(寅木)를 얻어 빼어나다. 丙火가 홀로 투출하여 빛의 찬란함이 멀리까지 이른다. 문장(文章)이 천고에 이르니 한 때의 이익과 벼슬로 비교하는 바는 진실로 아니다.

053 李網(이강)

송나라 소무(邵武, 福建) 사람으로 字는 백기(伯紀), 호는 양계(梁溪), 시호는 충정(忠定). 휘종(徽宗) 정화(政和) 2년(1112) 진사가 되고, 감찰어사와 병부시랑, 추밀사 등을 지냈다. 금나라와의 항전을 강력하게 주장하다 폄적(貶謫)[5]되었으며, 남송시대에 고종(高宗)이 불러 재상으로 삼았다.

```
甲 甲 己 癸
子 申 未 亥

癸 甲 乙 丙 丁 戊
丑 寅 卯 辰 巳 午
```

甲木 일주가 申金 칠살(七殺)에 앉아 있고, 子水와 申金이 암회(暗會)하니 칠살이 변화하여 인수가 되었다. 亥水와 未土가 합하여 세력이 月令에 통하고 있다. 그러나 운로가 바뀌어 겁재운에 많은 비견 겁재가 재성을 다투면 곤란함을 면하지 못함을 이미 갖춘 것이다.

---

5) 폄적(貶謫) : 벼슬 사리를 내지고 귀양을 보냄.

054 賈似道(가사도)

남송 말기 태주(台州, 지금의 절강성 임해) 천태(天台) 사람으로 이종(理宗) 가귀비(賈貴妃)의 동생으로, 권력을 휘두르며 사욕을 채우기에 바빴다. 함순(咸淳) 10년(1274) 원나라 군사가 악주를 격파하자 할 수 없이 군사를 끌고 나갔다가 궤멸당했다. 혁직(革職)[6]되었다가 나중에 진의중(陳宜中) 등의 탄핵을 받아 순주(循州)로 좌천되어 가는 도중 정호신(鄭虎臣)에게 살해당했다.

```
丙 丙 庚 癸
申 子 申 酉

甲 乙 丙 丁 戊 己
寅 卯 辰 巳 午 未
```

丙火 일주가 통근(通根)이 없고 시절은 가을 해가 기울어지는 七月이니 양기(陽氣)가 쇠약하기 시작한다. 지지에 金水가 연월(年月)에 투간(透干)하니 세력(勢力)에 따르는 丙火 일주를 버리는 것이 의심이 없다. 庚申 전록(專祿)하니 재물이 본래 우월하다. 子水와 申金이 합하고 변화하여 칠살이 되고 재성의 기운을 설기(洩氣)하니 이는 재물로 인하여 화(禍)를 입는 그것이 필연의 세력이 된다.

---

6) 혁직(革職) : ① 일자리나 직무를 물러나게 함. ② 직무를 갈아바꿈.

055 史彌遠(사미원)

명주(明州) 은현(鄞縣) 사람으로 字는 동숙(同叔)이다. 남송의 대신이자 재상으로, 1207년 영종(寧宗)의 묵인 하에 사미원은 한탁주를 죽여 그의 수급을 금나라에 넘겨주고 강화를 성사시켰다. 1208년에 재상이 되어 남송의 실권을 장악했다. 사후에 위왕(衛王)으로 봉해졌고, 시호는 충헌(忠獻)이다.

```
辛 乙 丙 甲
巳 卯 寅 申

壬 辛 庚 己 戊 丁
申 未 午 巳 辰 卯
```

乙木 일주가 뿌리가 깊어 따뜻한 곳을 얻는 것이 필요하니 봄의 따뜻한 기운 丙火가 혼자 투출하여 이치상으로 부(富)는 있겠으나 귀(貴)는 없겠다. 묘하게도 丙辛 巳申이 멀리서 합하여 무형(無形)의 윤택(潤澤)함을 얻어 그 뜻이 상통(相通)하여 七殺을 변화하여 인수가 되었다. 그러나 의지를 결정하지 못하여 득실(得失)에 어려움이 많았다. 처음에는 어질었으나 끝내 아첨으로 마치게 되었다. 좋은 인연이 없는 것도 아니었는데….

056 眞西山 德秀(진서산 덕수)

송나라 건녕부(建寧府) 포성(浦城) 사람으로 字는 경원(景元) 또는 희원(希元)인데, 나중에 경희(景希)로 고쳐 불리었다. 호는 서산(西山)이고, 시호는 문충(文忠)이다. 이종(理宗) 때 예부시랑에 발탁되어 직학사원에 올랐다. 사미원(史彌遠)이 그를 꺼려 탄핵을 받고 파직되었다.

```
癸 壬 壬 戊
卯 申 戌 戌

戊 丁 丙 乙 甲 癸
辰 卯 寅 丑 子 亥
```

가을 壬水 일주가 계절의 근원(根源)을 통(通)하고 편관 戌中 戊土가 월령(月令)을 얻었다. 힘을 얻은 것은 卯木에 있고 천을귀인이 비추는데 오행에 火氣가 없다 하나 천지간(天地間)에 무형지화(戊癸火, 卯戌火)를 얻어 생하고 변화하는 흐름이 유정(有情)하다. 이것은 덕업(德業)으로 문장(文章)을 이루었음이니 천고(千古)에 기본 바탕에 이른다고 할 수 있다.

057 趙孟頫(조맹부)

중국 원(元)나라의 화가·서예가. 서예에서 왕희지(王羲之)의 전형에 복귀할 것을 주장하고 그림에서는 당·북송의 화풍으로 되돌아갈 것을 주장하였다. 그림은 산수·화훼·죽석·인마 등에 모두 뛰어났고, 서예는 특히 해서·행서·초서의 품격이 높았으며, 당시 복고주의의 지도적 입장에 있었다.

```
己 己 甲 甲
巳 酉 戌 寅

庚 己 戊 丁 丙 乙
辰 卯 寅 丑 子 亥
```

甲己 化土가 月令을 얻고 寅木과 戌土가 화국(火局)으로 모여 일주를 돕는다. 巳酉 금국(金局)이 기운을 설기(洩氣)함이 아름다워 정신(精神)의 화려함이 뛰어나 맑은 기운이 빼어나게 흐른다. 이것이 문장(文章)으로 나라를 빛내고 그의 귀함은 문학(文學)으로 임금을 모시는 신하(臣下)가 되었다.

058　元 托克托(원 탁극탁)⁷⁾

字는 대용(大用)이며, 마찰아대(馬札兒臺)의 아들. 어사대부, 중서좌승상, 총재관을 역임했으며, 송·요·금의 역사 편수를 주관했다. 합마(哈麻)의 참언을 받아 탄핵되어 대리(大理)로 유배를 갔고, 합마가 조서를 고쳐 보낸 사신에 의해 짐살(鳩殺)당했다.

```
己 己 丁 壬
巳 丑 未 辰

癸 壬 辛 庚 己 戊
丑 子 亥 戌 酉 申
```

　　금신격(金神格)⁸⁾은 南方 火를 최고로 기뻐한다. 6월에 태어나니 치열한 더위가 남아있고 未土가 목고(木庫)에 丁壬이 합(合)하고 변화(變化)하여 편관이 되고 시(時)에 왕성한 양인(羊刃)이 있어 칠살과 양인으로 서로 돕는 세력을 이루었다. 戌運에 화고(火庫)를 沖하여 곳간을 여니 金神의 귀함이 재상(宰相)에 이르렀다. 亥運에 水가 왕성한 곳에 이르자 금신(金神)을 극제(剋制)함이 없으니(금신은 火를 필요로 하는데) 戊辰년을 만나자 습(濕)한 辰土가 金을 생하니 37세에 짐독(鳩毒)⁹⁾으로 죽었다.

---

7) '脫脫', '토크토'라고도 한다.
8) 金神格: 金神이 시주에 있을 때만 성립. ① 甲일간: 乙丑시, 己巳시, 癸酉시. ② 己일간: 甲일간 - 乙丑시, 己巳시, 癸酉시.
9) 짐독(鳩毒): 중국남방에서 나는 올빼미와 비슷한 '짐새'의 깃을 술에 담아서 우려낸 독.

059 庫庫(고고)

원나라 사람으로 추정되나, 몽고식 이름을 발음만 한자로 옮겨온 음차(音借)인 경우가 많고, 사주에 대한 설명이 짧아 명확히 어느 인물에 대한 것인지 확인이 어렵다.

```
戊 丙 甲 壬
戌 戌 辰 辰

庚 己 戊 丁 丙 乙
戌 酉 申 未 午 巳
```

사주가 전부 양(陽)으로 壬甲丙戊 순서로 서로 생하고 지지는 辰戌로서 차례가 있으니 차례가 어지럽지 않다. 그에 질서를 따르는 식신격(食神格)이다.

060 達什特穆爾(달집특목이)

원나라 사람인 것으로 추정되나, 몽고식 이름을 발음만 한자로 옮겨온 음차(音借)인 경우가 많고, 사주에 대한 설명이 짧아 명확히 어느 인물인지 특정하기가 어렵다.

```
丙 丙 戊 甲
申 午 辰 寅

甲 癸 壬 辛 庚 己
戌 酉 申 未 午 巳
```

寅木과 辰土가 卯木을 협공(挾拱)하고 辰土와 午火가 巳火를 협공하고 午火와 申金이 午火와 未土를 협공하니 이름이 지지협공격(地支挾拱格)이다.

제3부

명대 명인 명감
明代名人命鑑

061 于謙 忠肅(우겸 충숙)

절강(浙江) 항주부(杭州府) 전당현(錢塘縣) 사람으로 字는 정익(廷益)이고, 호는 절암(節庵)이다. 명나라 때 대신(大臣)이다. 영락(永樂) 19년(1421) 진사(進士) 출신으로 일찍이 선종(宣宗)을 따라 한왕(漢王) 주고후(朱高煦)의 반란을 진압하고, 북경(北京) 보위전(保衛戰)을 조직하고 군제(軍制)를 개혁하는 데 앞장섰다.

```
壬 癸 丁 戊
戌 卯 巳 寅

癸 壬 辛 庚 己 戊
亥 戌 酉 申 未 午
```

戊土와 癸水가 변화(變化)하여 火가 되고 月令에 旺한 기운을 얻었다. 丁火와 壬水가 木으로 변화하여 변화된 기운을 생조(生助)하고 지지는 木火가 상생(相生)하니 위는 덮고 아래는 실었다. 정신(精神)과 기운(氣運)이 참으로 순수하다. 이것은 천지간(天地間)에 참된 기(氣)인 것이다. 애석하게도 戊運 5년뿐이다. 뜻을 펼치는 것은 동남(東南)운에 명성을 드러내는데! 송나라의 한범 밑이다.

062　王陽明 王守仁(왕양명 왕수인)

명나라 중기의 유학자. 양명학파의 시초로 각처에 학교를 설치하여 후진 교육에 진력하였다. 이에 《양명문록(陽明文錄)》이 간행되었고 양명서원이 건립되었다. 양명학파로서 명대 사상계에 큰 영향을 끼치게 될 기초가 확립되었다.

```
癸 癸 辛 辛
亥 亥 亥 辰

丁 丙 乙 甲 癸 壬
巳 辰 卯 寅 丑 子
```

비천녹마격(飛天祿馬格)[10]이다. 지지에 세 개의 亥水가 있어 세력이 오로지 한 곳으로 모였다. 족히 상대궁(巳中 丙戊 재성과 관성)을 충동(沖動)하는 녹마(祿馬 : 관성과 재성)라 한다. 식신과 재성의 왕성한 대운을 만나면 정신(精神)과 기운(氣運)이 흘러 움직여 이른바 이름을 드날리고 뜻을 이루어 세상 어느 누구와도 짝함이 없는 도덕(道德)과 문장(文狀)으로 이름이 천고(千古)에 드리운다.

---

10) 祿은 벼슬운, 馬는 재물운과 관련된 것인데, 사주에서 庚子, 壬子, 辛亥, 癸亥 중 하나가 들어간 것을 의미한다.

063　張居正(장거정)

명나라의 정치가. 대외적으로는 몽골인의 남침을 막았고, 동북지방 건주위를 이성량으로 하여금 토벌하게 하였으며, 서남지방 광시의 야오족·좡족을 평정했다. 대내적으로는 대규모의 행정정비를 단행, 궁정의 낭비를 억제하고, 황허강의 대대적인 치수공사를 완성시켰다.

```
辛 辛 辛 乙
卯 酉 巳 酉

乙 丙 丁 戊 己 庚
亥 子 丑 寅 卯 辰
```

辛酉 전록(專祿) 일주에 月令 관인(巳中 丙戊)이 건록(建祿)을 얻고 연간 乙木이 시상(時上)에 卯木 건록으로 이끌어지니 삼기격(三奇格)을 이루었다. 4월(巳月)에 천덕(天德)이 辛金에 있으니 연시(年時) 辛金과 乙木을 서로 바꾸어 건록을 얻었다. 이러한 것은 흑두재상(黑頭宰相 : 초야에 있는 훌륭한 선비)이라는 것이다.

064 嚴嵩(엄숭)

명나라의 정치가. 예부상서·내각대학사를 거쳐 수석대학사를 역임하였으나 뇌물을 거둬들이고 아들 엄세번의 불법행위를 방치하여 만년에는 황제의 신뢰를 잃고 삭직되었다.

辛 癸 己 庚
酉 卯 卯 子

丁 丙 乙 甲 癸 壬 辛 庚
亥 戌 酉 申 未 午 巳 辰

공(功)을 이루어 조화(造化)된 격이다. 명나라 목종(穆宗) 황제와 비슷하다. 수명(壽命)과 요절(夭折)함이 다른 것은 식신이 다치지 않았기 때문이다. 土金水木이 서로 상생(相生)되고 천을(天乙)이 비추니 水木의 기운이 설기(洩氣)되어 우수하여 문장(文章)이 세상을 뒤덮는다. 귀함은 재상(宰相)에 이른다. 애석하게도 오행(五行)에 火가 없어 빼어난 기운의 흐름을 얻지 못하고 시상(時上)에 효신(梟神:편인)이 있어 뒤가 마땅치 않겠다. 엄세번(嚴世蕃:65번 사주)의 처제(妻弟)의 자식들로 팔순(八旬)이 지나자 갑자기 쫓겨남을 만났다. 마지막 인생에서의 그침을 경계로 하는 것을 모른 것이었다.

065 嚴世蕃(엄세번)

엄숭의 아들, 엄숭과 더불어 국법을 유린함.

辛 辛 丙 癸
卯 卯 辰 酉

庚 辛 壬 癸 甲 乙
戌 亥 子 丑 寅 卯

월간(月干)에 투출한 관성(丙火)를 두 개의 辛金이 쟁합(爭合)하며 癸水가 가까이서 극제(剋制)하니 관성을 용신으로 하기에 부족하다. 辰土와 酉金이 합금(合金)되어 신왕(身旺)하니 마땅히 재성(財星)을 감당할 수 있겠다. 그러나 庚辛운에 이르자 비겁이 재성을 만나 다투게 되니 곧 재(財)는 화(禍)의 뿌리가 되는 것이다.

066 趙文華(조문화)

송나라 태조(太祖) 조광윤(趙匡胤)의 넷째 아우로 부친은 조홍은(趙弘殷)이고, 모친은 진국부인(陳國夫人) 경씨(耿氏)이다. 본명은 광미(匡美)이다. 송태조(宋太祖)의 이름을 피휘(避諱, 이름에 선왕이나 선조의 이름이 겹치면 공경의 뜻으로 다른 자로 교체하는 것)하여 광미(光美)로 개명하고, 다시 정미(廷美)로 고쳤다. 송태종 즉위 후에 여러 차례 배척을 당해 우울하게 죽었다.

```
甲 辛 己 癸
午 亥 未 未

癸 甲 乙 丙 丁 戊
丑 寅 卯 辰 巳 午
```

관성과 귀인(貴人:午火)가 동궁(同宮)하고 천덕(甲木)이 인성(己土)을 합(合)하나 己未가 조토(燥土)라 金을 생(生)할 수 없다. 묘한 것은 癸水와 亥水를 얻어 조토(燥土)를 윤택하게 하는 것이다. 그리하여 재성과 관성을 감당할 수 있었다. 동남(東南)운에 몸을 다스려 형통(亨通)함이 드러난다.

067 徐階(서계)

명나라의 정치가. 전횡이 격심했던 권신 엄숭을 실각시키고 가정제·융경제 밑에서 인심을 수습하고 선정을 폈다.

```
壬 癸 壬 癸
子 未 戌 亥

丙 丁 戊 己 庚 辛
辰 巳 午 未 申 酉
```

이 명조는 앞에서 이끌고 뒤에서 따르는 격국(格局)이다. 태세(太歲)가 주인이니 壬子는 앞에서 끌며 壬戌은 뒤에서 따른다. 이끄는 것은 멀고 따르는 것은 가까우니 제후는 아니고 필히 재상(宰相)이겠다. 이렇게 여섯 개의 水가 돌아가며 戌未 조토(燥土)를 다스리니 해상(海上)을 다스리는 주인과 같고 고장(庫藏)이 모두 갖추어졌다. 土가 旺하여 당령(當令)하니 족히 흐르고 흐르는 물을 막을 수 있다. 己未 대운 후에 재관을 도와 묘고(墓庫)에 암장(暗藏)된 물건 가운데 하나를 취하여 사용하는 것과 같으니 즐거움을 사용하여도 다할 수 없을 정도이다. 부귀(富貴)와 수명(壽命)이 마땅히 오래 될 것이다.

068　劉瑾(유근)

명나라 섬서(陝西) 흥평(興平) 사람으로 본래 성은 담(談)씨다. 어릴 때 궁궐에서 유씨 성을 가진 태감(太監)에 의해 궁궐로 들어가 그 성을 쓰게 되었다. 무종(武宗)이 즉위하자 환관으로 종고사(鐘鼓司)를 관장하면서 마영성(馬永成)과 곡대용(谷大用) 등 여덟 사람과 함께 팔호(八虎)로 불렸다.

```
甲己壬己
戌酉申巳

丙丁戊己庚辛
寅卯辰巳午未
```

(甲己 合) 化土가 참되지 아니하니 지지(地支)는 전체가 金이라 西方의 태기(兌氣)를 얻었으니 빼어남이 뛰어나며 총명함이 바깥으로 드러나서 공교로움이 지나치다. 그리하여 정신(精神)의 화려한 설기(洩氣)가 심하여 원래의 (己土 일주의) 기운이 크게 다쳤다. 金旺하여 土氣가 허(虛)한 것이다. 어찌 생을 능히 마치는 것인가!

069 李東陽(이동양)

중국 명나라의 시인. 비현실적인 창화응수시(唱和應酬詩)가 명의 영락(永樂)·성화(成化)의 시단을 침체하게 했는데 홀로 성당(盛唐)의 시풍을 추구하는 당시(唐詩) 부흥운동의 선구적 존재가 되었다. 주요 저서에는《회록당집(悔麓堂集)》등이 있다.

```
己 癸 丁 丁
未 亥 未 卯

辛 壬 癸 甲 乙 丙
丑 寅 卯 辰 巳 午
```

丁卯 己未는 납음(納音)이 火이고 丁未 癸亥는 납음(納音)이 水이니 水火 南方과 北方이 왕성하여 하나의 기운(하늘과 땅의 기운)이 골고루 흐르므로 이름하여 정신(精神)을 모으고 신령(神靈)함이 모였다 한다. 귀(貴)함이 드러나고 수명이 있다. 癸亥 일주가 스스로 왕하여 식신의 우수(優秀)함을 모으고 未中 丁己 원신이 투출하니 재성과 관성이 함께 왕(旺)하여 때를 얻고 지지(地支)의 통근(通根)함을 얻어 귀(貴)함이 드러나고 수명(壽命)도 마땅히 좋을 것이다.

070 楊一淸(양일청)

진강(鎭江) 단도(丹徒) 사람으로 字는 응령(應寧), 호는 수암(邃庵). 명나라의 대신(大臣)이자 문학가. 성화(成化) 8년(1472) 진사 출신으로 벼슬은 중서사인, 섬서순무, 삼변총제군무, 우도어사, 이부상서, 무영전대학사, 병부상서 등을 역임했다.

```
丁 壬 丙 甲
未 午 子 戌

壬 辛 庚 己 戊 丁
午 巳 辰 卯 寅 丑
```

일순(一旬)에 삼위(三位) 甲戌 丙子 壬午이니 귀(貴)함이 재상(宰相)에 다다르고 水火가 왕하고 지지(地支)에 통근(通根)함을 얻으니 정신(精神)을 모으고 신령(神靈)함을 모았다. 재성이 왕하고 관성은 맑으니 직위가 필연히 드러난다. 누가 말하기를 甲戌, 甲戌, 甲戌, 乙丑이라 하나 그런지는 모르겠다.

071 劉瑜伯溫子襲爵誠意伯(유유백온자습작성의백)

청전현(靑田縣) 남전향(南田鄕) 사람으로 유청전(劉靑田)으로 일컬어지기도 한다. 字는 백온(伯溫)이다. 원말명초(元末明初) 시기의 군사가이자 정치가, 문학가이며, 명나라의 개국공신이다. 원나라 말기인 원통(元統) 원년(1333) 진사 출신으로 벼슬은 강서(江西) 고안현승, 어사중승, 태사령, 홍문관학사 등을 역임했다. 경사, 천문, 병법에 정통하였고, 주원장(朱元璋)을 보좌하여 명나라 개국에 큰 공헌을 하였다.

```
壬 庚 戊 庚
午 辰 寅 子

甲 癸 壬 辛 庚 己
申 未 午 巳 辰 卯
```

(적천수(滴天髓) 저자(著者)이다.) 지지(地支)가 子寅辰午로 순서있게 이어져 귀함이 최고에 이르겠다. 단 감리(坎離)의 기운은 (水와 火) 설기(洩氣)와 극(剋)이 서로 뒤 섞여 있고, 庚金 일주가 무근(無根)하니 관성이 왕한 것은 七殺로 변화되어 복(福)을 이루기가 어렵다. 일주를 돕는 운로가 없으나 조상(祖上)의 음덕(陰德)이 있어 여유로우니 마땅히 소년(少年) 시절에는 훌륭한 자식(子息)이었고 늙어서 임금에게 작위를 받았다.

072 楊溥(양부)

호광(湖廣) 석수(石首) 사람으로 字는 홍제(弘濟). 명나라의 대신(大臣). 건문(建文) 2년(1400) 진사 출신으로 벼슬은 편수, 한림학사, 태자세마, 태자감국, 예부상서 등을 거쳐 정통(正統) 9년(1444)에서 11년(1446)까지 수보(首輔: 재상)를 지냈다. 양사기(楊士奇), 양영(楊榮)과 더불어 '삼양(三楊)'으로 불린다. 또 어진 재상이라 당시 사람들이 '남양(南楊)'이라고 일컬었다. 시호는 문정(文定)이다. 저서로 《문정집(文定集)》이 있다.

```
庚 乙 庚 己
辰 卯 午 巳

甲 乙 丙 丁 戊 己
子 丑 寅 卯 辰 巳
```

乙卯 건록(建祿) 일주에 午月에 태어나니 火土가 함께 왕하다. 기쁜 것은 시상(時上)에 庚金 관성이 辰土에 앉아 재성이 관성을 생하여 쓸 수 있다. 丙丁火가 관성의 귀(貴)를 상(傷)하게 하자 10년 옥살이를 했으나 겁재와 인성이 일주를 도와 갑자기 재상(宰相)이 되었고, 한마음으로 정사(政事)를 도우니 세상에 드문 유명한 신하(臣下)이다.

073 楊榮(양영)

건안(建安) 사람으로 본명은 자영(子榮), 字는 면인(勉仁). 명나라의 관리이자 문학가이다. 양사기(楊士奇), 양부(楊溥)와 더불어 '삼양(三楊)'으로 일컬어진다. 거처하는 곳이 동쪽이라 '동양(東楊)'이라 불린다.

```
丁 戊 辛 辛
巳 子 丑 亥

乙 丙 丁 戊 己 庚
未 申 酉 戌 亥 子
```

戊土 일주가 巳時에 건록(建祿)을 얻어 土金 상관격(傷官格)에 인성을 지닌 것이다. 기쁜 것은 사주에 하나의 관성 木이 없어서 일주의 건록(建祿)을 다치지 않는 것이다. 子水가 丑土를 합하여 土로 변화(變化)되었고, 子水가 戊土에 달려있어 丁火를 상(傷)하지 않는 것이다. 운로(運路)는 土가 두터운 식상과 인수로 흘러 최고로 높은 관직이 마땅하겠다. 부귀(富貴)가 모두 완전하여 네 임금을 모시니 공명(功名)의 시작과 끝남이 이렇게 멋진 것이다.

074 　海瑞(해서)

명나라의 관리였으며 강직한 성품의 청렴결백한 인물로 유명하다. 가정제(嘉靖帝)의 실정을 직간하여 옥에 갇혔다가 가정제의 죽음으로 석방되었다.

```
壬 乙 丁 甲
午 卯 丑 戌

癸 壬 辛 庚 己 戊
未 午 巳 辰 卯 寅
```

　　12월이라 土가 얼고 木이 메마르나 다행히도 월간(月干) 丁火가 건록(建祿) 午火를 얻으니 초목이 양기(陽氣)로 향하게 되어 겨울날이 따뜻하다. 재성과 관성을 모두 用神으로 사용한다. 혹 癸酉 辛酉 乙巳 丁亥라 하나 모르겠다.

075 李春芳(이춘방)

명나라 재상 엄눌과 함께 서원(西苑, 황실의 원림(園林))에서 숙직하면서 도교의 제사에 쓰이는 글인 '청사(靑詞)'를 지었다.

```
癸 丁 己 庚
卯 酉 丑 午

乙 甲 癸 壬 辛 庚
未 午 巳 辰 卯 寅
```

丁火 일주가 酉金 천을귀인(天乙貴人)에 앉고 시주(時主)에 관성을 만나니 빼어난 기운이 아름답게 모였다. 비록 12월에 태어나 丁火 일간은 쇠약하고 칠살(七殺)이 왕하다. 그러나 연주 庚午를 만나 丁火 일주가 건록(建祿)을 얻었으니 천간에 투출한 己土와 庚金의 식신생재격(食神生財格)이다. 오행(五行)이 중화(中和)되고 맑은 기운이 마땅하였으나 月令의 기운과 통하지 못하여 그릇이 적은 사주다.

076 胡宗憲(호종헌)

명나라 휘주부(徽州府) 적계(績溪) 사람으로 字는 여정(汝貞), 호는 매림(梅林). 가정 17년(1538) 진사가 되었다. 권위가 동남 일대를 울렸고, 동남 일대 사대부들을 초빙해 모의(謀議)에 참여시켜 자못 명성을 얻었다. 41년(1562) 엄숭당(嚴嵩黨)으로 혁직(革職)[11]되었고, 45년(1566) 투옥되어 옥사했다. 만력(萬曆) 초에 복권되었고, 시호는 양무(襄懋)다. 저서에 막료 정약(鄭若)이 편집한 『주해도편(籌海圖編)』이 있다.

```
壬 丁 辛 壬
寅 酉 亥 申

丁 丙 乙 甲 癸 壬
巳 辰 卯 寅 丑 子
```

丁壬 化木이 월(月)과 시(時)의 기운을 얻었으나 辛酉가 있어 파격(破格)이다. 그러나 가화(假化)로서 행운(行運)에서 木이 왕성하니 진짜 化格과 다를 바 없다. 적천수(滴天髓)에서 "아버지가 다른 고아(孤兒)라도 능히 출세한다."라고 하니 중년 이후 東南運에 사주에 病인 金水를 극제(剋制)하여 한 고을을 주재하는 현령이 되고 계속 직위가 올라 순안(巡按:커다란 지역 책임자)에 이르러 군대를 장악하고 왜구를 파(破)하고 도적떼를 평정하는 공을 세우는 것이 응당하다. 죽어서 시호(諡號)가 포민(褒愍)이다.

---

11) 혁직(革職) : 일자리나 직무를 물리나게 함.

077 戚繼光(척계광)

명나라 말기의 장수로서 왜구(倭寇)의 침입을 물리치는 데 큰 공을 세웠으며, 〈기효신서(紀效新書)〉 등의 병서(兵書)를 남겼다.

```
乙 己 癸 戊
亥 巳 亥 子

己 戊 丁 丙 乙 甲
巳 辰 卯 寅 丑 子
```

日과 時에 甲己, 乙庚이 서로 합하여 진기(眞氣)가 왕복하니 貴함이 드러날 조짐이 되었다. 재성(財星)이 왕하여 칠살(七殺)을 생하나 己土 일주 아래에 巳火가 양인(羊刃)으로서 木火 칠살과 인성이 서로 조화를 이루고 있다. 반드시 군대를 장악하여 30세에 명성이 올라 위세(威勢)를 떨친 것이 바다 끝까지 이르는 것은 칠살의 왕함을 지지에서 얻었기 때문이다. 칠살과 양인이 상호 충격(沖激)하지 않으니 공명(功名)의 시작과 끝이 이러한 것이다.

078 劉大夏(유대하)

화용(華容) 사람으로 字는 시옹(時雍), 호는 동산(東山). 명나라의 대신(大臣). 천순(天順) 8년(1464)년 진사 출신으로 벼슬은 한림원서길사, 병부직방사주사, 병부시랑, 병부상서, 우도어사, 양광총제 등을 역임했다. 시호는 충선(忠宣)이다.

```
戊 庚 癸 丁
戌 戌 丑 亥

丙 丁 戊 己 庚 辛 壬
午 未 申 酉 戌 亥 子
```

(庚戌) 괴강(魁罡)격이라 중요한 것은 재성과 관성에 있다. 신강(身强)하여 필히 귀하다. 그러나 겨울에 추운 庚金 일주는 火의 단련을 좋아하니 丁火가 戌土에 묘고(墓庫)하여 늦은 나이에 發함(출세)이 마땅히 있을 것이다.

079 高耀(고요)

〈명대 명인 명감〉에 수록된 것으로 보아 명나라 사람인 것으로 추정되나, 현재의 사료로는 명확히 어느 인물에 대한 것인지 확인이 어렵다.

```
庚 戊 庚 甲
申 辰 午 戌

丙乙甲癸壬辛
子亥戌酉申未
```

　　庚申시가 戊土 일주를 만났으니 이름하여 식신 천간이 왕한 방향이다. 세월(運)이 甲丙寅卯를 범하였으니 이는 곧 만나기도 하고 만나지 않기도 한 것이다. 희기편을 보라. 이 명조는 年에 비록 甲이 투간하였으나 庚金이 극제(剋制)하여 전적으로 식신격(食神格)이다. 더불어 삼기(三奇: 甲戊庚)를 갖추었으니 부귀가 진실로 자신에게 있다. 필요한 것이 결실을 이루니 마땅히 직위(職位)가 있을 것이다.

080 王崇古(왕숭고)

명나라 산서(山西) 포주(蒲州) 사람으로 字는 학보(學甫), 호는 감천(鑒川). 가정(嘉靖) 22년(1543) 진사가 되어 형부주사(刑部主事)에 임명되었다. 상진병비부사(常鎭兵備副使)를 역임하였고 정강(靖江)에서 왜구를 섬멸했다. 43년(1564) 우천도어사(右僉都御使)로서 영하(寧夏)를 순무하면서 전비(戰備)를 갖추고 투항을 받아들였다. 여러 차례 달단(韃靼) 군대와 만나 공격하여 피해를 줘서 영하를 안전하게 지켰다. 저서에 『공여만고(公餘漫稿)』가 있다.

```
庚 戊 辛 乙
申 申 巳 亥

乙 丙 丁 戊 己 庚
亥 子 丑 寅 卯 辰
```

전적으로 식신격(食神格)이 건록(建祿)을 합하고 녹마(亥中壬甲, 재성과 관성)가 亥宮에 같이 있다. 더불어 천관지축(天關地軸)이다. 하늘과 땅의 맑고 상쾌함이 있다. 애석하게 亥水의 甲木이 암장(暗藏)하여 삼기(三奇)가 전부 투출하지 않았다(亥中 壬甲戊). 그러나 세력이 칠진(七鎭:변방 여러 곳)에 이르고 공훈(功勳)이 멀리 국경 지방까지 미치니 한범(韓范)과 비슷한 인물이다.

081 高拱椒山(고공초산)

명나라 하남(河南) 신정(新鄭) 사람으로 字는 숙경(肅卿), 호는 중현(中玄), 시호는 문양(文襄). 실속 없는 공허한 학문을 반대하고, 시대를 구제하고 실용에 이바지 할 수 있는 학문을 주장했다.

```
甲 癸 癸 壬
寅 丑 丑 申

己 戊 丁 丙 乙 甲
未 午 巳 辰 卯 寅
```

하늘은 차고 물은 얼었으나 시주(時柱) 甲寅에서 힘을 얻었다. 申金이 기쁘게도 멀리서 沖하니 寅中 丙戊가 沖으로 인하여 움직여 재성과 관성으로 用神됨을 얻었다. 운행이 東南이니 높은 관리이며 녹봉(祿俸)이 두텁다.

082 楊繼盛(양계성)

용성(容城) 사람으로 字는 중방(仲芳), 호는 초산(椒山). 명나라 관리. 가정(嘉靖) 26년 (1547)의 진사 출신으로 벼슬은 병부원외랑, 적도전사, 호부원외, 병부무선사 등을 역임했다. 간신 엄숭(嚴嵩)을 탄핵하다가 도리어 체포되어 죽임을 당했다.

```
癸 丁 甲 丙
卯 酉 午 子

庚 己 戊 丁 丙 乙
子 亥 戌 酉 申 未
```

子午卯酉 사정(四正)의 위치를 얻었으나 역시 네 개의 지지(地支)가 충파(沖破)되었다. 丁火 일주가 午月이라 건록(建祿)이니 신왕하고 칠살(七殺)이 약하므로 마땅히 재성으로 약한 칠살을 도와야 한다. 丁火 日元은 스스로 酉金 재성에 건록에 앉았으며 천을(天乙), 문창(文昌)의 곳이다. 沖함과 魁함이 서로 다투나 戊運에 癸水를 변화시켜 관성이 겁재로 바뀌니 재성을 다투게 되어 乙卯년에 누명을 갑자기 만나는 재앙으로 참변을 당하게 된다. 그러나 문장(文章)은 기운과 절개가 있어 천추에 스스로 족하다. 이것은 감리진태(坎離震兌:水火木金)의 정기(正氣)를 얻은 것이기 때문이다.

083 王鳳洲 世貞(왕봉주 세정)

강소(江蘇) 태창(太倉) 사람으로 字는 원미(元美), 호는 봉주(鳳洲), 엄주산인(弇州山人). 명나라의 관리이자 문학가, 사학자(史學者)이다. 가정칠재자(嘉靖七才子:後七子)의 한 사람으로 손꼽히고, 학식은 그중에서도 제1인자였다. 명대 후기 고문사(古文辭)파의 지도자가 되었다.

```
辛 甲 庚 丙
未 申 午 戌

丙 乙 甲 癸 壬 辛
子 亥 戌 酉 申 未
```

未土는 甲木 일주의 묘고(墓庫)이니 甲木이 통근(通根)할 수 있고 천을(天乙)이 동궁(同宮)하니 흉함을 만나도 변화가 된다. 편관과 식신이 세력(勢力)이 서로 대등하니 문장(文章)이 천고(千古)에 빛나고 마땅히 관리의 복무를 할 것이며 더욱 빠른 부름이 있겠다.

084　王鴻儒(왕홍유)

字는 무학(楙學), 남양부 남양현 사람으로 어려서 학문을 좋아하였으며 성화 23년 (1487)에 진사에 급제하여 남경호부 주사를 수여받았다. 산서제학총사, 부사, 모두 학정을 감독하였고, 재임 9년 동안 서사풍의 산시풍은 대단했다. 이후 국자감 제주, 남경호부서를 역임하였다. 시호는 문장(文庄)이다.

```
丙 乙 乙 己
戌 未 亥 卯

己 庚 辛 壬 癸 甲
巳 午 未 申 酉 戌
```

亥卯未 三合 목국(木局)에 丙火의 설기(洩氣)가 우수하니 기운이 왕성하고 신령(神靈)함이 완전하다. 겨울에는 丙火를 좋아 하며 빼어난 기운으로 흐르니 어려서 비록 궁곤(窮困)함이 있으나 南方으로 행운(行運)이 바뀌면 필연코 출세를 한다. 늙어서도 더욱 씩씩하고 이름이 사림에 무겁게 전한다. 이것을 청(淸)하고 귀(貴)한 것이라 할 수 있는 것이다.

085 王象乾(왕상건)

명나라 산동(山東) 신성(新城) 사람으로 字는 자확(子廓) 또는 제우(霽宇). 융경(隆慶) 5년(1571) 진사가 되고 첨도어사를 역임했다. 이화룡(李化龍)을 대신해 파주를 다스렸다. 선부순무로 7년 동안 재직했는데, 변경이 평안했다. 병부상서를 거쳐 숭정(崇禎) 초에 선·대·산서(宣大山西)의 군무를 총지휘하면서 호돈(虎墩)을 격퇴했다.

```
癸 壬 庚 丙
卯 申 寅 午

戊 丁 丙 乙 甲 癸 壬 辛
戌 酉 申 未 午 巳 辰 卯
```

일지(日支) 아래에 곤방(申金)이고 寅午가 건방(戌土)을 공협(拱挾)하며 천을귀인(天乙貴人)이 時에 있다. 길성(吉星)이 두루 비추니 인성을 버리고 재성을 취한다. 이것을 수화기제(水火旣濟)라 한다. 마땅히 늙어서도 더욱 씩씩하니 위세가 멀리까지 이른다.

086 方逢時(방봉시)

명나라 호광(湖廣) 가어(嘉魚) 사람으로 字는 행지(行之), 호는 금호(金湖). 가정(嘉靖) 20년(1541) 진사(進士)가 되어 의흥지현(宜興知縣)에 제수되고, 영국지부(寧國知府)로 옮겼다. 융경(隆慶) 초에 우첨도어사(右僉都御使)에 발탁되어 요동(遼東)을 순무(巡撫)했다. 나중에 병부상서에 올랐다.

```
己 甲 乙 壬
巳 辰 巳 午

辛 庚 己 戊 丁 丙
亥 戌 酉 申 未 午
```

금신(金神[12]:己巳)이 時柱에 있고 이궁(離宮) 巳火가 月令을 잡아 식상(食傷)과 재관(財官)이 마땅하다. 南方運에 소년으로 과거에 급제하며 西方 관살(官殺)운에 공명(功名)이 지체된다. 巳午火가 왕성한데 甲木 일주는 인수가 적어 만년 北方에서야 감리(坎離:水火)가 상제(相濟: 서로조화를 이루어)되어 위세가 널리 떨친다. 귀(貴)함이 충만한 신하이다. 공명은 왕숭고와 비슷하여 세칭 방왕(方王)이라 할 만하다. 金神格이 만족하게 되었으니 火를 좋아한다는 것에 집착하지 마라.

---

12) 이 책 82p 각주 8) 참고.

087 方從哲(방종철)

명나라 광종(즉위 29일 만에 급사, 홍환안 사건) 때의 재상

```
辛 甲 己 壬
未 子 酉 戌

乙 甲 癸 壬 辛 庚
卯 寅 丑 子 亥 戌
```

관성이 귀함에 임하고 月令의 왕한 기운을 얻었다. 관성으로 用神함이 명확하다. 그럼에도 甲木 일주가 己土와 탐합(貪合)하니 뜻이 재성에 있다. 재성 역시 귀함을 얻었다. 비록 관성은 청(淸)하고 인성은 바르나 두 가지를 같이 할 수 없다. 홀로 재상(宰相)을 7년 지내고 걸림없이 밝고 편안하게 모든 안건을 처리하였으나 진퇴(進退)의 시기를 놓친 것은 이른바 재주가 덕(德)을 이겼기 때문이다. 많은 재능(才能)이 드러난 것이라 한다. (이는 혼자 잘났다는 뜻이다.)

088 董其昌(동기창)

중국 명나라 말기의 문인, 화가 겸 서예가. 저서인《화선실수필》에서 남종화(南宗畵)를 북종화(北宗畵)보다도 더 정통적인 화풍으로 한다는 상남폄북론(尙南貶北論)을 주창했다. 문학에도 능통하였고, 서가로서도 명대 제일이라고 불리며 형동(邢侗)과 어깨를 겨루어, 북형남동(北邢南董)이라 불린다.

```
庚 乙 戊 乙
辰 卯 寅 卯

壬 癸 甲 乙 丙 丁
申 酉 戌 亥 子 丑
```

동방(東方)으로 하나의 기운에 乙木이 왕성함을 탄 것이라 한다. 시주 庚辰에 습토(濕土)를 만나 金을 생조(生助)하니 관성은 청(淸)하고 재성은 왕(旺)하다. 비록 행운에서 기복(起伏)이 있어 항상(恒常)하지 않았으나 능히 과격하지도 남을 따르지도 않아 혼자 비천한 환관들이 저지르는 패당의 불행을 면하였다.

089 謝遷(사천)

절강(浙江) 여요(餘姚) 사람으로 字는 어교(於喬), 호는 목재(木齋). 명나라의 대신(大臣)으로 성화(成化) 11년(1475)에 장원(狀元) 급제했다. 일품대학사(一品大學士)로 사후에 태부(太傅)로 추증되었다. 시호는 문정(文正)이다.

```
甲 甲 丁 己
子 戌 丑 巳

辛 壬 癸 甲 乙 丙
未 申 酉 戌 亥 子
```

　子水와 戌土가 亥水를 공협(拱挾)하고 지지(地支)에서 공협(拱挾)한 천문(戌亥)이 궁궐로 함께 모인다. 甲木 장생(長生)의 땅에 巳火와 丑土가 酉金을 공협하니 甲木 일주의 정관이라. 丁火가 추위를 해결하니 土는 따뜻하고 金도 따뜻하다. 사주가 中和되어 있다. 西方 운로에서 丑中(辛金) 관성으로 원신(元神)을 이끌어 출간하니 관성이 왕성한 것이다. 마땅히 한때의 어진 재상(宰相)이 되어 천고(千古)에 이름을 날렸다.

090　仇鸞(구란)

명나라 섬서(陝西) 진원(鎭原) 사람으로 字는 백상(伯翔). 구월(仇鉞)의 손자. 총병관(總兵官)에 올랐는데, 탐학(貪虐)13)하여 탄핵을 받아 혁직되었다. 가정(嘉靖) 27년(1548) 엄숭(嚴嵩)의 사주를 받아 총독섬서삼변(總督陝西三邊) 증선(曾銑)을 모함하여 중용되었다.

```
丙 癸 丙 癸
辰 巳 辰 亥

庚 辛 壬 癸 甲 乙
戌 亥 子 丑 寅 卯
```

양간부잡(兩干不雜 : 두개의 병화가 잡스럽지 않음)에 지지 亥巳가 癸水 丙火에 건록(建祿)을 얻으니 감리(水火)가 잘 이루어져 있다. 재성을 용신으로 하는 것이 매우 밝다. 비록 火氣는 다가오고 水氣는 물러났으나 辰中에 저장된 水氣가 있어 北方운에서 신왕(身旺)하니 재성의 용신을 얻은 것이다.

---

13) 탐학(貪虐) : 탐욕이 많고 포악함.

091　熊廷弼(웅정필)

명나라 말의 장군으로 요동경략(遼東經略)으로서 후금(後金)에 맞서 요동(遼東) 방위(防衛)에 공을 세웠다. 그러나 1622년 왕화정(王化貞)이 그의 전략을 무시하고 후금(後金)을 공격하였다가 크게 패하자 광녕(廣寧)을 포기하고 산해관(山海關)으로 퇴각하였으며, 그 책임을 뒤집어쓰고 1625년 억울하게 처형되었다.

```
丙 癸 丙 己
辰 未 寅 巳

庚 辛 壬 癸 甲 乙
申 酉 戌 亥 子 丑
```

1월 木氣는 왕성하고 火氣는 다가오고 있다. 辰土 수고(水庫)에 일원(日元)이 통근(通根)하나 신약함이 극에 이르렀다. 비록 年에 천을(天乙)이 있고 월간에 투출한 월덕(月德)이라도 겁재(劫財)운이라야 능히 도울 수 있어 길하겠다. 戌運에 火氣가 모여(寅戌) 辰土를 충(沖)하니 죽을 수밖에 없었다. 멀리까지 잘린 머리를 전하게 되니 그의 죄가 아닌데! 애통하다.

092　楊鎬(양호)

명나라 하남(河南) 상구(商丘) 사람으로 만력(萬曆) 8년(1580) 진사가 되어 남창(南昌)과 여현(蠡縣)의 지현(知縣)을 지냈다. 입조하여 어사(御史)가 되었다. 거듭 승진하여 우첨도어사(右僉都御史)가 되고, 46년(1618) 요동을 경략(經略)[14]하고, 다음 해 사로(四路)의 군사들을 이끌고 후금(後金)을 공격했지만 대패하고, 투옥되어 사형 선고를 받고 숭정(崇禎) 2년(1629) 처형되었다.

```
丁 辛 戊 乙
酉 亥 寅 卯

壬 癸 甲 乙 丙 丁
申 酉 戌 亥 子 丑
```

시상(時上) 편관이 귀인(貴人)에 앉고 연월(年月)에 寅卯가 乙木으로 투출하니 재성이 왕하여 七殺을 생한 것이다. 寅中 丙火가 일주를 암합(暗合)하여 用神이 일정하지 않으니 당연하게도 의지를 결정할 수가 없겠다.

---

14) 경략(經略) : 남의 땅을 쳐서 다스림.

093　夏言(하언)

귀계(貴溪) 사람으로 字는 공근(公謹). 명나라 때의 대신(大臣)이자 문학가. 정덕(正德) 연간(1506-1521)에 진사(進士) 출신으로 행인, 병과급사중, 소사, 광록대부, 상주국 간관 등을 역임했다. 시호는 문민(文愍)이다.

```
壬 丙 丁 壬
辰 寅 未 寅

癸 壬 辛 庚 己 戊
丑 子 亥 戌 酉 申
```

　　時柱에 七殺을 用神으로 한다. 단 사주에 金이 없어 시주에 칠살(七殺)이 고립되고 보필됨이 없다. 겁재와 인성이 중중(重重)하니 金水운에 壬水 칠살을 돕지 않으면 이름을 떨치는 출세를 할 수가 없다. 辰土 수고(水庫)가 파괴되지 않아 항상 수기(水氣)를 저장할 수 있으니 바짝 마른 물방울은 아닐 것이다.

094 王鏊(왕오)

오현(吳縣) 사람으로 字는 제지(濟之), 수계(守溪), 호는 졸수(拙叟), 진택선생(震澤先生)이다. 명나라의 명신(名臣)이자 문학가이다.

```
癸 戊 乙 庚
丑 子 酉 午

辛 庚 己 戊 丁 丙
卯 寅 丑 子 亥 戌
```

戊土와 癸水가 또한 乙木과 庚金이 각자 서로 合이 되었다. 庚金 식신은 酉月에 왕성하고 귀함은 丑土에 있고 癸水 재성은 子水에 건록(建祿)이라. 金水가 상생(相生)하고 있다. 午火에 통근(通根)하니 戊土 일원(日元)이 약하지 않다. 또한 戊土와 癸水, 子水와 丑土 일시(日時) 간지가 서로 합하니 천지덕합(天地德合)이라 이름한다. 귀인(貴人)과 건록이 서로를 보호하니 당연히 이름이 그 시대에 떨치고 신하(臣下)로서 귀함은 극에 이르게 된다.

095　楊連(양련)

명나라 말 호광(湖廣) 응산(應山) 사람으로 字는 문유(文孺), 호는 대홍(大洪). 만력(萬曆) 35년(1607) 진사에 합격하여 상숙지현(常熟知縣)에 올랐는데, 가장 청렴한 관리로 칭송을 받았으며, 부도어사까지 올랐다. 위충현의 무고를 받아 투옥되어 혹형을 당하다가 옥사했다. 숭정(崇禎) 때 충렬(忠烈)이란 시호가 내려졌다.

```
庚 乙 戊 壬
辰 未 申 申

甲 癸 壬 辛 庚 己
寅 丑 子 亥 戌 酉
```

　　乙未 일주는 아래에 묘고(墓庫:未中 乙木)을 두고 연간(年干)에 인성이 투출하니 일원(日元)이 비록 약하다 하나 乙庚 金 종화(從化)가 아니다. 壬水를 용신으로 庚金의 굳세고 예리한 기운을 설기(洩氣)한다. 인성운으로 흐르면 좋은 평판을 얻어 널리 영예로움을 얻었다. 천계 5년 乙丑에 위충현의 모해(모함)로 옥에 갇혀 죽으니 필히 丑運 中이다. 두 개의 丑土가 미고(未庫)를 沖한 것이다.

096 袁宗道(원종도)

명나라 형주부(荊州府) 공안(公安) 사람으로 字는 백수(伯修), 호는 옥반(玉蟠). 만력(萬曆) 14년(1586) 회시제일(會試第一)로 합격하여 편수(編修)에 올랐고, 우서자(右庶子)라는 말직을 지냈다. 당시 왕세정(王世貞)과 이반룡(李攀龍) 등이 문단을 장악하면서 복고주의 문풍이 성행하고 있었는데, 동생 원굉도(袁宏道)와 원중도(袁中道) 등과 함께 이 설을 극력 배척했다.

```
庚 壬 己 庚
子 子 卯 申

乙 甲 癸 壬 辛 庚
酉 申 未 午 巳 辰
```

2子水 양인(羊刃)이 왕성하여 壬水 일주가 신강(身强)하니 卯木이 빼어남을 설기(洩氣)하는 수목상관격(水木傷官格)이다. 애석하게 庚金이 지나치게 왕하여 관성 己土가 기운이 없다. 사주에 火氣가 없어 편인을 극파(剋破)하고 관성을 生할 수가 없다. 南方 운로에는 청귀(淸貴)에 이른다.

097 俞大猷(유대유)

명나라 복건(福建) 진강(晉江) 사람으로 字는 지보(志輔), 호는 허강(虛江). 어려서부터 병법을 익히고 아버지의 뒤를 이어 백호(百戶)가 되었다. 가정 14년(1535) 회시(會試)에 합격하여 천호(千戶)에 올랐다. 광동도사(廣東都司)에 발탁되고 참장(參將)으로 승진했다. 해풍(海豊)에서 왜구를 대파했다. 시호는 무양(武襄)이다.

```
壬 己 丁 癸
申 酉 未 亥

辛 壬 癸 甲 乙 丙
丑 寅 卯 辰 巳 午
```

　己酉 일주에 未月이니 丁己 원신(元神)이 투출하여 月令을 얻어 왕성한 기운이다. 金水로 빼어남을 설기(洩氣)하여야 한다. 기쁘게도 丁壬, 亥未 암합(暗合) 木 관성이 되어 상관국을 파괴하지 않는다. 계획을 진행할 수 있는 능력이 있어 먼저 계획을 세우고 뒤에 싸워 누차 왜구를 깨트리고 물리쳐서 커다란 공훈(功勳)을 세웠다. 군대 생활이 50년에 상대를 괴멸하니 이름이 명나라 일대에 걸친 유명한 장군(將軍)이었다.

098 孫承宗(손승종)

보정(保定) 고양(高陽) 사람으로 字는 치승(稚繩), 호는 개양(愷陽). 명나라 말기의 군사전략가. 명희종(明熹宗) 주유교(朱由校)의 스승으로 뒤에 대왕(代王)을 대신하여 진(晉)나라에서 계료독사(薊遼督師)가 되었다. 숭정(崇禎) 11년(1638)에 청군(淸軍)이 대거로 공격할 때에 고양(高陽)을 지키다가 전 가족이 전사했다. 시호는 문충(文忠)이다.

```
壬 甲 甲 癸
申 辰 寅 亥

戊 己 庚 辛 壬 癸
申 酉 戌 亥 子 丑
```

甲木 일주가 寅月에 생하여 천간에서 겁재와 인성이 서로 돕고 지지(地支)에서는 寅亥合木을 이루니 신왕(身旺)하여 칠살(七殺)을 대적할 수 있다. 시상(時上)에 庚金을 얻어 사용하니 辰土가 생하므로 문신(文臣)으로서 군사를 감독한다. 그러나 초봄의 木이 연약하고 사주에 火가 없어 칠살을 제(制)하는 것이 모자란다. 마땅히 남향(南向)으로 흘러야 하는데 庚申운에 이르자 칠살이 왕하여 몸(일주)을 다치게 한다.

099 熊文燦(웅문찬)

명나라 귀주(貴州) 영녕위(永寧衛) 사람으로 만력(萬曆) 35년(1607) 진사가 되었고, 우첨도어사, 광동순무를 겸했고, 정지룡을 이용해 광동의 해도(海盜) 유향(劉香) 등을 평정했으며, 숭정(崇禎)10년(1637) 병부상서 겸 우부도어사가 되어 남기와 하남, 산서, 섬서, 호광, 사천의 군무를 총괄했다. 병력이 능히 농민군을 제어할 수 없음을 알고 선무 작업에만 힘썼고, 다음 해 장헌충(張獻忠)과 나여재(羅汝才) 등의 항복을 받아냈다. 숭정(崇禎) 12년(1639) 장헌충과 나여재가 재기했는데, 이때 체포되어 처형을 당했다.

```
丙 甲 辛 乙
寅 子 巳 亥

乙 丙 丁 戊 己 庚
亥 子 丑 寅 卯 辰
```

甲 일간이 시(時)에 건록(建祿)하고 좌하(座下)에 子水와 寅木이 丑土를 공협(拱挾)하여 귀인이 되고 丙火와 辛金이 합하니 격국이 파괴된 것 같으나 파괴된 것이 아니다. 마땅히 청운(靑雲)의 길이 있을 것이다. 巳火 중에 丙火와 戊土가 건록을 얻어 식신이 재성을 생하는 것으로 용신을 한다. 亥運에 巳火를 沖하니 죄(罪)를 얻어 죽었다.

100 周延儒(주연유)

1600년대 명나라 숭정 때의 대학사 및 재상

```
癸 癸 丙 己
亥 亥 子 丑

庚 辛 壬 癸 甲 乙
午 未 申 酉 戌 亥
```

癸水 일주가 겨울에 출생하여 丙火의 기운이 무력(無力)하다. 응당히 비천녹마격(飛天祿馬格)을 취용하나 丙火와 己土가 있어 격국이 파괴되었다. 적을 무마하기에는 기회를 잃었다. 癸未년에 죽었다. 나이 55. 당연히 未午운이다.

101 沈一貫(심일관)

명나라 절강(浙江) 은현(鄞縣) 사람으로 字는 견오(肩吾), 호는 용강(龍江), 시호는 문공(文恭). 융경(隆慶) 2년(1568) 진사(進士)가 되었으며 사관(史館)에 있으면서 장거정(張居正)에게 붙으려고 하지 않아 고결한 지조가 천하에 알려졌다. 태자를 세우거나 광세사(礦稅使)에 대해 간하는 등 민심을 잘 반영했다. 13년 동안 정치를 보좌하면서 4년 동안 국정을 담당했는데, 호부상서와 무영전대학사, 건극전대학사 등을 지냈다.

```
壬 庚 甲 丁
午 寅 辰 酉

戊 己 庚 辛 壬 癸
戌 亥 子 丑 寅 卯
```

봄철의 庚金이 비록 약하나 辰土와 酉金이 합하여 생조(生助)하니 족히 재성과 관성을 감당한다. 甲木은 寅木에 건록(建祿)되고 丁火는 午火에 건록되었다. 寅木과 午火가 공(拱)하여 合하니 관성은 왕성하고 재성은 맑다. 또 운로의 조력을 얻으면 마땅히 귀(貴)할 것이나 애석하게 귀하기는 하겠지만 우수하지는 않다. 조정에서 벼슬이 별 볼일 없어 편안하지 않겠다.

102 聞淵(문연)

字는 정중(靜中), 석당(石塘), '태사(太师)'라고도 칭했다. 은강(鄞江)현(지금의 저장(宁江)성) 사람이다. 명나라의 대신으로 45년 동안 관리로 일했고 맡은 직책만도 27개나 되었다. 성격은 강직했지만 너무 독단적이었다. 칠십 고령에 벼슬을 그만두고 허가를 받아 귀향하여 월호지반 천관제에 머물렀다. 여든네 살 때 자택에서 세상을 떠났다. 가정 21년(1542)에 태자 태보에 가봉되었으며, 죽을 때 소보라는 칭호를 받고, 시호는 장간(庄間)이다.

丙庚甲庚
戌寅申子

庚己戊丁丙乙
寅丑子亥戌酉

가을의 庚金 일주가 강성(剛性)하고 예리하다. 火氣의 단련을 얻어야 기물(器物)을 이룩하는 즐거움이 있다. 火金이 서로 격(格)을 이루는 것이다. 지지에서 감리는 水火이므로 申子(辰)-水와 寅(午)戌-火가 대치하는데 甲木을 얻어 통관(通關)되니 水火가 서로 기제(既濟)함을 얻었다. 甲木이 寅의 녹(祿)에 있으니 생조(生助)하고 변화함이 유정(有情)하다. 北方운에 제살(制殺)함을 기뻐한다. 東方운으로 바뀌면 급하게 물러나야 하는 것이 마땅하다.

103　潘潢(반황)

직휘주 부원현(지금의 강서 원현) 사람/. 字는 천숙(薦叔), 호는 박계(朴溪). 명나라의 정치인으로 관직은 호부서까지 올랐다. 정덕16년(1521)에 진사가 되었으며, 이부를 거쳐서 호부서에 이르렀는데, 의조례가 맞지 않아 남경 공부서를 옮기고, 다시 병부로 옮겨 남도에 남아 벼슬길에 올랐다. 가정 34년(1555)에 죽었으며, 시호는 숙간(肅簡)이다. 저서로『박계집』이 있다.

```
壬 丙 丙 丙
辰 申 申 辰

壬 辛 庚 己 戊 丁
寅 丑 子 亥 戌 酉
```

천간 삼붕(三朋:三丙)에 壬水 칠살(七殺)이 혼자 투출(透出)하였다. 이른 바 하나의 (壬水) 칠살의 장군이 관문(요새)를 담당할 수 있다 하나, 애석하게도 인성이 없어 감리(水火)의 기운을 통하게 하는 흐름을 얻지 못하였다. 正道를 지켜 아부하지 않으니 뜻을 펼치기가 어렵겠구나.

104　商輅(상로)

절강(浙江) 순안(淳安) 사람으로 字는 홍재(弘載), 호는 소암(素庵). 명나라의 재상이다. 그는 명대(明代) 근 300년 동안의 과거 시험 중에서 유일하게 삼원급제한 인물이다. 삼원급제란 동시에 해원(解元), 회원(會元), 장원(狀元)에 급제한 사람을 뜻한다. 영종, 대종, 헌종 삼조(三朝)에 걸쳐 병부상서, 호부상서, 태자소보, 이부상서, 근신전 대학사 등을 역임했다. 시호는 문의(文毅)이다.

辛己丁甲
未卯卯午

癸壬辛庚己戊
酉申未午巳辰

관성은 청(淸)하고 인성은 왕하다. 기운을 얻고 통근(通根)하여 관성이 인성을 지키는데 재성이 없음이 기쁘다. 인수가 다치지 않기 때문이다. 기운은 고르고 신령(神靈)함은 맑아 이른바 학문의 재주가 여러 문제를 이해하니 이름이 천하에 떨친다. 내외로 원만하고 관대하고 후덕(厚德)하고 넉넉함이 있어 재상(宰相)의 그릇이다.

105 崔呈秀(최정수)

명나라 간신 위충현(1568~1627)의 가장 충실한 주구(走狗 : 부하, 앞잡이)였다. 하루는 글줄깨나 읽을 줄 아는 태감(환관)들을 좀 모으라는 위충현의 명령을 받고는 엉뚱하게 국자감으로 달려가 생원들을 잡아 불알을 까게 하는 소동을 벌였다. 혼비백산한 생원들 절반은 그날 밤으로 도망쳤고, 재수 없이 잡힌 20명은 실제로 불알을 까였다. 그 과정에서 12명은 죽고 나머지만 살아 위충현에게 보내졌다. 글줄깨나 하는 태감들 좀 모으랬더니 멀쩡하게 공부 잘하고 있는 예비 학자들의 생식기를 절단하여 고자를 만들어 버린 것이다.

```
丙 甲 辛 甲
寅 戌 未 戌

丁 丙 乙 甲 癸 壬
丑 子 亥 戌 酉 申
```

甲木 일주가 寅時로 건록(建祿)이니 재성을 용신으로 하여 부자가 된다. 丙火와 辛金이 합하여 化하니 격국을 손상하지 않는다. 단 戌土 未土가 메마른 흙이라 土의 기운이 왕성하여 木의 기운은 부러질 수밖에 없다. 마땅히 가야 할 곳은 北方이다. 丙火와 辛金이 무형(無形)의 水氣라 하나 상제(相濟 : 서로 돕는)함이 부족하고 지지의 도움을 만나지 못하여 水氣로 변화된 것이 아니다.

106 孫傳庭(손전정)

명나라 대주(代州) 진무위(振武衛) 사람으로 字는 백아(伯雅) 또는 백아(百雅), 호는 백곡(白谷). 만력(萬曆) 47년(1619) 진사(進士)가 되어 수성지현(水城知縣)에 임명되고, 재능을 인정받아 상구(商丘)로 옮겼다. 15년(1642) 섬독(陝督) 왕교년(汪喬年)이 패배하고 죽어 개봉(開封)이 위태로워지자 병부시랑이 되어 섬서를 관할했다. 조정에서 전투를 종용해 하는 수 없이 출병했지만 여주(汝州)에서 패배하고 후퇴해 동관(潼關)에 이르러 죽었다. 시호는 충숙(忠肅)이다. 저서에 『백곡집(白谷集)』과 『감로록(監勞錄)』이 있다.

```
壬 乙 丁 癸
午 巳 巳 巳

辛 壬 癸 甲 乙 丙
亥 子 丑 寅 卯 辰
```

세 개의 巳火와 한 개의 午火이니, 火氣가 왕성하여 木氣는 바짝 메말라 있으나 壬水와 癸水가 통근(通根)됨이 없다. 물방울이 팔팔 끓었다. 火의 기운을 따라야 한다. 왕성한 기세에 따르는 염상(炎上)의 위력을 갖추었다. 그 기세를 거역하면 사납고 맹렬한 성격이 될 것이나 한 번의 싸움에도 인자함으로 성공할 수 있을 것이니 천고(千古)에 역시 남을 것이다.

107 李維楨(이유정)

명나라 호광(湖廣) 경산(京山) 사람으로 字는 본녕(本寧). 융경(隆慶) 2년(1568) 진사가 되고, 편수(編修)를 거쳐 수찬(修撰)에 올랐다가 외직으로 나가 섬서참의(陝西參議)가 되고, 제학부사(提學副使)로 옮겼다. 천거를 받아 남경 예부우시랑이 되고 상서(尙書)로 승진했다. 문장도 재기가 넘쳐 글을 구하려는 사람이 끊이지 않았다. 명성이 40여 년 동안 변함이 없어 시문(詩文)의 성과 또한 날로 높아만 갔는데 응수(應酬)15)한 작품이 많아 품격은 높지 못했다.

```
甲 丁 辛 丁
辰 酉 亥 未
乙 丙 丁 戊 己 庚
巳 午 未 申 酉 戌
```

천간에 재성과 인성이 투출하고 지지에 辰酉 재성과 亥未 인성의 국(局)을 이루었어도 각자 다치지 아니하여 평화롭고 바름을 잡았다. 복덕(福德)과 수명(壽命)이 편안하고 안녕한 징조이다. 인성이 맑게 빼어나니 문학(文學)으로 세상에 전해진다.

---

15) 응수(應酬) : 상대편이 한 말이나 행동을 받아서 마주 응함.

108 趙南星(조남성)

명나라의 문학가 겸 정치가. 하북성 원씨현(元氏縣) 출신으로 字는 몽백(夢白). 명나라 만력(萬曆) 연간에 진사가 되었으며 천계(天啓) 연간에 이부상서가 되었다. 위충현의 전횡을 반대하다가 대주(代州)로 쫓겨나 변방에서 죽었다. 저서로는《조충의집(趙忠毅集)》과《소찬(笑贊)》등이 있다.

```
壬 丁 庚 庚
寅 酉 辰 戌

丙 乙 甲 癸 壬 辛
戌 酉 申 未 午 巳
```

丁火와 壬水가 合하나 庚金에 파국(破局)되고 辰土와 酉金이 합금(合金)이나 변화되지 않았다. 단 용신은 인수이고, 병(病)을 제거함은 겁재를 쓴다. 운로(運路)가 인수와 겁재의 고향이 아니어서 뜻을 펼치기가 어렵다.

109 李成梁(이성량)

명나라 말 요동(遼東) 철령위(鐵嶺衛) 사람으로 字는 여계(汝契). 집이 가난해 나이 마흔 살까지 남의 도움을 받다가 비로소 직위를 이었고, 공을 세워 부총병(副總兵)이 되었다. 요동 일대에서 몽고의 여러 부족을 격퇴하는 등 27년 동안 만주 방위에 큰 공을 세워 영원백(寧遠伯)에 봉해졌다. 19년(1591) 해임되었다가 10년 뒤 변방의 수비가 해이해지자 황명으로 다시 요동을 지켰다. 8년 동안 재직했고 태부(太傅)에 올랐다. 그의 아들 이여송(李如松)은 임진왜란 때 조선을 도왔다.

```
己 乙 丙 丙
卯 未 申 戌

壬 辛 庚 己 戊 丁
寅 丑 子 亥 戌 酉
```

시주에 卯木으로 건록(建祿)되고 일시(日時)에 卯未가 합하여 국(局)을 이루었다. 申月에 태어나니 관성이 득지(得支)되었다. 丙火 상관이 두 개 투출되어 관성을 극제함이 지나치다. 기쁘게도 이성량은 조선사람이니 東方 乙木의 기운을 얻은 것이라 할 수 있다. 己土가 戌土와 未土에 통근(通根)하니 土의 기운이 두터워 金을 생한다. 金이 왕성한 운에 귀함이 마땅히 있다.

110 祖大壽(조대수)

명말청초 당시 요동(遼東) 사람으로 字는 복우(復宇). 명나라 때 전봉총병(前鋒總兵)을 지냈다. 청나라 천총(天聰) 연간에 대릉하(大凌河)에서 포위당하자 황태극과 약속해 금주에서 귀순하여 내응하기로 했다. 그러나 일이 끝난 뒤 성을 지키면서 항복하지 않았다. 숭덕(崇德) 연간에 성이 함락되자 다시 항복하여 한군(漢軍) 정황기(正黃旗)에 예속되고, 총병에 올랐다.

```
壬 丁 丁 己
寅 亥 丑 卯

辛 壬 癸 甲 乙 丙
未 申 酉 戌 亥 子
```

丁亥 일주이니 천을(天乙)에 앉고 壬寅이 배합하니 관성과 인성이다. 가히 천지덕합(天地德合)을 알 수 있어 극히 귀한 격이 마땅하다. 12월에 태어나 金水의 운로이니 따뜻하고 화락(和樂)한 기운을 얻을 수 없다. 木火가 있어야 펼칠 수 있는데! 계책은 궁(窮)하고 힘은 들고 배반과 항복이 끊이지 않겠다.

111 盧象昇(노상승)

명나라 때 상주부(常州府) 의흥현(宜興縣) 사람으로 字는 건두(建鬥), 호는 구태(九台), 두첨(鬥瞻), 개첨(介瞻). 천계(天啟) 연간(1621~1627)에 진사(進士) 출신으로 저명한 무장(武將)이기도 하다. 우부도어사, 겸호광총독, 병부시랑, 병부상서를 역임했다. 1639년 청군에 포위되어 전쟁터에서 죽었다.

```
辛 丁 庚 庚
亥 未 辰 子

丙乙甲癸壬辛
戌酉申未午巳
```

시주에 辛亥를 만나니 재성과 관성, 인성 삼기(三奇)의 귀함이 있다. 子水와 辰土가 관성을 공협(拱挾)하고 亥水와 未土가 인성을 공협하여 천간에 재성이 뚜렷하나 애석하게 辰月에 태어나니 丁火 일원(日元)에 왕성한 기운이 부족하다. 인수와 겁재의 운이 아니면 하는 일마다 지체됨을 면하지 못한다. 분노가 치밀어 싸우다가 죽는다. 충성과 의리의 기운이 있어 발자취는 천고(千古)에 드리운다. 아마도 運이 金의 고향으로 달려서 재성이 인성을 파괴했기 때문일 것이다.

112 史可法(사가법)

명나라 말의 충신. 이자성의 반란군이 북경에 쳐들어오자 군사를 이끌고 나갔으나 북경 함락의 보고가 들어와 되돌아갔다. 양저우에서 예친왕 도도가 이끄는 청군의 공격을 받아 붙잡혀 살해되었다.

```
辛 丙 乙 癸
卯 辰 丑 酉

己 庚 辛 壬 癸 甲
未 申 酉 戌 亥 子
```

丙火와 辛金이 水로 化한다. 丑月에 태어났으니 丙火는 필히 변화된다. 酉金과 丑土가 金으로 합하여 화신(化神) 水를 생조(生助)한다. 乙卯는 화신(化神) 水를 설기(洩氣)하여 뛰어나다. 運이 北方으로 달려 화신(化神)이 왕성함을 만나니 복록(福祿)의 징조이다. 이 사주는 진짜가 확실한지 잘 모르겠다.

113 馮保太監(풍보태감)

명나라 진정부(眞定府) 심주(深州, 하북성 深縣) 사람으로 字는 영형(永亨), 호는 쌍림(雙林). 환관으로, 가정(嘉靖) 연간에 사례병필태감을 지냈다. 만력(萬曆) 초에 사례(司禮)와 동창을 지휘하면서 안팎의 일을 좌우하여 권력이 극에 이르렀다. 신종(神宗)이 나이가 어려 그의 제지를 심하게 받아 함부로 무도하게 행동하지 못했다. 10년(1582) 장거정이 죽고 얼마 뒤에 유배와 함께 적몰(籍沒)당하고, 남경(南京)에 안치되었다.

辛 癸 己 辛
酉 巳 亥 巳

癸 甲 乙 丙 丁 戊
巳 午 未 申 酉 戌

연지와 일지에 천을(天乙)에 앉아 있고 月令에서 왕기(旺氣)를 만나니 신왕하여 의지할 수 있다. 己土 칠살(七殺)이 투출하니 칠살이 용신인 것이다. 단 巳中 戊土가 건록(建祿)을 얻어 戊土와 癸水가 합하니 이른바 용신의 뜻이 다른 곳에 있는 것이다. 시주에 辛金 편인을 만나고 巳火와 酉金이 合하니 자식(子息)과 말년에 복(福)이 같이 없게 된다.

114 魏忠賢(위충현)

명나라 말 하간부(河間府) 숙녕(肅寧) 사람으로 본명은 위사(魏四). 무뢰배 출신으로 스스로 고자가 되어 이진충(李進忠)으로 개명하여 행세하다 만력(萬曆) 때 환관이 되어 성(姓)을 회복하고 충현이라는 이름을 하사받았다. 온갖 잔학한 짓으로 국정을 전횡하였으며, 중앙과 지방의 행정, 군사 등에 사병(私兵)과 사당(私黨)을 배치하는 등 전권을 휘둘러 공포정치를 행함으로써 명나라 멸망을 촉진시켰다. 사종(思宗, 崇禎帝)이 즉위하자 그 죄를 물어 봉양(鳳陽)에 안치했으며, 얼마 후 체포해 처벌하려고 부성(阜城)으로 데려오던 중 죄가 두려워 스스로 목을 매 죽었다.

```
丁 庚 乙 戊
亥 辰 卯 辰

辛 庚 己 戊 丁 丙
酉 申 未 午 巳 辰
```

乙木과 庚金이 합하여 金이 되고 辰土를 만나니 변화되었다 할 수 있다. 亥水와 卯木이 木局이 되니 반드시 木으로 종(從)한다. 南向운에 木火가 빼어남을 토(吐)하니 금운(金運)으로 들어서자 한 번 패함에 땅이 무너진다. 丁火가 빼어남을 토(吐)하고 戊土가 빼어난 기운을 움직여 흐르게 하니 사람의 총명함이 끝을 모를 정도이니 명나라에 소문이 자자하다. 그 총명함을 잘못 사용하여 다치고 죽게 된다. 사람이 바르지 않고 헛소리만 하는 부류이다.

115 馬士英(마사영)

명나라 귀주(貴州) 귀양(貴陽) 사람으로 字는 요초(瑤草). 만력(萬曆) 47년(1619) 진사가 되어 남경호부주사에 오르고, 낭중(郎中)과 지부(知府)를 역임했다. 재직하면서 완대월을 지원해 동림당(東林黨) 사람들에게 타격을 입히고 권력을 독점하면서 이익을 챙겼다. 태호에서 청나라 군대에 잡혀 살해당했다고도 하고, 절강에서 청나라에 항복했는데, 당왕과 소식을 주고받다가 일이 누설되어 살해되었다고도 한다.

```
庚 己 癸 丙
午 酉 巳 申

己 戊 丁 丙 乙 甲
亥 戌 酉 申 未 午
```

己土 일주가 巳月에 출생하니 火도 왕하고 土도 강하다. 시주(時柱)에 午火 건록(建祿)을 만나 신왕(身旺)하니 빼어남을 설기하는 庚金으로 용신이 된다. 申金은 己土의 천을(天乙)이고 용신에 통근(通根)이 되니 귀(貴)한 기운이 없는 것이 아니다. 戌運에 火氣를 모아 용신을 다치게 하니 벼슬과 목숨이 이미 없어지겠고 죽는 것을 피할 수가 없다. 소인(小人)들은 역시 이리저리하나 소인일 뿐이다.

116 馬文升(마문승)

하남(河南) 균주(鈞州) 사람으로 字는 부도(負圖), 호는 약재(約齋), 삼봉거사(三峰居士), 우송도인(友松道人). 명나라의 대신(大臣). 경태(景泰) 2년(1451) 진사(進士) 출신으로, 어사, 복건안찰사, 좌부도어사, 병부우시랑, 요동순무, 우도어사, 총독조운, 병부상서, 이부상서, 태사 등을 역임하였다. 시호는 단숙(端肅)이다.

```
乙 戊 丁 丙
卯 子 酉 午

癸 壬 辛 庚 己 戊
卯 寅 丑 子 亥 戌
```

子午卯酉 사정(四正)의 기운이 모두 갖추어졌다. 丙午 丁火가 戊土 일원(日元)을 생조(生助)한다. 酉金과 子水가 서로 상생하여 오히려 乙木 관성을 돕는다. 乙卯 관성은 전위(子午卯酉)이므로 충극(沖剋)하지 않고 상생(相生)해야 한다. 복덕(福德)과 수명(壽命:삶에서의 편안함)이 함께 드날린다. 벼슬이 상서(尙書)에 오르니 당대에 유명한 신하이다.

117 厥明(궐명)

〈명대 명인 명감〉에 수록된 것으로 보아 명나라의 인물에 대한 것으로 추정되나, 118과 같이 '궐명(厥明)'이라고 칭한 것으로 보아 사람의 이름을 말하는 것이 아닐 가능성이 크다. '궐(厥)'은 일반적으로 3인칭(그 사람)으로 쓰인다. 현재의 사료로는 명확히 어느 인물에 대한 것인지 확인이 어렵다.

```
己 丙 庚 辛
丑 子 寅 亥

甲 乙 丙 丁 戊 己
申 酉 戌 亥 子 丑
```

1월 봄의 양기(陽氣)가 있으나 기운이 약하여 전적으로 인수가 생하기를 부탁한다. 초봄의 木은 어리고 庚金과 辛金이 투출하니 인수가 필히 다치게 된다. 시주(時柱)의 己土는 (丙火 일주의) 빼어남을 토(吐)하여 맑고 귀함은 있겠으나 복덕(福德)과 수명(壽命)은 만족하지 않겠다.

118 厥明(궐명)

〈명대 명인 명감〉에 수록된 것으로 보아 명나라의 인물에 대한 것으로 추정되나, 117과 같이 '궐명(厥明)'이라고 칭한 것으로 보아 사람의 이름을 말하는 것이 아닐 가능성이 크다. '궐(厥)'은 일반적으로 3인칭(그 사람)으로 쓰인다. 현재의 사료로는 명확히 어느 인물에 대한 것인지 확인이 어렵다.

```
壬 庚 辛 辛
午 戌 卯 未

乙 丙 丁 戊 己 庚
酉 戌 亥 子 丑 寅
```

庚戌 일주의 金이 火의 묘고(墓庫)에 앉았다. 戌土 조토(燥土)는 金을 생하는 의도가 없다. 전적으로 비겁의 도움에 의뢰한다. 빼어남을 설기(洩氣)하는 壬水가 있다. 지지는 재성(卯未) 관성(午戌) 합국에 신약하니 用神은 비겁이다. 천간은 金水이고 지지는 木火이니 기세가 맑으나 서로 끊어졌다. 문장(文章)으로 세상에 전할 수는 있으나 세상에서 부귀(富貴)하는 인물은 아니다.

119 倪元潞(예원로)

절강(浙江) 상우(上虞) 사람으로 字는 여옥(汝玉), 옥여(玉汝), 호는 홍보절(鴻寶浙). 명나라 말기의 관리이자 서법가. 천계(天啟) 2년(1622) 진사 출신으로 벼슬은 호부상서, 예부상서를 지냈다. 이자성(李自成)이 북경을 함락시키자 자살했다. 시호는 문정(文正)이다.

```
壬 丙 己 癸
辰 申 丑 巳

癸 甲 乙 丙 丁 戊
未 申 酉 戌 亥 子
```

丙火 일주가 申金에 앉았고 습토(濕土)인 (辰土 丑土가) 불빛을 어둡게 하고 있다. 다행히 연간 癸水가 己土의 극제(剋制)를 받고 巳中 戊土가 (癸水를 합하여 火로) 化하여 호위한다. 丙火의 건록이 상하지 않아 용신은 壬水에 있다. (丙火 일주가 12월에 태어나니) 마치 태양의 기운이 江湖에 떨어지는 듯하여 남은 광채로 비추니 역량이 미약하다. 丙火는 태양의 정기(正氣)라 양기(陽氣)가 강한 성품이 있고 바름을 지켜 아부하지 않는다. 큰 절개는 늠름하고 태연하다. 申運에 丙火가 절지(絶地)에 임하고 재성이 와서 칠살과 무리를 이루어 甲申년 난리에 죽는다.

제4부

청대 명인 명조
清代名人命造

120 洪承疇(홍승주)

복건(福建) 천주(泉州) 사람으로 字는 언연(彦演), 호는 형구(亨九). 명말청초(明末淸初) 시기의 대신(大臣). 만력(萬曆) 44년(1616) 진사(進士) 출신으로 벼슬은 명나라에서 섬서포정사참정, 병부상서, 계료총독 등을 지냈다. 송금(松錦; 1640~1642, 금주 송산성에서 벌어진 청과 명의 전투)에서 패배하고 포로로 잡혀 청(淸)나라에 투항하여 청나라에서 무영전대학사, 태부, 태보, 소사, 태자소사 등을 역임했다. 시호는 양(襄)이다.

```
壬 癸 壬 癸
戌 酉 戌 巳

癸 甲 乙 丙 丁 戊 己 庚 辛
丑 寅 卯 辰 巳 午 未 申 酉
```

癸酉 일주가 인성(酉金)에 앉아 스스로 왕하다. 월령(月令)이 재성의 묘고(墓庫)이니 기운이 生時까지 일관되고 정관이 月令을 장악하여 재성이 관성을 생하는 격국이다. 어려서는 필히 힘든 고통이 있었고 己未 대운 이후부터 기운이 남방(南方)을 전환되니 만력 연간에 등용되었다. 소년 시절에 과거에 급제하고 이십여 년간 공명(空名) 부귀(富貴)하니 직책이 총독에 이르러 권위는 존귀하고 권력이 막중하였다. 군사가 패배하자 청나라에 항복하니 나이 오십이었다. 辰運에 죽지 않고 뒤로 물러남은 東方 木火가 왕한 곳이기 때문이다. 다시 벼슬에 올라 경륜을 펼치어

귀함이 있고 장관에다 제후(諸侯)까지 올랐다. 그러나 식신이 재성을 생하여 인성을 파괴하니 명망(名望)의 절개가 땅바닥에 떨어진 쓰레기처럼 되었다.

■ 譯者 註

24丙辰년 진사. 38庚午년 순무. 39辛未년 총독. 42甲戌년 군무, 태자태보, 병부상서. 49辛巳년 항복. 52甲申년 숭정제 순국. 卯運73 졸. (서락오 辰運 착오)

121 錢謙益(전겸익)

소주부 상숙(常熟) 사람으로 字는 수지(受之), 호는 목재(牧齋), 몽수(蒙叟), 동간노인(東澗老人), 우산선생(虞山先生). 명말청초의 관리, 시인, 학자이며 예부시랑, 예부상서를 지냈다. 오위업, 공정자와 더불어 '강좌삼대가(江左三大家)'로 불린다.

```
戊 辛 庚 壬
子 巳 戌 午

丙 乙 甲 癸 壬 辛
辰 卯 寅 丑 子 亥
```

9월에 土氣가 왕하여 당령되고 戊土가 투출하고 午火와 戌土가 회국(會局)으로 관성과 인성을 用神으로 할 것 같으나 戌土는 조토(燥土)이고 더군다나 午戌 회국하여 도우니 辛金이 이지러지고 金을 生하지 못함을 알지 못한 것이다. 9월의 西方 金氣는 퇴기(退氣)하고 지지에 火土가 모였으니 전적으로 의지하는 것은 시상(時上) 子水가 土를 윤택하게 하여 金을 生하는 것이니 자식이 어머니를 生하는 것이다. 용신이 水임이 명확하다. 金水의 설기(洩氣)가 아름다워 총명함이 세상을 놀라게 하니 문단의 으뜸이다. 甲寅 乙卯 대운에 빼어남의 기운이 잘 흐르니 벼슬길이 순조롭고 丙辰 대운 이후에는 그치게 된다. 청나라 병력이 남쪽으로 내려온 때가 63세이다. 천고에 어렵고 힘든 시절이니 죽을 정도였다. 다행히 두 왕조의 신하가 되었다. 혹자들이 그 시간을 잘못 해석하여 관성과 인성이 용신이라 하며 이후에 운로가 좋다 한다.

122 　馮銓(풍전)

하북 탁현(琢縣) 사람으로 字는 백형(伯衡), 호는 녹암(鹿俺), 시호는 문안(文安). 만력 41년(1613) 진사가 되었고, 명조에 호부상서, 청조에 예부상서, 태보 겸 태자 태사를 지냈다. 왕희지의 『쾌설시청첩(快雪時晴帖)』을 소장하여 재호(齋號)를 쾌설당이라 했다. 구각가척(舊刻佳拓)을 얻을 때마다 수시로 상각(上刻)한 『쾌설당법서』는 명말의 법첩 중 굴지의 명첩이다.

```
丙 辛 己 乙
申 亥 丑 未

癸 甲 乙 丙 丁 戊
未 申 酉 戌 亥 子
```

　　12월 꽁꽁 언 辛金 日主는 丙火가 없으면 녹일 수 없고 壬水가 없으면 곧 金이 빼어날 수가 없다. 丙火와 壬水가 투출하니 귀하고 귀하다. 丙火는 있고 壬水가 없으면 부자는 되겠고 귀함은 거짓이다. 이 사주는 재성과 관성, 인성이 모두 투출하고 壬水는 암장(暗藏)되었다. 처음에는 환관으로 아첨하여 위충현에게 붙어 재주를 취했으나 계속되어서는 청나라의 투항하여 나라의 적이 된다. 벼슬은 높아 재산을 모았으나 공명(功名)은 여기까지이다. 만인이 욕하고 꾸짖으니 천고의 수치이다. 귀한 것이 어찌해서 있었는가? 官貴格을 이루고 財官운이니 丙運 乙運 甲運까지는 벼슬길이 순조로웠으나 申金과 癸水운에 집안의 그림자가 끊기니 늙어서는 죽을 지경이었으나 未運 이후에 南方으로 바뀌니 다시 청조에 일어나서 벼슬하는 뒷 늙은이다.

123 費淳(비순)

절강(浙江) 전당(錢塘) 사람으로 字는 균포(筠浦), 시호는 문각(文恪). 청나라 관리. 건륭(乾隆) 28년 진사(進士) 출신으로 형부주사, 체인각대학사, 병부상서, 공부상서 등을 역임했다.

```
己 戊 丁 己
未 子 丑 未

辛 壬 癸 甲 乙 丙
未 申 酉 戌 亥 子
```

戊土와 己土가 丁火를 만나고 연(年)과 시(時)에 두 개의 未土에다 子水와 丑土가 土로 化하여 가색격(稼穡格)이 성립되었다. 부족한 바는 辛金이 묘고(墓庫:丑土)되고 丁火가 지장간(支藏干)에서 상(傷)하게 되어 생(生)하고 변화(變化)되는 묘함을 얻지 못한 것이다. 비록 부귀(富貴)가 나란히 운집하겠으나 자식은 곤란하다.

124 張廷玉(장정옥)

청나라 안휘(安徽) 동성(桐城) 사람으로 字는 형신(衡臣) 또는 연재(硯齋). 대학사(大學士) 장영(張英)의 둘째 아들로 보화전대학사(保和殿大學士)로 승진하고 이부상서(吏部尙書)를 겸했다. 악이태(鄂爾泰)와 함께 군기대신(軍機大臣)이 되었는데, 당시 군기처(軍機處)가 막 설립되어 관련 규정을 많이 제정했다. 일처리가 꼼꼼하고 민첩해 세종(世宗)의 신임을 받았다. 건륭(乾隆) 14년(1749) 노병(老病)으로 치사(致仕)했다. 조정에 있는 50년 동안 부귀와 장수(長壽) 등에서 청나라 최고를 누렸다.

```
康熙十一年九月初九日辰時

  壬 辛 庚 壬
  辰 巳 戌 子

73 63 53 43 33 23 13  3
 戊 丁 丙 乙 甲 癸 壬 辛
 午 巳 辰 卯 寅 丑 子 亥
```

천간(天干) 金水의 기세가 순수하다. 子水와 戌土가 亥水를 공협(拱挾)하여 천문(天門)이고, 辰土와 巳火는 지호(地戶:지지의 문)이다. 상강 후에 태어나니 戌土가 사령(司令)한다. 정인이 마땅히 왕하고 일원(日元)에 앉은 곳이 (巳火) 관성이니 가을 金이 火氣의 단련을 얻고 戌土가 火의 묘고(墓庫)이니 원기(元氣)가 암장(暗藏)되었고 辰土를 얻어 멀리서 沖하니 움직임이 있게 되어 관성을 용신으로 한다. 이어 火土金水 오행이 상생하니 생하고자 하는 뜻이 어그러지지 않아 매우 귀함을 알 수 있다. 甲寅

乙卯 대운은 재성의 고향이나 水火의 뜻을 통하게 하고 재성이 관성을 생하니 관성이 왕하다. 丙辰대운 이후는 南方으로 바뀌니 관성이 지지에 통근(通根)하여 늙어서도 더욱 건장하다. 부귀와 장수가 마땅하다. 그리하여 청나라 일대의 최고가 되었다. 시호(諡號)는 문화(文和)이며 태묘(太廟)에 배향되었다.

■ 譯者 註

辛巳일 지지 巳中 丙火 정관과 合이 되었고 관성이 辰土와 戌土 두 개의 인성이 좌우에서 보호하여 다치지 않았다. 그러므로 벼슬길이 무난하였다. 丑運 29庚辰에 벼슬하여 午運 84乙丑 까지 56년간 부귀를 누렸다.

125 岳鍾琪(악종기)

평번(平番) 사람으로 字는 동미(東美), 호는 용재(容齋). 청나라 때 무장이자 대신이다. 섬감총독, 사천제독을 지냈다. 서장을 평정하고, 청해 일대를 복종시켰다.

清康熙 廿五年 九月二十三日戌時

甲 甲 己 丙
戌 辰 亥 寅

60 50 40 30 20 10
乙 甲 癸 壬 辛 庚
巳 辰 卯 寅 丑 子

甲木 일주가 10월에 생하여 연과 월에 寅木과 亥水가 서로 합하여 (木이 되니) 일원(日元)의 왕성함이 극에 이르렀다. 왕(旺)한 자는 마땅히 설기(洩氣)해야 한다. 식신으로 재성을 생하는 것이 용신이다. 묘한 것은 사주가 金이 없어 청순(淸純)하여 귀하다. 甲木은 寅木에 월덕(月德)이고 丙火가 통근(通根)하며 일주에 좌(座)한 재성에 己土로 투출하여 빼어난 기운이 흐르고 있다. 戌亥 천문(天門)이고 寅木과 辰土가 卯木을 공협(拱挾)하여 양인(羊刃)이니 귀한 것은 군사권을 장악하는 것이다. 그것이 이렇구나. 寅卯甲乙 대운에 丙火에 化함을 얻고 전환하여 재성을 생하니 상생(相生)이 어그러지지 않았다. 오로지 壬癸 대운의 편인과 정인이 식신을 극제(剋制)하니 일어서고 넘어짐을 면하지 못한다. 乙巳 대운 이후에는 식신이 통근(通根)하니 다시 권력을 장악하게 되어 제후에 봉함을 받고 자기의 세력을 확보하여 벼슬도 무겁고 이름도 높았다.

126 阮元(완원)

강소(江蘇) 의정(儀征) 사람으로 字는 백원(伯元), 호는 운대(雲台), 뇌당암주(雷塘庵主), 이성노인(怡性老人). 청나라의 대신(大臣)이자 학자, 사상가. 건륭(乾隆) 54년의 진사(進士) 출신으로 벼슬은 예부시랑, 공부시랑, 절강학정, 하남순무, 조운총독, 호광총독, 양광총독, 운귀총독, 체인각대학사, 태부(太傅) 등을 역임하였다. 시호는 문달(文達)이다.

```
芸臺⑥ 淸乾隆 廿九年 正月二十日 子時
      庚 壬 丙 甲
      子 申 寅 申

       54 44 34 24 14 4
        壬 辛 庚 己 戊 丁
        申 未 午 巳 辰 卯
```

壬水 일주가 우수(雨水) 후 3일에 태어나니 甲木 사령(司令)이다. 丙火가 함께 투출하여 삼양(三陽)의 따뜻한 아름다움을 잃지 않았다. 壬水가 (申金에) 통근(通根)되고 申金과 子水가 半合하니 편인이 상생(相生)하여 일원(日元)의 왕(旺)함이 극에 이르렀다. 용신은 식신으로서 재성을 생하는 것이 의심할 필요 없이 마땅하다. 천간은 甲丙庚壬 네 양간이고 지지는 두 장생(長生: 寅木과 申金)과 두 건록(建祿)이며 연월은 木火이고 일시는 金

---
16) 운대(芸臺) : 한 대에 비서(祕書)를 간직했던 방으로 운향(芸香)으로 책의 좀을 피하는데서 비서감(祕書監)을 이룸. 일명 난대(蘭臺)라고도 한다.

水이니 각자가 맡은 바를 이룬다. 일시 子水와 申金이 寅申沖을 해결하는데 연지 申金이 寅木을 沖하는 것이 병(病)이다. 그러나 쇠약한 것이 왕한 것을 沖하면 왕한 것이 더욱 움직인다. 寅中 戊土에 편관이 암장(暗藏)되어 이른바 유림에서 명망이 중하다. 더불어 위세와 권위가 또한 중하다. 東南 대운으로 달리니 일대의 이름난 신하(臣下)이다.

■ 譯者 註

신강하여 식신으로 빼어남을 설기한다. 편인이 식신을 빼앗는 것이 병(病)이다. 丙火 편재가 庚金 편인을 제극하여 甲木 식신을 지킨다. 식신생재를 용신으로 한다. 月令에서 함께 하니 부귀와 복택(福澤)이 마땅하다. 식신은 다시 수성(壽星) 문성(文星) 작성(爵星)이라 한다. 원국에서 두 개의 申金이 한 개의 寅木을 충극(沖剋)하나 한 개의 申金은 子水와 합하니 寅申沖이 명확하다. 63-64 申運에 月令 寅木을 충극(沖剋)한다. 그는 兩廣(광동, 광서) 총독이었는데 당시에는 도적들과 영국 무역 상인들이 소란스러웠다. 식신이 충극(沖剋)하였는데 어찌 탈이 없었을까? 申金이 子水를 생하고 子水가 寅木을 생한 이유이다.

127 和坤(화곤)

청나라 강소 무석(無錫) 사람으로 字는 자천(子千). 산수화를 잘 그렸고, 왕원기(王原祁)에게서 수업을 받았다. 북쪽으로 경사(京師)에 올라와 명주(明珠)의 추천을 받아 광록시전부(光祿寺典簿)에 임명되었으며, 나중에 주동(州同)이 되었다.

```
壬 庚 乙 庚
午 午 酉 午

辛 庚 己 戊 丁 丙
卯 寅 丑 子 亥 戌
```

관성이 (丁火가 지지에서) 건록(建祿)을 얻고 세 개의 午火가 양인(羊刃)을 제압한다. 오행에 土가 없어 왕(旺)한 가운데 약(弱)으로 바뀐다. 좋은 것은 시상(時上)에 壬水가 빼어난 기운을 토(吐)하며 火를 극제(剋制)하고 金을 머물게 하여 이른바 총명함과 권세를 지니게 된다. 한 곳에서 두 가지가 있을 수 없으니 乙木과 庚金이 합을 탐하여 귀함을 잃었다. (庚金) 일원(日元)의 애틋함이 재성을 사랑하나 재성은 일주 양인(羊刃)에 앉아 있고 일주는 관성에 앉았으니 재성은 필히 관성을 生한다. 이로써 재성으로 인한 재난이 있겠다. 대운이 庚寅에 이르자 金氣는 절지(絶地)에 임하고 관성은 (午火) 寅木과 공협(拱挾)을 생하여 재난이 일어난다. 화씨(和氏)는 어려서 외롭고 괴로웠다. (丙戌丁 대운) 마침내 운명을 적당한 때를 만나니 직위가 지극하여 30년간 공명(功名) 부귀(富貴)하였다. (亥水가 庚金까지 북방 土金운에 이르니) 진실로 행운아이다.

128 劉鏞(유용)

字는 숭여(崇如), 호는 석암(石庵). 청나라의 대신이자 서법가. 건륭(乾隆) 16년(1751) 진사(進士) 출신으로 한림원서길사, 태원부지부, 강녕부지부, 내각학사, 체인각대학사 등을 역임했다. 서법(書法)에 조예가 깊었고, 첩학(帖學)17)의 대가로 농묵재상(濃墨宰相)으로 일컬어진다. 시호는 문정(文淸)이다.

```
甲 己 丙 甲
子 丑 寅 子

壬 辛 庚 己 戊 丁
申 未 午 巳 辰 卯
```

甲木과 己土가 합하고 子水와 丑土가 합하니 이른바 천지덕합이라 하여 귀한 기운이 모여 있다. 己土 일주는 축축한데 초춘(初春)에 태어나 기운은 춥고 세력(勢力)은 약하다. 寅中 甲丙이 투출하니 관성은 청(淸)하고 인성은 바르니 참된 기운이 모임을 얻었다. 金을 보지 않고 水를 변화시키니 用神이 淸純하다. 다시 기쁘게도 東南 대운이니 품행은 바르고 학업이 우수하니 위세는 높고 이름은 드날린다. 연(年)과 시(時)에 천을(天乙)이 비추니 일생 동안 벼슬에 풍파가 없다.

---

17) 첩학(帖學) : 중국의 서도(書道)의 한 파.

■ 譯者 註

입춘(立春) 후 4일에 출생하니 戊土 月令이다. 일주가 기운이 있으나 차가운 土라. 두 개의 관성이 투출하여 재관(財官)이 태왕하다. 오로지 丙火 정인에 의지하여 일주를 돕고 있다. 게다가 조후(調候)되어 월간에 투출하여 파괴함이 없다. 마땅히 文貴에 이른다. 東南은 좋고 西北은 나쁘다.

129 鐵保(철보)

만주(滿洲) 정황기(正黃旗) 사람으로 성씨는 동악(棟鄂), 字는 야정(冶亭), 호는 매암(梅庵). 청나라의 대신이자 서법가. 21세에 진사에 급제하여 양홍기몽고부도통, 이부상서, 산동순무, 양강총독 등을 역임했다. 일찍이 관각체(館閣體: 명청(明淸) 때의 색이 짙고 크기가 고른 네모 반듯하고 깔끔한 관청의 서체)의 서법(書法)을 배운 뒤 안진경(顔眞卿)체를 익혀 관각체의 폐단을 규정하였다.

乙 丙 壬 壬
未 子 寅 申

戊 丁 丙 乙 甲 癸
申 未 午 巳 辰 卯

어린 나무가 金을 만나니 七殺이 날뛰는데 재성의 세력이 있다. 기쁜 것은 寅中 木의 기운이 月令을 담당하고 乙木 정인이 투출하여 일원(日元)을 도우니 참된 기운을 얻은 것이다. 申金의 沖이 이른바 병(病)이다.

南方 대운에 이르니 병(病)을 제거하니 귀함에 이른다. 벼슬이 봉강(封疆)에 이르고 이름은 빛나고 드날린다.

■ 譯者 註

무장(武將)이나 어린 시절에 시명(詩名)을 떨쳤다. 乙木 정인이 부드러운 것이다. 연지 申金 편재가 沖을 받아 아버지가 일찍이 돌아가셨다. 칠살(七殺)이 중하여 신약하다. 乙木이 화살(化殺) 생신(生身)하는 용신이다. 辰運에 申子辰 삼합 수국(水局)하여 인성을 생하니 19庚寅 향시에 합격하고 21壬辰에 진사(進士)가 된다. 南方운에 37戊申에 내각학사 예부시랑 조운(漕運) 총독이 된다. 戌運은 식신제살(食神制殺)하여 대귀하다. 戊土는 생월 寅宮에 소장(所藏)된 진신(眞神)이다. 申運에 충동(沖動)되어 두 차례에 걸쳐 사건에 연루되어 일어나고 기울고 기복(起伏)이 심하였다. 酉運 70辛巳 木이 끊어지고 火가 죽으니 병(病)을 핑계로 고향으로 돌아간다. 庚運 73癸未 죽었다.

130 戴衢亨(대구형)

강서 대유(大庾) 사람으로 字는 하지(荷之), 호는 연사(蓮士), 실명은 진무구재(震無咎齋). 청나라의 정치인으로 건륭 43년(1778) 장원으로 한림원에 들어갔으나 화신의 명을 따르지 않고 누차 폄하를 당했는데 겨우 학사를 시학하였다. 후일 인각대학사에 올랐으며 그가 병사하자 황제가 친히 제사에 임하여 다라경피(陀羅經被)를 하사하였다.

```
庚 丁 辛 乙
戌 巳 巳 亥

乙 丙 丁 戊 己 庚
亥 子 丑 寅 卯 辰
```

丁巳 일주가 4월에 태어나니 火氣가 月令을 장악하였다. 그러나 월(月)과 시(時)에 두 개의 庚金과 辛金이 투출하여 지지에서 생조(生助)함을 받고 亥水가 巳火를 충거(沖去)하니 火氣는 제거되어 金이 남아 있게 된다. 재성이 지나치게 강하여 왕한 일주가 바뀌어 약하게 되었다. 용신은 인성이고 희신은 겁재이다. 東方운으로 가니 인성을 돕고 일주를 도와주니 천하를 놀라게 한다. 정신(精神)이 순수한 것은 희신과 용신이 유정(有情)한 것이다. 年에 천을(天乙)을 만나니 벼슬길이 풍파가 없다. 子運에 두 개의 巳火가 극제(剋制)를 입어 죽는다.

131 董誥(동고)

절강(浙江) 부양(富陽) 사람으로 字는 아윤(雅倫), 서경(西京), 호는 자림(蔗林), 자림(柘林). 청나라의 관리이자 서화가. 건륭(乾隆) 29년(1764) 진사 출신으로 벼슬은 한림원 서길사, 내각학사, 공(工), 호(戶), 이(吏), 형부시랑, 사고관부총재, 동각대학사, 태자태부, 직군기 등을 역임했다.《사고전서(四庫全書)》편집에 참여하였다.

```
戊 戊 庚 庚
午 辰 辰 申

戊 丁 丙 乙 甲 癸 壬 辛
子 亥 戌 酉 申 未 午 巳
```

戊土 일주가 삼월(三月)에 태어나니 土가 月令을 사용한다. 그러나 봄에는 木이 왕하고 土가 허약함은 여름과 겨울에 비할 바가 아니다. 또 두 辰土가 水를 머금고 金을 생하는데 두 庚金이 투출하고 지지에 申金과 辰土가 모이니 일주는 지나치게 설기되었다. 用神은 필히 午火에 있다. 좋은 것은 水木이 명확하게 보이지 않는다는 것이다. 일주와 인수가 다치지 않아 정신(精神)이 순수하고 중화(中和)의 기운을 얻어 일생 동안 벼슬에 풍파가 없겠다. 30여 년 태평시대에 재상이었다. 부귀하고 오래도록 편안하게 산다. 子運에 이르자 水局을 이루어 죽으니 나이가 팔순(八旬)이다.

132 朱珪(주규)

순천부(順天府) 사람으로 字는 석군(石君), 호는 남애(南崖), 반타노인(盤陀老人). 청나라의 대신이자 학자. 형 주균(朱筠)과 더불어 '이주(二朱)'로 일컬어진다.

```
乙 丙 庚 辛
未 子 寅 亥

甲 乙 丙 丁 戊 己
申 酉 戌 亥 子 丑
```

丙子 일원(日元)이 초봄에 태어나 火는 허(虛)하고 木은 어리다. 용신(用神)은 木이고 기신(忌神)은 金이다. 좋은 것은 亥水가 있어 흘러 움직이니 金의 기운이 맑아졌다. 그리고 寅木을 합하여 木을 생한다. 木神(乙木) 정인이 시간(時干)에 투출하여 뿌리가 未土에 있어 未土는 水를 제압할 수 있다. 탁기(濁氣)를 제거하여 맑음에 머무르게 하여 화평(和平)하고 순수하다. 맑음을 잡아 절개가 명석하니 나라 안에서 우러러보며 벼슬길에 풍파가 없으니 태평한 시대의 재상이다.

■ 譯者 註

13癸亥 어머니 망. 34甲申 아버지 망. 19己巳 결혼 45乙未 처 망. 신왕하여 재관을 사용한다. 土金水運이 즐겁다. 18세에 관운에 들어 벼슬길이 즐겁다.

133 熊學鵬(웅학붕)

강서 남창 사람으로 字는 운정(雲亭), 호는 염촌(廉村). 청나라의 관리. 대만 감사어사를 거쳐 태상사 소경, 순대어사를 역임했으며, 각 현에 기선을 공급하고, 남북을 순회하며 모든 부차 등의 항을 각 현별로 정비하고, 또 준차구금을 남발하며, 서역과 지방 교란 등의 말을 많이 남겼다. 결국 '적습상연에 따른 자폐'라는 죄명으로 유임됐다.

```
丁 辛 壬 丁
酉 巳 子 巳

丙 丁 戊 己 庚 辛
午 未 申 酉 戌 亥
```

(子水) 식신이 月令을 장악하니 金도 차고 水도 차다. 설기(洩氣)가 너무 심하다. 전적으로 時의 酉金이 일주를 돕는다. 巳火와 酉金이 공협(拱挾)하여 돕고 연간의 丁火는 壬水에 합거(合去)되었고 시상의 丁火로서는 매서운 추위를 다스리기 어렵다. 丁火는 용신이 아니고 용신은 필히 酉金이다. 상관격(傷官格)에 겁재를 용신으로 한다. 土金 대운에 이르니 벼슬길이 드날리고 계속 광서 지방의 순무(巡撫)가 되어 상림동묘(上林獞苗) 지역을 평정하였다. 丁未 대운으로 바뀌자 실패하니 직책을 빼앗긴다. 대체로 겨울 金은 火를 기뻐하는 것은 한기(寒氣)를 해결함이지 용신으로 쓸 수는 없다. 풍전(馮銓)의 사주를 참고하라!

134 謝墉(사용)

절강(浙江) 가선(嘉善) 사람으로 字는 곤성(昆城), 호는 금포(金圃), 풍포(豊甫), 동서(東墅). 청나라의 관리로 사원(謝垣)의 아우다. 건륭 16년(1751) 청나라 고종(高宗)이 남순(南巡)할 때 우공생(優貢生)으로 시험을 봐서 거인(擧人)이 되었고, 그 다음해에 진사(進士)가 되었다. 내각중서, 내각학사, 공부우시랑, 예부좌시랑, 내각학사, 이부좌시랑을 역임했다.

```
丙 戊 甲 己
辰 寅 戌 亥

戊 己 庚 辛 壬 癸
辰 巳 午 未 申 酉
```

戌月에 戊土가 당권(當權)하고 겁재와 인성이 나란히 투출(投出)하며 寅木과 戌土가 회국(會局)하여 생하니 土는 왕할 수밖에 없다. 단 甲木 七殺이 진기(進氣)를 만나고, 亥水가 생하고 寅木 건록(建祿)이며 辰土는 木의 여기라 火를 洩氣하고 木의 자양분이 되는데 사주에 金이 없어 木을 제거하지 못하니 편관이 태왕한 것이다. 다행히도 己土가 甲木 칠살을 합하니 일주가 극제(剋制)를 받지 않았는데 土金 대운으로 흐르니 극제(剋制)하고 변화시킴이 각각 마땅하여 문장(정책)의 우두머리다. 이름이 높아 거듭 바라보아야 할 정도다.

135 駱秉章(락병장)

호는 유재(儒齋). 한림원편수, 사천도감찰어사, 한림원시강학사, 운남번사, 호남순무, 사천총독 등을 역임하였고, '만청팔대명신(晚淸八大名臣)' 중 하나로 불린다.

清乾隆 五十八年 三月 十八日 子時

戊 辛 丙 癸
子 亥 辰 丑

53 43 33 23 13 3
庚 辛 壬 癸 甲 乙
戌 亥 子 丑 寅 卯

辛金 일주가 辰月에 태어나니 휴수되었음이 이미 극에 달했다. 辰土는 濕土로서 水를 저축하고 亥子丑은 北方이며 癸水 원신이 투출하여 가까이서 丙火를 극하고 있다. 즉 丙火는 필히 辛金과 합하여 水로 化하였다. 용(龍)을 만났으니 이로써 변화한 것이다. 化神은 비록 失令되었으나 亥子 水의 고향에서 기운이 모여 있고 왕함을 만나고 지지를 얻었다. (그러므로 水로 변화되었음이) 진실된다는 데 이견이 없다. 金水의 기운이 함께 하여 土와 金과 水가 서로 상생하고 있다. 비록 戊土가 투출하였어도 파격(破格)이 된 것은 아니다. 전환하여 서로 이루려는 의지가 있다. 묘한 것은 운행이 北方 金水의 고향으로 일직선으로 흐르니 化神이 왕지(王地)를 얻어 마땅히 사람을 알아보고 맡은 임무를 아름답게 하니 큰 출세를 향유하며 덕성(德性)은 무겁고 융성함을 우러러 본다. 공훈의 이름이 천고에 미치어 시호(諡號)가 문충공(文忠公)이었다.

136 胡林翼(호림익)

호남(湖南) 익양(益陽) 사람으로 字는 황생(貺生), 호는 윤지(潤芝). 청말의 정치가이자 무장으로, 귀주지부, 사천안찰사 등을 역임하였으며 태평천국군을 격파하였다. 증국번, 이홍장, 좌종당과 더불어 '중흥사대명신'으로 불린다.

```
淸嘉慶 十七年六月初六日酉時

己 丁 丁 壬
酉 未 未 申

58 48 38 28 18  8
癸 壬 辛 庚 己 戊
丑 子 亥 戌 酉 申
```

丁火 일주가 소서(小暑) 후 칠일(七日)에 태어나니 정확히 사령(司令)하고 있다. 신강하여 관성을 용신으로 한다. 壬水 관성이 연간으로 투출하고 申金 지지에 통근(通根)하니 이름하기를 태세(太歲)의 덕(德)이 관성을 돕는 것이라 한다. 己酉시를 만나니 식신이 재성의 지지이고, 또한 천을귀인(天乙貴人)이다. 己土 식신은 月令에 통근(通根)하고 酉金을 깔고 앉았다. 火 土 金 水가 서로 상생(相生)하고 있다. 단지 관성이 상(傷)하지 않을 뿐 아니라 다시 생(生)하려는 의지가 어긋나지 않으니 (그 귀함은 진실로 대수롭지 않다.) 운로가 서북 金水의 고향으로 달리어 재성과 관성이 득지하니 공명(功名)과 사업이 함께 천고에 만족하다. 죽어서 시호(諡號)가 문충공(文忠公)이었다.

137 曾國藩 文正公(증국번 문정공)

청나라 말의 정치가. 태평천국(太平天國)의 난을 진압하고, 양무운동(洋務運動)을 추진했다. 주자학자이며, 문장가로도 유명하다. 시호는 문정(文正)으로 산문(散文)에 능통하여 상향파(湘鄕派)의 창시자로 알려졌다.

國藩 嘉慶 十六年 十月 十一日 亥

己 丙 己 辛
亥 辰 亥 未

66 56 46 36 26 16 6
壬 癸 甲 乙 丙 丁 戊
辰 巳 午 未 申 酉 戌

丙火 일주가 실령(失令)하고 壬水가 月令을 잡았으나 화신(化神)은 또 참되지 않았다. 얼핏 보면 취할 것이 없을 듯하나 亥水와 未土가 회국(會局)하여 칠살(七殺)을 인성으로 변화시키니 희신이 지지에 숨어있는 것이며 빼어난 기운이 깊게 암장(暗藏)되었음을 알지 못한 것이다. 또 즐거운 것은 己土를 원두(源頭)로 하여 土金水木火의 오행이 순환하여 상생(相生)하고 있다. 시상(時上) 己土가 빼어나게 설기(洩氣)하니 진실로 이르기를 근원(根源)이 멀리서부터 흐르는 것이 끊임이 없다는 것이다. 이리하여 무장(武將)으로 공훈을 세우고 행정을 잘 다스리어 함께 천추에 만족시키니 경사스러운 조짐이 보이고 태산을 바라보며 멈추듯 하니 이

것은 칠살이 인성을 변화시킨 것이다. 덕성으로 사람들을 복종하게 하니 공훈(功勳)의 명성이 세상을 덮었다. 己土와 辛金의 빼어난 기운이 흘러 움직이니 학문과 도덕이 백세토록 아름답다. 시상의 己土가 빼어남을 설기(洩氣)하니 뛰어난 지제의 징조를 보였다. 천을귀인(天乙貴人)이 고리처럼 공협(拱挾)하여 일원(日元)이 되니 모든 일에서 흉(凶)함을 만나도 길(吉)하게 변화하는구나. 시절에 알맞게 사주가 구성되었고 인성의 귀함에 거하여 이로 말미암아 공명이 시종(始終)토록 이어지고 대대로 높은 벼슬이 쇠퇴하지 않는다. 또 즐거운 것은 운로의 도움이니 丁酉丙運은 단단하게 시작하여 申運은 나아지고 사주의 중요한 것이 전환되는 乙未운 이후에는 삼십 년간 南方운이다. 마땅히 근대의 최고 인물이다. 운로의 마침은 壬辰이었다. 대저 팔자의 재성과 관살과 인수의 드러남이 그러한 것이다. 마음의 눈으로 사람들을 감동시키니 어찌 아름답지 않다 하겠는가! 만약 처음에 본 것처럼 담담하고 기이함이 없다고 한다면 정신(精神)이 지지(地支)에 있는 그것이 으뜸의 기미이니 당연히 자세하게 추구함을 필요로 한다.

■ 譯者 註

王陽明의 후손이라 한다.

138 彭玉麟 剛直公 (팽옥린 강직공)

형양(衡陽) 사람으로 다른 이름은 옥린(玉麐)이고, 字는 설금(雪琴)이다. 청나라 말기의 대신으로 벼슬은 병부우시랑, 상군수사, 병부상서, 태자소보 등을 역임했다. 책을 좋아하고 매화 그림을 잘 그렸다.

```
玉麟淸嘉慶二十一年十二月十四日丑時
癸 戊 辛 丙
丑 子 丑 子

52 42 32 22 12 2
丁 丙 乙 甲 癸 壬
未 午 巳 辰 卯 寅
```

사주팔자가 4개의 合을 얻었다. 진실로 기이(奇異)한 사람이고 기이한 격국(格局)이다. 오행의 바른 이론으로 하면 戊土와 癸水는 化하는 이치가 만무하다. 그러나 지지의 기운이 모인 곳이 子水와 丑土 감궁(坎宮)이니 午火와 未土 이궁(離宮)의 상대에서 빛을 비추임을 얻어 광선이 직사되었다는 것이다. 子午는 천지 가운데에 있으며, 선천이 건곤(乾坤)이고 후천이 감리(坎離)이다. 역시 음양(陰陽)의 양극(兩極)인 것이다. 丙火와 辛金이 水로 化되어 감궁의 우수함이 있고 戊土와 癸水가 상합(相合)하여 이궁(離宮)의 상대에 빛을 비추는 것을 얻고, 월시에 천을귀인(天乙貴人)의 길성이 공협(拱挾)되었다. 南方운으로 전환하여 화신(化神)이 득지(得地)하니 마땅히 도덕과 명성의 빛남으로 문장과 사업이 천고에 함께 드리웠다. 이어 名利의 구속됨을 받지 아니하니 가히 말하기를 지난날에도 없었고 앞으로도 없는 사람이다. 즉 오행(五行) 격국론(格局論)으로 말해도 역시 지난날에도 없었을 것이니 별도로 생(生)함이 이어지는 격국이다. 살펴보면 지지의 경도(經度)는 남북극에서 일어나니, 午未의 합한 곳은 남극(南極)이고, 子丑의 합한 곳은 북극(北極)이다. 천간의 위도(緯度)를 말하면, 즉 辰巳는 황도(黃道)안에 있는 것이고 별들의 운동은 辰土에서 시작되어 일어나고 戌土에서 끝나 숨는다. 자평(子平)의 법칙은 辰巳 戌亥를 天門 지호(地戶)라 하는 것이 이에 연유한다. 子丑 午未는 경도(經度)의 남북극(南北極)이니 그 중요함은 진실로 천문 지호에 아래일 수는 없다. 종래에 명리학의 서적 중에 子丑 午未를 천근(天根) 달이 떠오르는 곳이다. 혹은 정문으로 가는 중요한 곳이라 하여 암충(暗沖) 암합(暗合) 격국(格局)이라 한다. (서귀요사 등) 다른 곳의 지지와 다르다는 것을 겨우 알 수 있는데 그 까닭을 모르겠으니 역시 할 말이 있으나 피하는 것이다. 실제로는 두 가지를 잃는 것이다. 모두 원리를 연구하지 않은 허물이다.

■ 譯者註

16辛卯 아버지 망(亡). 맑고 괴로운 시기. 半生을 전쟁터에서 보냈고 부인과 자식도 먼저 보내고 시중드는 사람도 없이 지내니 이는 지지(地支) 子丑이 맑으나 네 개의 지지가 合이고 재성(財星)이 기신(忌神)이 되었기 때문이다.

139 曾國筌(증국전)

증국번의 셋째 동생, 일명 증구사(曾九帥), 길자영(吉字營)을 조직 천경공략 등 실질적으로 상군을 지휘한 상군통수절강순무 후 양강총독.

淸道光四年八月二十日午時

壬 庚 甲 甲
午 辰 戌 申

59 49 39 29 19 9
庚 己 戊 丁 丙 乙
辰 卯 寅 丑 子 亥

庚金 일주가 연지에 申宮에 득록(得祿)하고 한로(寒露) 후 5일에 태어나니 辛金 양인(羊刃)이 사령(司令)하고 辰土는 습토(濕土)라 金을 기르니 일원(日元)이 왕(旺)하다. 즐거운 것은 시지(時地)에 午火를 만나 戌土와 회합(會合)하여 戌中 丁火 관성의 용신을 얻었다. 壬水가 午火 위에서 덮으면서 관성의 제(制)하는 병(病)을 면하지 못하고 있다. 그러나 9월 土는 두텁고 건조하여 壬水가 윤택하게 함을 기뻐하지 않을 수 없다. 甲木이 소토(疏土)하고 丁火를 이끌어 생(生)하고, 辛金 양인(羊刃)은 암장 묘고(墓庫)에 있어 원기(元氣)가 숨어 있다. 또 묘하게도 월일시가 甲戌旬에 함께 거처하니 一旬에 三位가 있게 된 것이다. 甲戌이 앞에서 이끌고 壬午가 뒤에서 따라오니 멀리에 있는 것을 가까이 이끌어 따르고 있다. 정확히

전인후종격(前引後從格)이다. 대궐에서 이름이 빛나니 높은 벼슬아치이다. 진실로 범속함과는 같지 않다. 운로가 戊己土의 병(病)을 제거하는 寅卯에 소토(疏土)하며 火를 이끌어 국가에 사업에서 이름을 빛내고 그 형 증국번(본서 [137])과 우열을 가릴 수 없을 정도이다.

140   左宗棠 文襄公(좌종당 문양공)

청나라 말기의 정치가. 농민반란과 폭동 진압 등의 경험을 통해 해군의 중요성을 인식하고 프랑스로부터 기술원조를 받아 조선소를 설립, 양무운동(洋務運動)의 선구자가 되었다. 그 후 서북지방의 염군과 이슬람교도들의 반란, 위구르족의 난을 평정하였으나 청·프 전쟁에서 프랑스군에게 패하였다. 저서로《좌문양공전집(左文襄公全集)》이 있다.

```
宗當嘉慶十七年十月初七日寅時
    庚 丙 辛 壬
    寅 午 亥 申

    59 49 39 29 19 9
    丁 丙 乙 甲 癸 壬
    巳 辰 卯 寅 丑 子
```

丙午 일주가 양인(羊刃)에 좌(座)하고, 寅木과 亥水가 합하여 인성이 되고, 午火와 寅木이 협공(挾攻)하여 세력을 이루니 丙火 일원이 스스로 왕하다 할 만하다. 壬水는 통근(通根)되었으며 천간의 庚辛이 그 水의 근원을 움직이고 지지에서 장생(長生)과 녹왕을 얻어 壬水 칠살(七殺) 역시 강하다. 신강하며 살왕(殺旺)하니 경전에 말하기를 칠살과 양인 둘 다 밝게 드러나 고르게 머물러 힘이 일정하다. 귀함이 왕족 집안이다. 또 즐거운 것은 月令에서 천을(天乙)의 인성을 만나니 인성을 용신으로 한다. 재

성과 관성이 모두 건록(建祿)을 얻고 壬水가 庚辛의 예리함을 설기(洩氣)하니 재주의 뜻은 칠살에 머물러 있어 인성의 세력을 상하지 않으니 복택(福澤)이 스스로 두텁다. 마땅히 제갈공명의 이름으로 우주에 드리우고 있다. 행운에서 甲寅 乙卯 이십 년간 인성이 때를 얻으니 최고로 아름답다. 홍양의 적을 파하고 비적들을 평정하는 공을 세우고 뜻을 일으키는 시절이다. 丙丁운은 신왕하여 칠살을 대적하니 이름이 높고 권세가 막중하여 티베트를 정복하고 위구르족을 평정하는 등 나아가면 장군(將軍)이요 들어오면 재상(宰相)이다. 그중에 辰運은 습토(濕土)라 火를 어둡게 하여 차츰 기울어지더니 巳火 운에 亥水를 沖하여 인수의 세력을 파괴하니 큰 별이 땅에 추락하여 죽는다.

141 嵇曾筠(혜증균)

무석(無錫) 사람으로 字는 송우(松友), 호는 예재(禮齋). 청나라의 관리이자 수리(水利) 전문가. 강희 45년(1706) 진사(進士) 출신이며, 혜영인(嵇永仁)의 아들이다. 벼슬은 문화전학사(文華殿學士), 이부상서(吏部尙書), 독하도(督河道)를 지냈다.

```
庚 甲 乙 辛
午 子 未 卯

己 庚 辛 壬 癸 甲
丑 寅 卯 辰 巳 午
```

甲子 일주가 인성(印星)에 앉고 未月에 태어났다. 여름의 나무가 水를 만나 상관패인(傷官佩印)이 되었다. 즐겁게도 卯木이 未土를 제거(制去)하니 곧 子水가 그 상(傷)함을 입지 않아 족히 午火를 沖할 수 있다. 이름하여 병(病)이 있는데 약(藥)을 얻은 것이다. 탁기(濁氣)를 제거하고 맑음을 머물게 하고 있는 것이다. 천간은 甲乙 庚辛은 각자 문호를 세우고 있어 혼잡(混雜)이라 논하지 않는다. 이로써 족히 인성이 촉촉하게 하고 있다. 또 즐거운 것은 운로가 동북(東北)으로 달리니 체(體)와 용(用)이 마땅한 것이다. 일생의 벼슬이 파란이 없었으며 공명(功名)으로 시종(始終)하였다.

142 瞿鴻磯(구홍기)

호남(湖南) 선화(善化) 사람으로 字는 자구(子玖), 호는 지암(止庵), 서암노인(西岩老人). 청나라 말기의 군기대신(軍機大臣). 1871년 진사(進士) 출신으로 편수, 시강학사, 내각학사를 지냈고, 복건(福建), 광서향시(廣西鄕試) 고관(考官) 및 하남(河南), 절강(浙江), 사천(四川) 강소(江蘇) 등의 사성학정(四省學政)을 역임했다.

道光三十年六月十五日丑時

```
丁 乙 癸 庚
丑 亥 未 戌
```

55 45 35 25 15 5
己 戊 丁 丙 乙 甲
丑 子 亥 戌 酉 申

乙木 일주가 未月에 태어나니 土는 건조하고 木은 메말랐다. 묘하게도 癸水가 투출하여 있는 것이다. 亥水와 丑土가 공협(拱挾)하여 子水의 건록(建祿)을 얻었으며, 亥水와 未土가 공협하여 卯木의 건록이니 생(生)하고 왕(旺)함이 유정(有情)하다. 未土에서 근원(根源)이 일어나 金水木火 차례로 번갈아 생하고 있으니 근원이 멀리까지 길게 흐르니 복택(福澤)이 유구할 것이다. 관성으로 용신하니 재성과 인성이 보조한다. 마땅히 귀할 것이다. 시상(時上) 丁火가 설기(洩氣)함이 빼어나니 이로써 이름이 한원(翰苑)에서 높았으며 태평한 시대의 재상이다.

143 張之洞(장지동)

직예(直隷) 남피(南皮) 사람으로 字는 효달(孝達), 호는 향도(香濤). 청나라 말기의 대신. 동치 2년(1863) 진사 출신으로 양광총독, 호광총독, 군기대신 등을 역임했다. 양무운동(洋務運動; 19세기 후반 중국 청나라에서 일어난 근대화 운동)의 지도자로 중공업(重工業)을 발전시키고, 신식교육(新式教育)을 도입하는 데 큰 기여를 했다.

道光十七年八月初十三日

戊 戊 戊 丁
午 申 申 酉

58 48 38 28 18 8

壬 癸 甲 乙 丙 丁
寅 卯 辰 巳 午 未

戊土 일주가 세 벗이 있음에도 식신과 상관의 설기(洩氣)함이 우수하다. 土는 중심의 바른 기운이다. 태어남이 寅月이나 申月이나 金水木火가 전적으로 왕(旺)하다지만 방향은 같지 않다. 건강하여 설기(洩氣)됨이 우수하다. 이와 같은 것은 저작의 문장(文章)이 천고에 아름답다. 용신은 인성에 있는데 시(時)에서 건록(建祿)을 얻으니 처음과 끝이 일관하다. 또 즐거운 것은 水가 없어 인수가 다치지 않은 것이다. 이름하여 식신격(食神格)이 인수(印綬)를 지닌 것이다. 운로가 동남(東南)으로 달리니 정인이 때를 얻어 말하기를 중국 바깥에까지 이름을 날리니 대단한 신하(臣下)다.

144 周玉山(주옥산)

안휘 건덕(建德) 사람으로 본명은 주복(周馥), 字는 옥산(玉山), 호는 난계(蘭溪). 청나라 말의 관리로 산동순무, 양강총독, 민절총독, 양광총독 등을 역임했다.

道光十七年十一月二十三日寅時

壬 丁 壬 丁
寅 酉 子 酉

74 64 54 44 34 24 14 4
甲 乙 丙 丁 戊 己 庚 辛
辰 巳 午 未 申 酉 戌 亥

丁火 일주가 子月에 태어나니 관살이 당연히 왕하고 年과 日에 酉酉가 있어 丁火 일주가 허탈하다. 즐거운 것은 시(時)에서 壬寅을 얻어 재관(財官)의 기운(氣運)이 서로 통하였으며 정인이 건록(建祿)을 얻고 木火가 통근한 것이다. 甲木이 참으로 은혜롭구나. 酉金은 天乙이며 丁壬 丁壬이 서로 합하는 것이 유정(有情)하니 재관이 비록 왕하다 하여도 진실로 丁火 일주를 극하지 않으나, 특별히 일주가 왕한 것도 아니어서 곧 재관(財官)의 쓰임이 발휘할 수 없다. 44 이전에는 金氣가 지나치게 왕하여 甲木 인수가 상하니 비록 戊己의 土가 제살(制殺) 화살(化殺)하는 권한이 있지만 그럼에도 물결의 일렁임과 기복(起伏)을 면하지 못했다. 丁未 이후는 기운이 南方으로 전환하니 위엄과 권세가 함께 무거워졌다. 복택(福澤)이 길이 이어지니 35년간 전성시대였다.

145 李鴻章(이홍장)

안휘(安徽) 합비(合肥) 사람으로 본명은 장동(章銅), 字는 점보(漸甫), 자불(子黻), 호는 소전(少荃), 의수(儀叟), 성심(省心). 청나라 말기의 대신(大臣)으로 양무운동(洋務運動, 19세기 후반 청나라에서 일어난 중국 근대화 운동)의 제창자 중 한 사람이다. 벼슬은 직예총독(直隸總督) 겸 북양통상대신(北洋通商大臣), 문화전대학사(文華殿大學士) 등을 역임했다. 일찍이 북양수사(北洋水師, 중국의 첫 해군)를 창시하고, 청나라 정부를 대표하여 《월남조약(越南條約)》,《마관조약(馬關條約)》,《중법간명조약(中法簡明條約)》 등에 참여했다. 저서로 《이문충공전집(李文忠公全集)》이 있다. 증국번(曾國藩), 장지동(張之洞), 좌종당(左宗棠)과 더불어 '중흥사대명신(中興四大名臣)'으로 일컬어진다.

道光三年五月初五日卯時

己 乙 甲 癸
卯 亥 寅 未

73 63 53 43 33 23 13 3
丙 丁 戊 己 庚 辛 壬 癸
午 未 申 酉 戌 亥 子 丑

乙木 일주가 寅月에 태어나 지지에 亥卯未가 전부 있으며 사주에 金이 없고, 甲木이 투출하니 格이 온전히 인덕(仁德)이 있고 수명이 길다. 용신으로 취함이 종강격(從强格)으로 하나의 기운을 오로지 얻어 복택(福澤)이 자연적으로 연속되어 길게 이어진다. 유년 北方운에 인수가 乙木 일주를 도우니 어려서(소년시절에) 과거에 급제하고 중년의 행운(行運)이

西方 金運으로서 본래 곡직격(曲直格)은 기피하는 것이나 묘하게도 癸水가 투출한 것이다. 인성을 발판으로 이끌어 해결하니 칠살(七殺)을 化하여 권세가 된다. 공명을 이루니 이름이 드러나고 환갑 이후에 南方의 기운으로 빼어남을 설기하니 나아가면 장군(將軍)으로 출세를 하고, 들어오면 재상(宰相)이 되어 자리가 높아 거듭 바라보게 된다. 공명을 이루어 국가의 공훈이 되니 문정공에 버금간다. 辛丑년에 죽으니 79세이다.

■ 譯者 註

사주가 하나의 기운 木으로 치우쳤어도 乙亥일 亥水 정인을 취하여 귀하다. 亥水와 연간 癸水가 중요하다. 庚辛, 申酉 金이 木을 극하여도 亥水와 癸水가 화해(和解)하니 金生水 즉 관살이 인성을 생하고 水生木 인성이 일주를 생하니 귀하다. 이렇듯 사주의 구성은 방어능력이 중요한 것이다.

146 岑春萱(잠춘훤)

서림(西林) 사람으로 字는 운계(雲階). 청말민국초의 관리, 정치인. 사천총독, 양광총독 등을 역임했고, 민국 때 호법군정부 주석총재를 지냈다.

淸 咸豊十年閏三月卄三日巳時

乙 丁 辛 庚
巳 巳 巳 申

58 48 38 28 18 8
丁 丙 乙 甲 癸 壬
亥 戌 酉 申 未 午

연월에 金의 무리가 있고 일시(日時)는 火를 모았으니 각자가 문호(門戶)를 세우고 있는 것이다. 金은 火가 없으면 기물(器物)을 이룰 수 없고, 火는 金이 없으면 드러나지 않는다. 火金의 세력이 균형을 이루었으니 格은 주물을 녹여 만든 인수격이다. (식상이 없는) 외로운 재성이라서 귀함이 없겠으나 묘하게도 時에 乙木을 만나고 중간에 丁火가 격리되어 庚辛이 극하지 못하게 하니 재성과 인성은 서로 장애가 없다. 이로써 인성이 보필하게 된다. 연(年)에 만난 申金은 재성의 건록(建祿)이니 출신은 양반 집안이다. 어려서의 운행은 곧 아름답고 甲申, 乙酉 20년간 일생의 존귀함이 왕성하였다. 丙火가 辛金을 합하여 화(化)하니 역시 즐겁다. 운로가 이에서 그치겠구나. 戌運 이후에는 발전이 곤란하다. 이로서 광복 이후에 낙오된 인물을 면하지 못한다.

147 盛宣懷(성선회)

강소 상주(常州) 사람으로 字는 행손(杏蓀), 유욱(幼勖), 호는 보루우재(補樓愚齋), 차기(次沂), 지수(止叟). 청나라 말의 관리이자 상인, 자선가. 양무운동의 대표적 인물로 중국실업(中國實業)의 아버지라고 불렸다.

清道光二十一年九月卄四日寅時

甲 戊 甲 甲
寅 子 戌 辰

壬 辛 庚 己 戊 丁 丙 乙
午 巳 辰 卯 寅 丑 子 亥

戊子 일주가 재성에 앉으며 戌月에 태어나니 시절(時節)을 얻어 月令을 잡았다. 신강하니 칠살(七殺)을 대적한다. 칠살과 인성이 서로 상생(相生)하니 묘한 것은 寅木과 戌土가 공협(拱挾)하여 인성이 되고, 子水와 辰土가 공협하여 재성이 되니 生하고 化함이 어그러지지 않는다. 재성을 근원(根源)으로 하여 이끌어 재성의 고장(庫藏)으로 귀속시키는 것을 戌土가 가까이서 극제(剋制)하여 戌土 일주가 윤택하고 칠살이 무리지지 않게 된다. 甲木이 寅戌에 실렸으니 木火가 뜻을 통하여 인성을 생하며 일주를 극하지 않는다. 이것이 재성의 권세를 요긴하게 관리하는 것이니 부(富)는 감히 적국(敵國)을 상대할 수 있고 壬運에 목숨을 마치겠다.

■ **譯者 註**

입동(立冬) 전 3일에 출생하니 戊土가 당령(當令)하여 辰戌에 통근(通根)하니(土를 沖한 즉 왕하다) 일주가 약하지 않다. 3개의 甲木이 투간(透干)하여 寅木에 통근하니 칠살(七殺) 역시 강하다. 겉으로 보기엔 일주와 칠살이 상당한 것 같으나 자세히 보면 칠살에 비해 신약(身弱)하다. 늦은 가을의 기운이 춥고 土가 추우면 만물을 생(生)할 수가 없다. 당연히 조후를 하여 화살(化殺) 생신(生身)하는 것이 용신이다. 戌中의 丁火는 辰中 癸水에 충파(沖破)되었고 丙火는 寅木에 있으며 충파(沖破)됨이 없어 정신(精神)이 온전하게 있다. 서락오의 子水가 중요하다 함은 착오이다. 73丙辰 스님 옷을 입고 죽었다.

148 陳夔龍(진기룡)

귀주(貴州) 귀축(貴築) 사람으로 字는 소석(筱石), 호는 용암거사(庸庵居士). 청나라 말의 대신. 광서 12년(1886) 진사 출신으로 하남순무, 강소순무, 사천총독, 호광총독, 직예총독, 북양대신 등을 역임했다. 신해혁명 후에는 병으로 사직했다가 1917년에 필덕원(弼德院) 고문대신(顧問大臣)을 지냈다.

筱石 咸豊七年五月初三日辰時

甲 癸 乙 丁
辰 丑 巳 巳

57 47 37 27 17 7
己 庚 辛 壬 癸 甲
亥 子 丑 寅 卯 辰

癸水 일주가 巳月에 태어나니 水가 바야흐로 휴수(休囚)되었다. 甲乙이 투출(透出)하고 또 꺼리는 것은 설기(洩氣)되는 것이다. 다행히도 辰土 丑土 모두 습토(濕土)를 얻어 족히 水를 저장하여 木을 기른다. 이에 巳火와 丑土가 金을 공협(拱挾)하니 신약함에도 인성의 원기(元氣)가 암장(暗藏)되었다. 巳中에 재성과 관성 인성이 전부 있으니 삼기격(三奇格)을 이룬다. 일시(日時)에서 아름다움과 우수함을 토(吐)함에 운로가 癸卯 水木의 땅에 이르자 소년시절에 과거에 급제하였다. 辛丑 庚子에 金水가 상생하니 북양(北洋)의 관청을 열었고, 己運은 칠살(七殺)이 왕(旺)하여 일주를 극(剋)하니 빛을 감추어 발전이 그믐달처럼 어두워졌으니 혁신을 이룬 이후이다. 亥運에 뜻이 없이 나왔으니 이후에는 재기할 수 있는 기회와 인연이 없겠다. 끝내 뒷방 늙은이로구나.

■ 譯者註

癸水 일주가 드러나게 신약하다. 용신은 巳中 庚金과, 丑中 辛金과 癸水, 辰中 癸水에 의지한다. 巳丑合金의 뜻이 있는 중 丑의 지장간 己辛癸가 土金水로 암생(暗生)됨이 아름답다. 申運 92戊子 죽다.

149 馮煦(풍후)

강소(江蘇) 금단(金壇) 사람으로 본명은 풍희(馮熙), 字는 몽화(夢華), 호는 호암(蒿庵), 호수(蒿叟), 호은(蒿隱). 청말민국초의 관리이자 사인(詞人). 광서(光緒) 12년(1886) 진사(進士) 출신으로 한림원편수, 안휘봉부지부, 사천안찰사, 안휘순무 등을 역임했다. 일찍이 《강남통지(江南通志)》 편찬에 참여했다. 시사(詩詞)와 변문(駢文)에 능했다.

道光二十三年十二月初一日巳時

己 己 乙 癸
巳 亥 丑 卯

55 45 35 25 15 5
己 庚 辛 壬 癸 甲
未 申 酉 戌 亥 子

　己亥 일원(日元)이 대한(大寒) 전 1일에 태어나니 정확히 土가 왕(旺)하게 사령(司令)하여 작용한다. 월간 乙木으로 칠살(七殺)이 투출하여 亥卯에 통근(通根)하니 송백이 항상 푸르구나. 홀로 오만하게 서리와 눈을 상대를 하고 있다. 단 하늘은 차고 땅은 얼었다. 그 필요함이 반드시 巳中 丙火에 있다. 土는 화락(和樂)하고 水는 따뜻할 것이다. 이에 木은 영화로움을 발할 것이다. 이는 필연적인 흐름이다. 애석하게도 巳亥가 바짝 붙어서 상충(相沖)하니 亥中 壬水가 필히 丙火를 극하였다. 다행히도 己土의 개두(蓋頭)함을 얻으니 겁재가 인성을 호위하였다. 그러니 기세가 약

하여졌다. 亥丑이 子水를 공협(拱挾)하여 일주와 칠살이 같이 천을(天乙)을 얻고, 丑卯가 寅木을 공협하니 인성이 무형(無形)의 생조(生助)함을 얻었으니 보배구슬이 이어져서 협공(挾拱)하니 귀한 기운이 평범한 것이 아니다. 애석하게도 운명은 아름다우나 운로가 도와주지 못하는 역행(逆行) 西北운이니 재성과 관성이 모두 등을 지어 비록 명성의 영예로움이 멀리서 이끌어 문장(文章)과 도덕(道德)이 모든 사람들이 흠모(欽慕)함을 지녔으나 사업에 공명(功名)함이 드러나지 않았다. 운명(運命)이 좋은 것은 운로(運路)가 좋은 것에 미치지 못한다는 말이 믿을 수 있는 말이었다. 인수를 사용하려면 인수가 손상되는 것이 불가하니 巳亥가 沖하여 인성이 손상을 입어 관계된 것이 아니라고 할 수 없다.

■ 譯者 註

대한(大寒) 전 1일이다. 辛金이 용사(用事)하고 癸水 여기(餘氣)이다. 여기(餘氣) 재격으로 신왕하고 재성이 투출되었다. 서락오가 편관이 중요하다고 한 것은 잘못이다. 편재격이다. 일주와 칠살이 강하나 팔자에 金氣가 없어 당연히 인성이 화살(化殺)하여야 하고, 식상이 제살(制殺)하는 용신이 될 수 있다.

150 樊樊山(번번산)

호북(湖北) 은시시(恩施市) 육각정(六角亭) 서정가(西正街) 재동항(梓潼巷) 사람으로 원래 이름은 번가(樊嘉), 번증(樊增)이고, 字는 가부(嘉父), 번산(樊山)이며, 호는 운문(雲門), 천금노인(天琴老人)이다. 청나라의 관리이자 시인이며 문학가이다. 벼슬은 위남지현, 섬서포정사, 호리양강총독 등을 역임했다. 신해혁명 뒤에 호상(滬上)으로 은거했다. 원세개(袁世凱)가 집정할 때에 참정원 참의를 지냈다. 일찍이 장지동(張之洞), 이자명(李慈銘) 등과 더불어 동광파(同光派)의 주요 시인이었다. 사후에 남긴 시가 3만여 수가 되었다. 저서로《번산전집(樊山全集)》이 있다.

道光二十六年十一月初一日子時

庚 壬 庚 丙
子 午 子 午

56 46 36 26 16 6
丙 乙 甲 癸 壬 辛
午 巳 辰 卯 寅 丑

　子月에 壬水 일주가 왕성하니 하늘은 차고 땅은 얼었다. 필요로 하는 것은 밝은 것이 빛나고 따뜻함이 조화하는 기운이다. 丙火의 재성을 얻어 午火에 통근(通根)하니 격국(格局)의 청순함이 지극하다. 애석하게도 천간 丙火가 庚金을 剋하고 이에 壬水 또한 丙火를 상(傷)하게 하며, 지지에서도 子午가 서로 沖하니 천지의 기운이 안녕하고 고요함을 얻지 못한다. 水는 왕하고 火는 쇠약하며 겁재와 양인(羊刃)이 방자하게 날뛰어 재성을 빼앗으니 청운의 꿈을 드높여 크게 떨치고 넓게 꾀할 수 없는 것이 진실로 이런 이유 때문이었구나! 용신은 재성에 있으니 제일 즐거운 것은 木運이 양인의 기운을 설기(洩氣)하여 丙火를 생하는 것이다. 적천수(滴天髓)에서 말하기를 통관(通關)하는 것이 이것이다. 壬水 일주가 午火에 좌하(座下)니 재성과 관성이 와서 나를 취하게 된다. 만년에 운로가 재성으로 달리니 의식(衣食)은 풍족하여 넉넉하지 않더라도 근심은 없다. 이는 子午 감리(坎離;水火)의 바른 기운으로 천지(天地)의 정기(正氣)가 생(生)함을 얻은 것이다. 크게 사업은 이루는 것이 마땅하여 스스로 세월이 만족하다.

제5부

근대 명인 명조
近代名人命造

151 元世凱(원세개)

중국의 군인·정치가이며 총리교섭통상대신으로 조선에 부임하여 국정을 간섭하고 일본, 러시아를 견제했다. 청일전쟁에 패한 뒤 서양식 군대를 훈련시켜 북양군벌의 기초를 마련하고 탄쓰퉁 등 개혁파를 배반하고 변법운동을 좌절시켰다. 이후 의화단의 난을 진압했으며 신해혁명 때 청나라 조정의 실권을 잡고 임시총통이 되었고, 이어 스스로 황제라 칭하였다. 저서로《원세개전집(袁世凱全集)》이 있다.

淸 咸豊九年 八月 二十八日 未時

丁 丁 癸 己
未 巳 酉 未

53 43 33 23 13 3

丁 戊 己 庚 辛 壬
卯 辰 巳 午 未 申

丁火 일주가 팔월(八月)에 출생하여 편재가 당령(當令)하였다. 巳火는 酉金을 만나 金으로 化하였으니 丁火 일주가 허탈하여 신약인 것 같으나 未土는 火의 여기(餘氣)이고 연(年)과 시(時)에 일정하게 자리 잡으니 丁火 일주의 통근(通根)처가 되었다. 巳火 未土가 午火를 공협(拱挾)하여 건록(建祿)이므로 丁火 일주가 기운이 있음을 알지 못하는 것이다. 酉金 재성이 천을(天乙)이고 巳火는 관성의 귀인(貴人)이 되고, 未土와 酉金이 申金을 협공(挾拱)하여 식신의 귀함이 있다. 申金은 서남방(西南方)으로 매우 귀한 기운이 한데 모여 있다. 酉金의 참된 신령함을 용신으로 하여

己土가 희신이다. 빼어난 것은 癸水에 있고, 모두 천을(天乙)이 비추고 있다. 운이 南方과 土金으로 가니 희신과 용신을 생조(生助)하여 주체와 작용이 마땅하다. 未運 壬午년에 조선에서 임오군란(壬午軍亂)을 매섭게 진압하니 그의 나이 24이다. 辰運에 습토(濕土)가 火를 어둡게 하여 빛을 감추고 실력을 기르게 된다. 辛亥년 태세가 일주(日柱)를 충극(沖剋)하니 생명의 위험이 있을 것 같으나 亥未가 합화(合化)하여 沖을 해소함을 알지 못하는 것이다. 다시 천을(天乙)을 얻으니 위험하고 곤란함에 당하여도 마침내 성공하게 된다. 중화민국(中華民國)의 첫 번째 총통(總統)이 되었다. 이어 丁運에도 丁己가 같은 자리에 酉金을 두어 생조(生助)가 유정(有情)하다. 광명의 빛을 발함이 만리(萬里)까지 이른다. 애석하게도 流年에 효신(梟神) 乙木이 식신을 빼앗으니 이른바 무리를 지은 소인들이 포위한 형국이다. 총명함이 지나쳐 어리석어진 것이다. 늦은 나이에 끝마침을 제대로 못하니 丙辰년에 비겁이 재성을 다투고 습토(濕土)가 火를 어둡게 하여 83일 간 황제 노릇이 꿈속에서 있었으나 이것으로 깨침이 되었을까?

■ 譯者 註

원세개가 사망한 해는 실제 丁運 丙辰년이다.[서락오는 丁巳년이라고 하였음]. 八字에 木이 없어 (未中 乙木) 미약하여 당령(當令)하지 못하였다. 그러므로 인자(仁慈)하지 않다. 丁火 일주가 칠살(七殺)을 두려워하지 않는다. 원국에 癸水는 통근(通根)되지 못하고 己土에 극파(剋破)되었다. 제살(制殺)이 지나친 것이다. 그는 무능하고 담(膽)이 약하여 성사가 부족하고 잘못 판단하는 경우가 많았다. 비겁이 많아도 식상이 재성을 보호하니 사사로움이 있고 욕망이 끝이 없다.

152 黎元洪(여원홍)

호북(湖北) 황피(黃陂) 사람으로 '여황피(黎黃陂)'로도 불린다. 字는 송경(宋卿)이다. 민국(民國)시대의 정치인으로 천진북양수사학당을 졸업하고, 1906년 육 21군 통령이 되었다. 무창 봉기 때에 혁명군 호북군정부 도독을 지냈다. 남경임시정부 성립 후에 부총통에 당선되었다. 원세개가 죽은 후에 총통이 되었고, 그 후에 중화민국 제1대 부총통, 제3대 대총통을 지냈다.

```
甲 丁 甲 甲
辰 未 戌 子

60 50 40 30 20 10
庚 己 戊 丁 丙 乙
辰 卯 寅 丑 子 亥
```

천간에서는 세 개의 (甲木) 인수가 돕고 지지에서는 (辰未戌) 세 개의 土가 설기(洩氣)를 하고 있으며 戌土가 당령(當令)하였으니 인수를 용신(用神)함이 마땅하다. 子水와 戌土가 亥水를 공협(拱挾)하여 丁火 日元이 귀인(貴人)을 얻고 일지 未土이다. 甲木 인수도 귀함을 얻고 편관 子水가 연지에 있으나 月令 戌土가 떨어져 있으니 丁火 일주가 상함이 없고 甲木 인수가 생하고 있어 귀함이 청순하다. 적천수(滴天髓)에서 말하기를 "木이 어지러이 남쪽으로 향함을 두려워한다."라고 하였다. 그의 성품은 인자하고 위세와 권력은 복덕이 많고 윤택하였다. 한 지역의 우두머리 됨은 남음이 있으나 국가의 영수됨은 부족하다. 이름하여 일어나고 무너지는 것이 일정하지 않았다. 寅運 辛亥년에 寅亥 건록(建祿)과 천을귀인(天乙貴人)이 상합(相合)하여 세월이 영웅을 만들어 갑자기 도독(都督)18)이 되었다. 壬子 癸丑년에 칠살이 왕성하게 인수를 생하니 나아감이 부총통에 이른 것은 대운과 세운이 고루 옳았기 때문이다. 甲寅 乙卯년에 己運으로 바뀌니 세운은 길함이 있으나 대운에서 설기(洩氣)를 당하니 평범한 사람이 되어 들리는 소문이 없었다. 丙辰 丁巳년에 일원(日元)을 일으켜 총통이 다시 되었고 卯運 壬戌년에 卯戌이 합화(合化)하여 다시 총통이 되었으나 잠시였고 순간에 허물어졌으니 위세와 복택(福澤)이 부족한 것이다. 庚運에 재성이 인수를 파괴하여 나루터에서 하는 일 없이 편안하고 한가롭게 지내는 무능함이다. 辰運에 습토(濕土)가 火를 어둡게 하며 月令을 충동(沖動)하여 죽는다. 68이다. 丙午時라 하나 믿지 못하겠다.

---

18) 민국(民國)초에 각 성(省)에 설치된 군정(軍政) 장관으로 후에 '將军' '督军' '督办'으로 개칭됨.

153 馮國璋(풍국장)

중국의 군인·정치가. 신해혁명 때 혁명군을 공격했고 여원홍이 대총통이 되자 그 밑에서 부총통이 되고 이어 대리 대총통이 되었다. 직계파를 형성하여 단기서의 안휘파와 대(對) 독일 참전문제 등으로 대립했다. 왕사진(王士珍), 단기서(段祺瑞)와 더불어 '북양삼걸(北洋三傑)'로 일컬어진다.

```
庚 乙 乙 戊
辰 丑 丑 午

53 43 33 23 13 3
辛 庚 己 戊 丁 丙
未 午 巳 辰 卯 寅
```

乙木 일주가 허약(虛弱)하고 기운이 없다. 비록 네 곳의 비견과 인수가 있으나 생하고 도우려는 의지가 없다. 지지(地支)는 재성이 왕성하며 戊土 원신(元神)이 천간에 투출하였으니 가종격(假從格)이다. 적천수(滴天髓)에서 참된 종(從)을 하는 자는 몇이던고. 가종(假從) 역시 출세한다. 재관(財官)은 기쁘게도 천을(天乙)이 비추고 다시금 연지 午火가 재성을 생하고 관성을 다치지 아니한다. 겨울의 土가 따뜻함을 얻어 팔자가 봄기운을 얻었다. 비록 가종격(假從格)이라 하나 참된 종(從)과 다름이 없다. 이리하여 복택(福澤)을 얻은 것이다. 책임은 국경을 지키기에 남음이 있으나 국가의 지도자가 되기에는 부족하다. 행운에 최고로 꺼리는 것은 乙

木 일주가 통근(通根)되는 것이다. 戊土운 이후 점차 진전되어 己巳 庚午 운에 기운이 南方으로 바뀌니 土金운을 만나자 위세와 권력이 빛나게 된다. 辛運에 부총통과 강소(江蘇)지역의 군사 책임자가 되어 막중하였다. 未運이 木의 고장이 되어 乙木 일주가 통근되어 (불안하나) 丁巳 戊午년에 火土가 왕성하여 총통부에 이르니 진실로 행운아이다. 己未년에 두 개의 未土가 두 개의 丑土를 충극(沖剋)하니 62에 죽었다.

154 徐世昌(서세창)

중국의 정치가. 원세개의 천거로 동삼성 총독, 참모총장, 청정 최고 고문을 역임했다. 신해혁명 뒤 청나라 유로로서 퇴위 후의 선통제의 사부가 되었다. 원세개의 추천으로 국무총리가 되었으나, 이듬해 원세개의 제정 계획에 반대하여 사직했다. 저서로는 《청유학안(淸儒學案)》,《퇴경당집(退耕堂集)》,《수죽촌인집(水竹村人集)》 등이 있다.

淸咸豊五年九月十三日辰時

丙癸丙乙
辰酉戌卯

75 65 55 45 35 25 15 5
戊己庚辛壬癸甲乙
寅卯辰巳午未申酉

癸水 일주가 한로(寒露) 후 14일에 태어나 戊土가 당령(當令)하며 좌하(座下)의 酉金이 늦가을 金이 왕성한 계절에 통근(通根)된 근원이다. 辰戌沖 卯酉沖을 卯戌합 辰酉합하니 木火金水가 각각 문호(門戶)를 세워 서로 극하며 싸우지 않는다. 乙木을 원두(源頭)로 하여 丙火 戊土 酉金 癸水가 서로를 생하고 있으니 사주팔자가 왕하지도 약하지도 않아 중화(中和)의 기운을 얻었다. 당시 수도 북경에서 인물이었으며 복택(福澤)이 두터웠다. 그리하여 총통부 시대에 내전을 편안하게 진정시켰으나 아깝게도 시상(時上)에 식상이 투출하지 않아 오행(五行)이 먼 곳에서의 흐

름이 이어지지 않았고 자식(子息)이 없을까 두렵고 이것이 결점이다. 月令에 관성이 재성을 화(化)하니 재성이 왕하여 관성을 생하고, 인성이 관성을 化하니 용신이 인성이다. 관성이 인성을 호위하니 희신이 관성이다. 행운에서도 오행이 서로 구제하여 맞이한다. 이것은 근원이 먼 곳에서 끊임없이 흐르는 격의 상이 특별한 점이다. 未運에 기운이 南方으로 전환하니 과거의 합격이 이어졌고 午運에 전쟁터에서 고생하였으나 북양(北洋) 수도에서 지휘를 하고 辛巳庚運 15년간 인수운이라 재관(財官)이 함께 왕성하였다. 이로 말미암아 벼슬이 거듭되고 나아가 모든 것을 협의하는 데에 이르게 되었다. 辰土 己土운은 습토(濕土)가 金을 생하여 직책이 높으니 모든 이들이 우러러 보았고 많은 사람들의 귀의하는 곳이 되었다. 마침내 戊午년에 총통(總統)에 이른다. 壬戌년에 사직하니 재위 5년이다. 국내 정치가 조금씩 안정되니 늘그막에 걱정이 없었다. 나이가 70, 80에 이른다.

155　段祺瑞(단기서)

안휘(安徽) 육안현(六安縣) 사람으로 일찍이 계서(啓瑞)라고 불렸다. 字는 지천(芝泉), 만년의 호는 정도노인(正道老人). 북양지호(北洋之虎)라고 불리기도 한다. 민국(民國)의 저명한 정치가로 환(皖) 계열의 군벌(軍閥) 지도자이다. 중화민국 초년에 국무총리 겸 육군총장을 지냈으며, 1920년에 집정관이 되었다. 손중산(孫中山)의 호법운동(護法運動)에 주요한 토벌 대상이었다.

淸 同治 四年 二月 初 九日 午時

壬 乙 己 乙
午 亥 卯 丑

71 61 51 41 31 21 11 1
辛 壬 癸 甲 乙 丙 丁 戊
未 申 酉 戌 亥 子 丑 寅

재성(財星)이 홀로 있어 귀한 것 같지 않으나 정인(正印)이 일주를 생조(生助)하여 이것으로 귀함을 취한다. 재성과 인성 사이에 일주가 있어 서로 장애됨이 없이 合格이 된다. 자평진전을 보라. 月令에 건록(建祿)되고 亥卯 목국(木局)하니 신왕하여 재성을 감당할 수 있다. 묘한 것은 己土 재성과 壬水 인성이 투출(透出)하여 중간에 乙木 일주가 있어 서로 떨어져 있다. 재성 己土의 건록은 午火에 있고, 壬水 정인의 건록은 亥水에 있다. 재성과 인성이 모두 건록을 얻었으니 귀하다. 그리하여 원수(元首)에 이르나 복택(福澤)이 부족한 것이 흠이다. 이것이 위태로운 곳에서 안

정됨이 없는 것이다. 戌運 이후 西方으로 기운이 전환하니 癸酉운 십년 간이 일생의 밝고 환하게 맺히는 시기다. 인수운이 매우 아름다울 것이다. 金運이 己土 재성과 壬水 인성을 통관(通關)시키니 매우 아름답다. 壬申 辛運 15년 순풍으로 흘러서 비록 실권은 없었으나 국가의 어른으로서 존경받음이 부족한 것이다. 경사스러움이 뭇사람의 바라는 바이나 비교하면 다른 우두머리들의 미치지 못한 이유이다. 오복(五福)이 있고 수명(壽命)은 80에 가깝다.

156 曹錕(조곤)

중국의 군인·정치가. 원세개에게 발탁되어 북양군의 각지 사령관을 역임하였다. 원세개가 죽은 후 북양군이 분열되자 직계파의 우두머리가 되었고, 장훈의 복벽사건(復辟事件) 후 직예성장(直隷省長)에 임명되었다. 1923년 국회의원을 매수하여 대총통에 당선되었다.

```
丙 庚 壬 壬
子 子 子 戌

79 69 59 49 39 29 19  9
庚 己 戊 丁 丙 乙 甲 癸
申 未 午 巳 辰 卯 寅 丑
```

이 명조는 비천녹마격(飛天祿馬格)[19]이다. 子月에 水氣가 당령(當令)하였다. 세 개의 子水 기운이 모여 힘을 다한다. 족히 午宮을 충동(沖動)하여 午中 丁火를 용신으로 한다. 戌土를 얻어 지지 암합(暗合) 午戌하여 관성을 머무르게 하니 큰 귀함의 조짐이다. 丙火는 통근(通根)이 없고 戌庫는 멀리 있어 작용하기가 힘들어 사용할 수 없을 것 같으니 그러므로 파격이 되지 않는다. 子水와 戌土를 바꾸어 연(年)에 壬子, 시(時)에 丙戌이

---

19) 암충(暗沖)해오는 지장간이 정재, 정관일 때나, 또는 정관, 정인일 때 성립한다. 여기서 암충은 지지에서 같은 자가 3개 이상일 때 성립하는데 지지가 모두 같으면 더욱 좋다. 庚子日柱, 壬子日柱, 辛亥日柱에 해당되며 子日柱에 子水가 多數 있고 亥日柱에 亥水가 多數 있어야 한다. 이 경우 관살이 없어야 하며, 子는 午를 亥는 巳를 沖來한다.

라면 파격이다. 만약 바른 오행(五行)으로 말하자면 戊土는 조토(燥土)라서 족히 子水의 흐름을 막을 수 있으나 庚金 일주가 무근(無根)이요 壬水가 金을 설기(洩氣)하며 水氣는 태왕하여 戊土는 물에 떠 있는 상황이라 庚金 일주를 生할 수가 없다. 庚金 일주는 기운을 설기당하여 약하니 재관을 감당할 수 없다. 대체로 암충(暗沖)격은 최고로 꺼리는 것이 전실(塡實)되거나 기반(羈絆)[20]되는 것이다. 처음 癸丑운은 子丑으로 기반되어 출신이 매우 어려웠으나 39 이후 南方으로 전환되니 재관이 기운을 얻어 丁巳 10년 극성한 시기였다. 戊運에 子水가 극제(剋制)함을 당하니 암충(暗沖)이 무력하여 몸은 국가원수였으나 장애됨이 있는 이치다. 午運에 전실되니 빛을 감추고 뒤로 물러나니 늘그막에 아름다움을 알 수 있다. 수는 99이다. 〈[138] 팽옥린의 명조를 참고하여 살펴보라.〉

---

20) 기반(羈絆) · 말이나 소 따위를 부리기 위하여 머리와 목에서 고삐에 걸쳐 얽어매는 줄이란 뜻으로, 행동이나 의사의 자유를 얽매는 일을 말한다. 사주에서는 해당 작용이 살 뢀 수 없디는 의미이다.

157 吳佩孚(오패부)

중화민국 북경정부의 군벌이자 정치인이다. 산동성 출신이며, 북양군벌 중 직계군벌의 우두머리이다. 직노예순열사(直魯豫巡閱使, 즈리 성, 산둥 성, 허난 성을 총괄하는 군사, 행정 책임자) 직위까지 올랐으며, 중·일전쟁이 일어나 일본군이 북경을 점령한 뒤 그 곳에 세운 일본의 괴뢰정부의 수정위원장(綏靖委員長)이 되었으나 이름뿐이었고, 전쟁 중에 병사하였다.

淸 同治 三十年 甲戌 三月 初 六日

壬 戊 戊 甲
子 申 辰 戌

55 45 35 25 15 5
甲 癸 壬 辛 庚 己
戌 酉 申 未 午 巳

戊土 일주가 삼월(三月)에 태어나니 土가 왕하여 당령(當令)하고 비겁이 중중(重重)하니 일원(日元)이 왕성하다. 申子辰 삼합 수국(水局)하여 재성이 왕하여 칠살(七殺)을 생하고 木은 여기(餘氣)를 (辰土) 얻어 재성과 살성이 투간(透干)하니 이른바 일주와 칠살이 서로를 견줄 만하여 칠살을 권위로 삼게 되는 것을 말한 것이다. 대운은 식상이 제살(制殺)하므로 위세가 만리(萬里)에 이른다. 애석하게도 사주에 인성이 없어 칠살을 변화할 수가 없으므로 힘으로 사람을 복속시킴이 덕(德)으로 복종하게 함보다 부족한 것이다. 더욱 나쁜 것은 사주 중에 申金은 水로 변화되어 제

살함이 무력하다. 오로지 대운에서 제살하여야 한다. 마음은 있으나 힘이 부족하여 복택(福澤)과 재주가 부족한 것이 흠이다. 壬申운 이후에 기운이 서방(西方)으로 전환하여 편관이 극제(剋制)함이 있어 악주 지역의 전쟁에 임하니 戊午년이다. 신왕하여 칠살을 대적함이다. 직환(直皖:수도 북경과 수도권)의 전쟁은 庚申년이다. 상정(湘汀) 사교(四橋)지역에서 전쟁은 辛酉년이다. 직봉(直奉:수도와 봉천)의 전쟁은 壬戌년이다. 모두 운세가 西方이어서 제살함이 유력하였다. 두 번째 직봉전쟁은 甲子년이다. 재성이 칠살을 생하니 칠살이 왕하여 전쟁에서 공(功)이 없었고 丙寅년 편관이 녹왕하여 비록 酉運에 있더라도 金氣가 무근(無根)하여 기세가 적군을 대적할 수 없음에 좌절하여 고향으로 물러났다. 상정 지역 사교의 전쟁에서 다시 패하여 힘을 쓰지 못하였다. 그러나 다행히 丙寅년에 있었기에 망정이지 만약 丁卯년에 있었다면 생명이 위험할 지경이었다. 甲運 이후에는 힘이 없다. 차후에는 빛을 감추고 기다릴 뿐, 결단코 재기의 기회가 없다. 혹은 이어지는 다음날 초7일 卯時라고 말하나 당연히 己酉日 丁卯時로 이루어 졌다고 하나 잘 모르겠다.

158 張作霖(장작림)

봉천(奉天) 해성(海城) 사람으로 字는 우정(雨亭). 근대의 군사가로 장학량(張學良)의 부친이다. 일찍이 강호를 유랑하다가 1894년에 군에 투신했다. 1906년에 봉천순방영전로, 중로통령이 되었고, 신해 무창 봉기 후 봉천국민보안회군사부 부부장, 봉천순방영무처 총판을 지냈으며, 1912년에 중앙육군 제 27사 사장을 지냈다. 그 후 봉천독군, 동삼성순열사 등을 지내며, 실질적인 동북 지역의 실권자로 '동북왕(東北王)'으로 일컬어진다. 1928년 일본 관동군이 기차에 설치한 화약의 폭발 사건으로 인해 중상을 입고 사망했다.

淸 光緒 元年 二月 十二日 丑時

丁 庚 己 乙
丑 辰 卯 亥

54 44 34 24 14 4
癸 甲 乙 丙 丁 戊
酉 戌 亥 子 丑 寅

이 사주를 친구가 乙亥년 2월 11일 亥時로 제시하였는데 乙亥 己卯 己卯 乙亥라 하고, 종살격(從殺格)이라 한다. 어느 신문에는 후손에 근거하여 풍우계명관 주인이 규정하기를 12일 丑時이다. 참으로 밝은 의견이다. 그 정확함을 스스로 전하려 하는 것이 마땅하다. 사주가 (乙亥년 己卯월 庚辰일 丁丑시)로 一旬하고 있고, 천간에 투출한 (乙丁己) 삼기(三奇)가 있으니 진실로 귀한 기운이 집합되었다. 그러나 오행 이론은 庚金 일주가 二月에 출생하여 휴수(休囚)됨이 지극하다. 월간 己土 인수가 있으나 바로 곁에 乙木 (재성이) 파극하며 辰丑 습토(濕土)는 庚金 일주를 생할 수 있다. 亥卯辰은 東方의 기운이다. 인성 辰丑은 亥卯辰 재성을 따라 化하였다. 丑中 辛金은 미약하고 丁火 관성은 무근(無根)하여 용신이 될 수 없으나 丑土 위의 丁火는 丑中 辛金을 극제(剋制)할만한 힘이 있으므로 庚金 일주는 허탈하여 기세가 응당히 재성으로 종(從)한다. 단 참된 종이 절실하지 않아 가종격(假從格)으로 귀함이 많다. 아무도 돌보지 않는 출신으로 식상(食傷) 재왕(財旺)운에 말하기를 가종격이 참된 운을 만난 것이다. 子乙亥甲 20년간 극성을 떨치던 시기이다. (동북(東北) 삼성(三省)의 수장으로 동북왕이라 지칭했다.) 운명과 행운이 본래 아름답고 세월이 영웅을 만들고 동북지역의 맹주였다. 戌運 53戊辰년에 辰土를 沖하고 丑土를 형(刑)하고 卯木을 합하여 세운이 충격에 휩싸여 사주 전체가 火土로 변화하니 황고돈 지역에서 변을 당하여 죽었다.

■ 譯者註

15己丑년에 아버지가 원수들에게 죽었다. 22丙申 비적이 되다. 중화민국 27사장(師長) 봉천 독군(督軍) 성장. 육군 상장. 48壬戌 東三省 총사령관. 동북왕. 54戊辰 일본군이 철도 폭파, 부상, 사망. 亥卯, 卯辰 투출 乙木. 木旺하니 재다신약(財多身弱)으로 비겁으로 탈재하는 것이 용신이다. 土는 火를 변화하고 生金한다. 팔자(八字)에 비겁이 없어 辰丑에 의지한다. 나쁜 것은 木이고 행운도 역시 木이 나쁘다.

159 張勳(장훈)

강서 봉신(奉新) 사람으로 字는 소헌(紹軒) 혹은 소헌(少軒), 호는 송수노인(松壽老人). 청나라 말기의 대신으로 1895년 육군에 입대하여 공정영방대, 순방영관대를 지냈다. 운남제독, 감숙제독, 강남제독, 양강총독, 장강순열사 등을 역임했다.

```
清 咸豊 四年 十月 二十五日 辰時

庚 庚 丙 甲
辰 申 子 寅

58 48 38 28 18 8
壬 辛 庚 己 戊 丁
午 巳 辰 卯 寅 丑
```

庚金 일주가 子月에 출생하여 金은 차갑고 水는 얼었다. 丙火를 얻어 따뜻함을 비추니 金은 아름답고 水는 따뜻해졌다. 그리하여 丙火가 전실(塡實)되어 정란차격(井欄叉格)을 논할 수 없다. 상관가살격(傷官駕殺格)으로 취용한다. 상관 흉신은 재성을 얻어 化하고 칠살(七殺)은 상관으로 극제(剋制)하니 추운 庚金이 온난함을 얻으니 귀함이 마땅하다. 장훈은 무장(武將)인데 어찌 문장(文章)이 아름다울까? 庚金 일주가 비록 좌하(座下)가 건록(建祿)이나 설기(洩氣)됨이 지나치게 많아 극하고 설기하는 것이 함께 이루어지고 인성이 결여되어 위세와 권위는 있으나 복택(福澤)은 부족하다. 庚辰辛巳 20년간이 전성시대였다. 壬運에 水火가 서로 교전하여 퇴위한 황제를 다시 세우려다 화(禍)를 당하여 몰락하게 된다.

160 江朝宗(강조종)

字는 광하(廣廈). 중화민국 시기의 정치인으로, 북양군벌(北洋軍閥) 중에 중요한 인물로 북양정부(北洋政府)의 국무원총리 대리를 맡았다. 뒤에 친일파가 되어서 북평시장(北平市長)을 지냈다. 중국의 매국노로 지탄을 받았다.

```
清咸豊十一年 八月 廿日 酉時

辛 戊 丁 辛
酉 寅 酉 酉

54 44 34 24 14  4
辛 壬 癸 甲 乙 丙
卯 辰 巳 午 未 申
```

戊土 일주가 팔월(八月)에 출생하여 왕한 金이 설기(洩氣)하며 상관이 편관을 상(傷)하게 함을 끝까지 다하고 월간에 丁火가 투출하여 상관패인격(傷官佩印格)이다. 사주가 청순(淸純)하여 귀함이 드러남이 마땅하다.

161 閻錫山(염석산)

중국의 정치가. 태원(太原)을 거점으로 산서 먼로주의를 표방하고 독립왕국을 형성하였다. 반공내전에 패한 후, 타이완으로 건너가 총통부 자정 및 국민당 중앙평위원이 되어 반공저술에 전념하였다.

```
光緒 九年 九月 初八日 亥時

丁 乙 辛 癸
亥 酉 酉 未

60 50 40 30 20 10
乙 丙 丁 戊 己 庚
卯 辰 巳 午 未 申
```

乙木 일주가 8월에 출생하여 기운은 스산하고 木은 이지러졌다. 상반월(上半月)과 하반월(下半月)이 다르다. 백로(白露) 後에는 인성(印星)을 기뻐하고 추분(秋分) 後에는 양기(陽氣)를 기뻐한다. 경전에 말하기를 乙木이 팔월에 출생하면 巳酉丑을 만나지 말아라. 부귀함이 감리궁(坎離宮:水火)에 있다. 申酉金을 지키면 빈궁(貧窮)해진다. 또 말하기를 乙木이 가을에 태어나면 귀함이 무장(武將)에 있다. 최고로 기뻐하는 것은 癸水가 투출(透出)함이다. 乙木을 번식하게 하며 金을 설기(洩氣)하기 때문이다. 子水의 인성을 얻으면 평생이 풍요롭다. 만약 水火가 극제(剋制)하고 변화됨이 없다면 일생토록 지치고 힘들 것이다. 이 명조는 한로(寒露) 전 1일

에 출생하여 연시(年時)에 癸水와 丁火가 투출하니 이른바 水火궁이다. 세운에 水火의 상제(相濟)가 없으면 힘을 얻을 수가 없다. 未運 辛亥 壬子 년에 일약 도독(都督)이 되어 십여 년간에 이르기까지 국내 전쟁에 참가하여 힘들었으나 엄중하게 중립을 고수하니 돈독한 인연으로 홀로 우뚝 드러나 큰 어려움이 없었다. 丁運 丙寅년에 火가 왕하나 水가 없어 구제할 길 없으므로 南으로 北으로 치달리며 의지가 일정하지 않아 성공과 패배를 나눌 수가 없었다. 巳運에 亥水 인성을 冲하고 庚午년에 丁火가 녹왕(祿旺)을 얻으니 전쟁에 패하여 직책을 해임당하였다. 차후에 丙子 丁丑년에는 사주를 살펴보니 재기할 가망이 있음을 가히 알겠다.

■ 譯者 註

18 촌장이 되다. 19 무비학당. 22 동경 진무학교. 일본 육사5년. 손문 동맹회 가입. 27 己酉 중국 육군 소학교원. 68 퇴위. 정치 생애 39년간. 일주가 약하고 칠살(七殺)이 중(重)하다. 木으로 水火를 소통하여 일주를 도와야 한다. 또한 丁火로 식신제살(食神制殺)하는 용신이다. 대운이 午火운으로 향하여 도독(都督)이 되었고, 巳운은 원국과 巳酉 金局을 이루고, 庚午년은 庚金 원국 酉酉 두 양인(羊刃)과 결합하여 전쟁에서 패하고 해임을 당한 것이다. 庚子년은 역시 관살 金이 왕하고 水가 火를 극하니 죽었다.

162 徐樹錚(서수쟁)

중국 근대사상 저명한 정치가, 군사가이며 북양군벌(北洋軍閥) 환계(皖系, 안휘파) 장군이다. 字는 우정(又錚), 호는 철산(铁珊)이다.

```
清 光緒 六年 十月 初九日 申時
壬 甲 丁 庚
申 辰 亥 辰

52 42 32 22 12  2
癸 壬 辛 庚 己 戊
巳 辰 卯 寅 丑 子
```

甲木 일주가 10월에 태어나니 木氣는 늙었고 인수는 왕하다. 庚金과 丁火를 요구한다. 庚金과 丁火가 나란히 투출하면 화려하게 뛰어날 것이며 세상에 총명함은 특별한 것이 아니다. 七殺로 권세를 잡으니 웅장한 재주는 무리에서 선두가 된다. 壬水가 忌神이다. 더하여 辰土는 습(濕)하고 허(虛)하며 申金과 辰土 亥水의 기세가 水를 따르니 기신(忌神)이 많다. 다행히 입동(立冬) 後 5일이라 戊土가 사령(司令)하니 탁기(濁氣)를 제거하고 맑음을 지니게 되었다. 애석하게도 戊己土는 투간(透干)하지 못하여 명성과 이익됨이 허망함을 면하지는 못한다. 좋은 대운은 西南이다. 비교하면 辛卯 10년에 流年 火土에서 운세, 건강, 출세가 최고로 하고 싶은 것을 얻는 시기였다. 壬運으로 들어서자 丁火가 상(傷)하게 되어 원한 맺힌 참변으로 죽임을 당하니 애석하다.

163 畢庶澄(필서징)

산동 출신으로 字는 신방(莘舫). 신해혁명 때 군관 강습소에 입소한 뒤 장종창을 따라 하얼빈으로 갔다. 1922년 수녕에 군관 군사강습소를 설치하고 육장을 지냈다. 이후 군관 군사강습소 수강생 주체로 공병대대를 편성해 대대장을 지냈다. 1924년 직봉전쟁 이후, 위군 제13제대 사령관으로, 동3성 육군2사단으로 2여단장을 보충하였다.

```
清 光緒 二十年 六月 十三日 寅時
  甲 戊 辛 甲
  寅 午 未 午
  38 28 18  8
  乙 甲 癸 壬
  亥 戌 酉 申
```

戊土 일주가 좌하(座下)에 양인(羊刃)이 있고 시간(時干)에 칠살(七殺)을 만나니 칠살과 양인이 뛰어나다. 직위가 왕후에 이른다. 칠살을 합하고 극제(剋制)함이 있으니 비상한 명조이다. 기쁘게도 월간(月干)에 투출한 辛金이 대운에서 西方 酉金을 만나니 소년으로 군대의 권한을 장악하게 되어 뜻과 기상은 족히 스스로 호탕하다. 그러나 칠살이 왕한데 다시 칠살이 왕한 곳으로 가면 대업을 세우고 공명을 이룬 곳에서 즉 전쟁터에서 필히 죽을 것이다. 양인이 많고 다시 양인으로 흐르면 벼슬을 얻고 재물을 얻은 곳이 필히 죽는 곳이다. 甲運에 불사(不死)한다면 戌運에 필히 죽는다.

164　張宗昌(장종창)

산동성 액현 사람으로 字는 효곤(效坤)이다. 중화민국의 군벌인 봉천군벌의 맹장으로 2차 직봉전쟁 이후 산동독판이 되어 산동을 지배하였으나 방탕하고 폭력적인 생활 때문에 혼세마왕, '개고기 장군[狗肉將軍]'이라는 비아냥을 들었고 재산이 얼마인지, 부하가 얼마인지, 부인이 얼마인지 모른다 하여 '삼불장군(三不將軍)'이란 별명도 있었다.

```
清 光緒 八年 正月 十五日 寅時

壬 壬 壬 壬
寅 寅 寅 午

51 41 31 21 11  1
戊 丁 丙 乙 甲 癸
申 未 午 巳 辰 卯
```

천간에 네 개의 壬水가 통근(通根)됨이 없고 연월(年月) 寅午 合局하여 水火가 서로 의지하는 것 같으나 묘하게도 경칩(驚蟄) 전 1일에 태어나 甲木이 왕하다. 木氣를 얻어 水火의 기운을 유통(流通)하게 하여 상하(上下)의 기운을 교류시키고 있다. 수화기제(水火旣濟)의 세력을 이루었다. 이른바 水火는 천지간(天地間)에 기운을 주재하게 되므로 혼자 이루는 것이 아니고 같이 함께 이루는 것이다. 壬水를 시작으로 하여 火氣에서 혈처(穴處)를 맺으니 관살을 만나면 근원이 파하여 혈처를 설기하게 된다.

격국으로 하자면 육임추간격(六壬六壬趨艮格)이다. 연월(年月)에서 寅午 화국(火局)으로 합하고 재성이 왕성하게 지지를 얻었으나 淸하지 않다. 다만 부자의 명조를 이루었다. 또한 관살을 보지 못하여 격을 이루었다. 혹 己酉時라 한다면 귀한 기운을 볼 수 없다. 그러므로 의심을 하는 것은 난세의 시대(時代)임을 모르는 소리이다. 난세에는 장군들이 그득하고 관위 역시 본래 귀하지 않은 것이다. 부자에 이르는 것이 관위만 갖지 못한 것이다. 巳丙午丁 20년간 일개 잡초로서 영웅으로 등장하여 뛰어나게 중앙을 장악하게 된다. 재빠르게 호걸(豪傑)이 되어 무지무지한 부(富)를 축적하고 귀함을 이룬다. 진실로 시절이 그렇게 만든 것이다. 처첩(妻妾)이 열둘인 것은 재성이 왕한 징조이다. 未運에 관성이 왕하여 권력과 위세를 모두 잃는다. 戊運 편관이 일주를 극제(剋制)하고 재성을 설기(洩氣)하여 갑자기 원한 맺히게 죽는다. 이것이 운명이다. 배우지 못하고 술책이 없어 좋은 운명이 부담이 되었다. 己酉時라면 관성은 청(淸)하고 인성이 바르므로 귀함이 드러나는 것이 마땅하다. 단 용신은 필히 관성과 인성이다. 중년 재운에 결단코 뜻을 얻을 수가 없다. 未土와 戊土 관성이 旺해야 발전이 정당하게 이루어진다. 상반됨을 적용하라.

165 唐繼堯(당계요)

중국의 군인이자 정치가. 운남파 북벌군 총사령, 귀주성 도독, 개무장군 겸 운남 순안사 등을 지냈고 원세개 토벌을 위한 호국군을 조직하였다. 광동군정부 교통부장, 건국연합군 총사령 등을 거쳐 민치당을 조직하였으며 일제강점기에 대한민국임시정부를 지원하였다.

```
淸 光緖 六年 三月 十三日 亥時
   丁 庚 庚 庚
   亥 辰 辰 辰
   54 44 34 24 14  4
   丙 乙 甲 癸 壬 辛
   戌 酉 申 未 午 巳
```

시주(時柱)에 관성이 투출한 것이 맑아 사주가 청순(淸純)하다. 庚辰 괴강(魁罡)이 스스로 관성을 담임한다. 그러나 辰土가 습(濕)하여 火를 어둡게 하고 있다. 木이 없어 소토(疏土)하여 火를 끌어내지 못하여 관성의 기운이 드러남이 만족스럽지 못하다. 평생의 즐거움은 근근이 未土와 甲木 대운 10년이다. 未運에는 亥와 木을 공협(拱挾)하여 辛亥혁명이 일어나자 한 걸음에 도독(都督)이 되었다. 甲運에 목왕(木旺)하여 丙辰년에 원세개(袁世凱)를 토벌하여 남쪽 지역의 우두머리가 되었다. 申運 이후에는 능력 없이 마치겠다.

166 蔡成勳(채성훈)

字는 호신(虎臣), 천진 사람으로 청나라 및 중화민국의 군인이다. 북양무 사관학교를 졸업하고, 군 부사령관, 독해처 참호관, 절강 제21협통령, 총부(統府)의 시종무관, '제1호 제1여단장'을 거쳐 군의 제1대장에 올랐다. 원세개가 죽은 후, 직계에 몸을 던져 제7대장으로 승진하였고, 이후 도통(都統), 감숙독군을 겸임했다. 민국 10년(1921)에는 군총장을 역임하고 같은 해 12월 사임했으며 이후 강서군을 감독하고 통치하였다.

```
清 同治 十一年 十月 初 四日 酉時
乙 乙 庚 壬
酉 卯 戌 申

51 41 31 21 11  1
丙 乙 甲 癸 壬 辛
辰 卯 寅 丑 子 亥
```

乙卯 전록(專祿) 일주로 申酉戌 西方의 기운이 모두 있고 庚金 정관이 투출하여 관성이 왕성하나 (壬水 인성이) 化殺하고 있다. 卯酉의 沖이 있어 건록이 상(傷)하였다. 다행히 연간에 투출한 壬水 정인이 왕성한 庚金을 설기(洩氣)하며, 申金이 천을(天乙)이라 귀한 기운이 관성으로 모인 것이다. 즐겁게도 대운이 水木으로 흐르니 인수와 비겁이 같이 왕하여 권력을 잡고 권부에 있었으나 부족함이 많았다.

167 李純(이순)

직예성 텐진 출신으로 字는 수산(秀山). 중화민국 직계군벌의 일원으로 단계서의 무력통일 정책에 반대하여 평화통일을 주장한 〈장강삼독〉 중 한 명이었다. 1917년 강소독군(江蘇督軍)이 되어 명실공히 강소성의 지배자가 되었다.

```
清 光緒 元年 八月 十五日 午時
庚 己 乙 乙
午 卯 酉 亥

52 42 32 22 12 2
己 庚 辛 壬 癸 甲
卯 辰 巳 午 未 申
```

己土 일주가 팔월(八月)에 태어나니 식신이 月令을 잡고 있다. 己土 일주에 건록(建祿)은 午火에 있고, 乙木(편관에) 건록은 卯木에 있어 일주와 칠살(七殺)이 서로 마땅하다. 卯木을 酉金 식신에 충거(沖去)하니 제살(制殺)함이 유력(有力)하다. 칠살의 권위가 마땅하여 귀함에 이른다. 未土 대운 이후에 南方으로 기운이 전환되니 벼슬길이 순조로워 병부(兵符:군사력)를 장악하고 壬水와 辛金은 南方의 金水라 허물이 없었다. 부족한 것은 근심이 된다. 庚金운에 乙庚이 화합(化合)하여 유정(有情)하고 합살(合殺)하니 귀함이 東南 지역의 우두머리로서 강소(江蘇)의 도독(都督)이 되었다. 庚申 유년에 세운과 대운이 같이 오니 상관(傷官)이 지나치게 왕하여 이른바 제멋대로 하다가 스스로 상(傷)하여 운명하게 된다. 비록 언급된 내용이 의심스럽지만 역시 命은 대운의 이치이다.

168 朱瑞(주서)

절강 해염(海鹽) 사람으로 字는 개인(介人). 청말민국초의 군인, 혁명가, 정치인. 광복회 회원으로 해염수수학당, 남경남양육사학당을 졸업하였고 신군보대 제3표 집사관, 절강성 보대영 관대, 육군 제21진 제81표 대표통, 절군 제1진 통제관, 절강도독, 흥무장군 등을 역임했다.

淸 光緖 九年 十二月 十六日 子時

庚 壬 乙 癸
子 戌 丑 未

32 22 12 2
辛 壬 癸 甲
酉 戌 亥 子

壬戌 일주가 칠살(七殺)에 앉았고 시지(時支)에 양인(羊刃)을 만나고 子水와 戌土가 亥水를 공협(拱挾)하니 이름하여 칠살과 양인이 건록(建祿)을 협공(挾拱)한 것이다. 섣달 그믐에 하늘은 춥고 땅은 얼어붙었다. 애석한 것은 丙火가 없어 따뜻함을 비추지 못하여 복덕(福德)과 윤택(潤澤)함이 부족하다. 水氣는 겨울의 旺함으로 돌아가니 기쁘게도 칠살의 지지로 행한다. 칠살이 왕한 대운은 戌土운 5년이다. 戌中의 火土의 왕함을 만나 귀함이 도독(都督)에 이르렀으나 어두운 곳에서 잠깐의 화려함이다. 辛金운에 들어서고 丙辰 유년이 되자 丙火와 辛金이 水氣로 化하여 양인이 왕성하고 양인에 이르자 마침내 죽는다. 그때 나이가 34이다.

169　齊燮元(제섭원)

직예성 톈진 출신으로 字는 무만(撫万), 호는 요산(耀珊). 중화민국 군벌인 직계군벌의 일원으로 강소독군을 지내면서 장강 하구를 지배했으나, 안휘군벌인 노영상(盧永祥)과의 전쟁으로 인해 몰락하고 결국 한간(漢奸 : 친일)의 길을 택했다.

```
清 光緒 十一年 三月 十四日 酉時
癸 甲 庚 乙
酉 寅 辰 酉
55 45 35 25 15  5
甲 乙 丙 丁 戊 己
戌 亥 子 丑 寅 卯
```

甲寅 일원(日元)으로 좌하(座下)에 건록(建祿)이니 스스로 왕하다. 천간에 乙庚 化金으로 月令 辰土月 재성이니 관성으로 化하였다. 춘절(春節)에 金氣가 비록 휴수(休囚)되었으나 세력이 많다. 다행히 삼월 甲木 일주는 여기(餘氣)가 있어 왕하다 할 수 있어 족히 관성으로 용신한다. 시지(時支)에 酉金 정관은 癸水 인성이 개두(蓋頭)되어 관성의 정(情)이 인성으로 흘러 甲木일주를 번성시키고 있어 일간을 극제(剋制)하지 않고 있다. 그럼에도 관성이 지나치게 많음을 싫어한다. 寅中 丙火 식신을 취하여 관성을 손상시키는 용신이다. 丁丙 대운에서 식신 원신(元神)이 투출(透出)하니 마땅히 때를 만나 일어서게 되니 권력의 심장부를 장악하나 부족한 것이 흠이다. 이것이 이른바 막내아들의 운명인 것이다.

170 孫傳芳(손전방)

산동 역성현 출신으로 字는 형원(馨沅). 중화민국 직계군벌의 인물로 한때 복건, 절강, 강서, 강소, 안휘 등 5개 성을 지배하는 강남의 대실력자로 군림하였으나 국민당의 1차 북벌로 몰락했다. 늘 웃는 표정을 유지하다가 눈 하나 깜빡않고 잔인한 짓을 저지르곤 하여 별명은 소호(笑虎), 즉 웃는 호랑이였다.

```
淸光緖 十一年 三月 初 三日 酉時
   己 壬 庚 乙
   酉 寅 辰 酉

   54 44 34 24 14  4
   甲 乙 丙 丁 戊 己
   戌 亥 子 丑 寅 卯
```

(乙木이) 乙庚으로 상관이 化하고 辰土와 酉金이 합살(合殺)되어 인성으로 化하였다. 己酉 時는 관성은 청(淸)하고 인성은 제 몫을 하고 있다. 애석하게도 壬水 일주가 寅木 상관에 앉아 (설기(洩氣)되어) 일주가 태약(太弱)하여 관성을 담임하는 것이 부족하다. 이것이 壬水는 약하고 인성은 왕하여 모자멸자(母慈滅子)인 것이니 마땅히 모성(母性)의 성품을 따라야 한다. 세년(歲年)과 대운(大運)에서 함께 金水의 땅으로 흘러야 모름지기 모성은 자애(慈愛)롭고 자식(子息)이 편안한 것이다. 丙子 대운 십년은 丙辛 화수(化水)이고 유년이 金水일 때 즉 甲子年을 만나니 귀함이 연합군의 우두머리가 되고 丙寅 丁卯년은 水氣와 火氣가 서로 격돌하니 한 번 패

함에 다시 일어날 수가 없었다. 이후에 木運으로 흐르니 신약되어 설기되니 능히 할 수 있는 것이 없었다. 중요한 것은 권력이 무겁고 직위가 높았음에도 베풂이 부족하여 복(福)이란 것이 일어서고 넘어지는 것이 무상한 것이 되었다.

171 盧永祥(노영상)

제양(濟陽) 사람으로 字는 자가(子嘉), 본명은 노진하(盧振河). 환(皖) 계열 군벌로 1887년 산해관에 가서 무비학당(武備學堂)을 경영하다가 1890년에 군에 투신했다. 1895년 북양무비학당에 들어가 졸업 후 원세개의 신군 군관이 되었다. 단기서, 왕사진 등과 교유하였고, 후에 환(皖) 계열 군벌의 핵심인사가 되었다.

清同治 六年 九月 卄五日 丑時

丁 乙 庚 丁
丑 亥 戌 卯

56 46 36 26 16 6
甲 乙 丙 丁 戊 己
辰 巳 午 未 申 酉

乙木 일주가 좌하(座下)에 亥水 인성이 있고 亥水와 卯木이 木局을 이루었으니 약한 가운데 왕하다. 九月에 투간(透干)한 庚金은 여기(餘氣)가 있어 또한 왕하니 관성을 가히 용신으로 한다. 亥水와 丑土가 귀인 子水를 공협(拱挾)하니 관록(官祿)에 귀함이 때가 있고 천을귀인(天乙貴人)이 임하여 권력의 중추를 장악할 수 있었던 것이다. 戌土는 火의 묘고(墓庫)이고 丁火가 두 개나 투출하니 庚金 관성이 상(傷)함을 면할 수가 없다. 木火의 대운은 그 이익됨을 보지 못하고 평생의 좋은 운은 겨우 乙巳 십년간이다. 巳火 대운에 유년 金을 만나는 것이 매우 아름답다. 癸亥년에 甲運으로 바뀌자 木이 火를 생하여 火가 왕하니 강절 전쟁에서 두 번씩이나 패전하니 한 번 쓰러져서 다시 펼칠 수가 없었다.

172 周蔭人(주음인)

직교 심주(深州) 사람으로 字는 월은(樾恩). 중화민국의 군사 장령으로 강서독군 진광원의 참모장을 지내고, 진광원이 실세한 후 12사단장으로 승진했다. 이후 복건성 군무방판, 복건성 독리, 복건성 군무독판, 5성 총사령관을 역임했다.

淸 光緖 十三年 五月 卄九日 亥時

丁 乙 丁 丁
亥 酉 未 亥

54 44 34 24 14 4
辛 壬 癸 甲 乙 丙
丑 寅 卯 辰 巳 午

乙木 일주가 未月에 출생하여 土氣는 건조하고 木氣는 메마르다. 연월에 亥水와 未土가 木局을 이루고 시지에 亥水를 만나니 이로써 壬水는 윤택하여 약한 가운데 왕함으로 전환되었다. 천간에 투출(透出)한 세 개의 丁火는 기세가 지나치게 조열(燥熱)하다. 金水를 취하여 상생(相生)함으로 용신으로 한다. 기쁜 것은 未土와 酉金이 申金을 공협(拱挾)하여 천을(天乙)이니 귀함이 집중하게 되었다. 운행은 東南에서는 그 이로움을 보지 못하고 겨우 辰土운 습토(濕土)에서 火를 어둡게 하여 金을 생하며 酉金을 합하여 인성(水)을 化(生)하니 단번에 지역에서 군사의 우두머리가 되었다. 그 외는 평범할 뿐이다.

173 趙恒惕(조항척)

호남 형산 출신으로 字는 이오(夷午, 彝五), 호는 염오(炎午). 호남성장을 지내며 호남성 헌법을 제정, 호남성 연성자치를 실시했으나 담조전쟁으로 세력이 쇠퇴했고 당생지(唐生智)의 도전으로 권좌에서 쫓겨났다.

```
淸 光緖 六年 十一月 廿四日 申時
庚 戊 戊 庚
申 子 子 辰

54 44 34 24 14  4
甲 癸 壬 辛 庚 己
午 巳 辰 卯 寅 丑
```

戊土 일주가 통근(通根)됨이 없고 申子辰 기세가 北方 水局이다. 천간에 투출한 두 개의 庚金이 水를 생하니 격국(格局)은 종재(從財)를 취한다. 격국의 모습이 비록 청(淸)하나 대운은 겨우 壬辰 십년이다. 壬水운이 최고이고 辰土운은 다음이다. 癸水운 후에는 기운이 南方으로 바뀌니 취할 것이 없게 된다.

174 張敬堯(장경요)

안휘 사구 출신으로 字는 훈신(勳臣)이다. 중화민국 군벌인 안휘군벌의 주요 일원으로 호남독군을 지냈으나 담연개(譚延闓), 조항척(趙恒惕) 등에게 축출되었다. 이후 화북 분리공작을 실행하던 일본의 주구가 되었다가 남의사에게 암살된다.

```
庚 乙 丙 辛
辰 酉 申 巳

54 44 34 24 14  4
庚 辛 壬 癸 甲 乙
寅 卯 辰 巳 午 未
```

종혁격(從革格)이다. (乙木일주가) 七月에 태어나니 金氣가 왕성하게 당권(當權)한 것이다. 지지에서는 辰土와 酉金이 서로 합하고 巳火와 酉金이 서로 모이고 (辰時에) 化神이 진실로 고맙다. 丙辛이 종화(從化)하니 金神은 손상 입지 않은 것이 특별하지 않다. 이로써 왕한 기운은 마땅히 설기(洩氣)함으로 용신을 취한다. 月令이 천을(天乙)을 비추니 귀함이 집중되어 순수함이 지극하다. 애석하게도 운로가 東南 木火로 흐르고 있다. 癸巳 壬辰 辛運 25년에 부족하나마 장점을 취한다. 바깥은 유여함이 있으나 내용이 부족한 것이다. 비록 귀함이 있었으나 의지를 펼 수가 없었다. 만약 행운이 西北이었다면 그 성취함을 어찌 멈출 수가 있었겠는가? 卯運에 어렵게 지나가나 寅運에 의외의 재난을 면하기 어렵겠다.

175 王占元(왕점원)

산동성 관도(館陶) 출신이며, 호북성 최고군사장관 겸 성장(省長), 감찰사 등을 역임하였다.

```
淸咸豊 十一年 正月 十一日 卯時

己 庚 庚 辛
卯 子 寅 酉

56 46 36 26 16 6
甲 乙 丙 丁 戊 己
申 酉 戌 亥 子 丑
```

庚金 일주가 子日에 앉았으니 상관이 설기(洩氣)하고 있다. 기쁘게도 연지 酉金 양인(羊刃)을 만났으며 月令에 칠살(七殺 : 寅木 지장간 丙火)이 당령(當令)하므로 칠살과 양인이 서로 구제하고 있다. 권력은 존귀하고 권위는 드러난다. 그러나 춘절(春節)에 金氣가 허약(虛弱)하여 火氣의 단련함을 감당하기가 어렵다. 丙火는 기운이 차갑고 子水가 바짝 붙어서 극제(剋制)하니 역시 힘이 없고 약함이 지극하다. (己土) 인성은 재성 卯木에 앉아 水를 극제(剋制)하고 칠살을 변화하기가 불가능하다. 비록 군대를 장악하였으나 원대한 뜻을 펴기는 미흡하다.

176 王承斌(왕승빈)

봉천 흥성 사람으로 字는 효백(孝伯). 보정속성 무비학당 및 군관학당(육군대학 제2기) 출신으로 금위군 소대장, 제3진 삼등참모관, 제3사단 제6여단 제11연대장, 육국 보병 대령, 광무상장군, 육군대장, 직로예 순열부사를 역임했다.

清 光緒 三年 七月 初 九日 午時

丙 壬 戊 丁
午 戌 申 丑

53 43 33 23 13 3
壬 癸 甲 乙 丙 丁
寅 卯 辰 巳 午 未

壬水 일주가 七月에 태어나니 가을 물이 근원(根源)이 깊다. 사주에 土氣가 많고 월간(月干)에 戊土가 투출하니 칠살(七殺)이 권력을 잡았다. 丙丁火가 도우니 공명(功名)을 이룸이 필히 드러난다. (궁통보감(窮通寶鑑)에 보인다.) 또한 연월일(年月日)에 火土金水가 연속 상생하니 복택(福澤)이 역시 두텁다. 오로지 午戌이 합국(合局)되어 재성이 지나치게 왕한 것이 흠으로 인성을 파괴함이 나쁘다. 운행은 水土의 곳으로 흐르니 노력함에 고통이 있었으나 공명이 매우 높았다. 권력은 무겁고 권위는 존귀하다.

177 商震(상진)

중화민국 육군 2급 상장, 진수군 초기 장령. 하북성 주석, 산시성 주석, 하남성 주석을 역임하였다. 항전 시기에 제20그룹군 총사령관, 제6전구 사령관 장관, 군사위원회 판공청 주임, 전후 중국주재 미 군사대표단 단장, 국민정부 참군장, 주일 중국 대표단장. 드물게 군사, 정치, 외교 등 여러 방면에서 두드러진 역할을 한 인물이다.

```
淸 光緖 十四年 八月 十六日 子時
   丙乙辛戊
   子未酉子
  56 46 36 26 16 6
   丁丙乙甲癸壬
   卯寅丑子亥戌
```

乙木 일주가 추분(秋分) 전 1일에 태어나 성품이 밝음을 희망하니 辛酉 칠살(七殺)이 권세를 타고 當令을 잡아 제거함이 아니면 불가하다. 時上에 丙火가 투출하여 힘의 지극함을 얻었으나 丙火가 子水에 앉아 칠살을 극제(剋制)하는 힘이 약하다. 기쁘게도 子水의 귀인을 얻고 연지 子水는 戊土가 개두(蓋頭)하고 시지 子水는 未土가 바짝 붙어 제복함이 잘 되었다. 운행은 丙寅 丁卯의 곳이니 칠살을 극제하는 상관이 힘을 얻어 칠살의 권위를 잡으니 명성이 북쪽지역에서 진동(振動)하여 권위는 높고 권력이 무겁다.

■ 譯者註

辛酉月令의 칠살격(七殺格)이다. 연간 戊土 재성이 생하니 칠살이 왕하다. 시간(時干)의 丙火 상관으로 합하여 제살하나 상관이 미약하다. 묘한 것은 지지 두 개의 子水가 화살(化殺)하는 것이다. 즉 천간은 상관이 합살(合殺)하고 지지는 인성이 화살(化殺)하며 상하(上下)간에 어그러지지 않았다.

178 孫寶琦(손보기)

절강(浙江) 항주(杭州) 사람으로 字는 막한(幕韓), 필명은 맹진노인(孟晉老人). 청나라 말기의 대신(大臣)이자 외교가. 관직은 산동순무(山東巡撫), 북경정부(北京政府) 4대 국무총리(國務總理)를 지냈다.

```
清 同治 六年 三月 廿二日 申時
 丙 丙 甲 丁
 申 子 辰 卯

57 47 37 27 17  7
 戊 己 庚 辛 壬 癸
 戌 亥 子 丑 寅 卯
```

丙子 일주에 관성이 투출하지 않았으나 지지에 申子辰 삼합 수국(水局)이라. 이름하기를 삼합이 만나 귀하고 또한 이름하여 지지에 숨은 관격(官格)이다. 기쁘게도 甲木이 월간에 투출하여 춘삼월(春三月) 辰土에 여기(餘氣)가 있으며 연상(年上)에 겁재와 인성이 도우니 패(敗)한 중에 구

⑳함을 얻었다. 대운에서 희망하는 것은 관성과 인성이다. 애석하게도 만년에 西北으로 흐른다. 己亥운 십년 중에 甲木 인성이 장생(長生)을 얻어 유년 木火에서는 아름다울 것이다.

179 梁士詒(양사이)

광동(廣東) 삼수(三水) 사람으로 字는 익부(翼夫), 호는 연소(燕孫). 청말민국초의 관리로 한림원편수를 지냈다. 원세개와 함께 청황실 퇴위 활동을 하였고 그 후 원세개 총통부비서장, 교통은행 총리, 재정부 차장, 북양정부 국무총리 등을 역임했다.

```
淸 同治 八年 二月 卄七日 午時
甲 丙 戊 己
午 申 辰 巳

51 41 31 21 11 1
壬 癸 甲 乙 丙 丁
戌 亥 子 丑 寅 卯
```

丙火 일주가 申金에 앉아 있고 年日에 巳火와 申金이 형(刑)되고 합하여 있다. 재성은 申金 건록(建祿)을 만나 왕하며 다시 기쁘게도 辰月 戊土 원신(元神)이 투출하여 보통으로 말하면 식신생재격(食神生財格)으로 취용할 수 있다. 궁통보감(窮通寶鑑)에서 말하기를 "丙火 일주가 辰月에 태어나면 壬水를 떠날 수 없고 甲木이 보좌하여야 한다고 말한다. 壬水와 甲

木이 투출하면 공명(功名)이 드러난다. 甲木은 있고 壬水가 없으면 힘들게 노력을 하여 부자가 된다."라고 하였다. 이 사람은 甲木은 투출(透出)하고 壬水는 암장(暗藏)되어 水木의 대운으로 향하니 재정의 권력을 장악하고 주위에 기대됨을 입었다. 戌土운 이후에 재능이나 학식을 감추어 남에게 알리지 않으며 은거하여 때를 기다렸으니 용신(用神)이 관성과 인성에 있음이 분명하다. 재성과 식신이 명랑하지 않기 때문이다. 오로지 재성이 문호(門戶)에 통하여 부자일 따름이기 때문이다.

180 袁克文(원극문)

중화민국의 장기(將棋) 및 마작(麻雀) 유단자이다. 아버지는 중화민국 대총통과 중화제국 황제를 지낸 원세개(袁世凱)이며 어머니는 조선의 안동 김씨 여성으로 아버지 원세개(袁世凱)의 측실이었고 원세개(袁世凱)가 조선 한성부에 머물러 있던 중 출생하였다. 1931년 천진에서 향년 42세로 병사하였다.

清 光緒 十六年 七月 十六日 戌時

甲 甲 甲 庚
戌 申 申 寅

53 43 33 23 13 3
庚 己 戊 丁 丙 乙
寅 丑 子 亥 戌 酉

양신성상격(兩身成象格)이다. 金木이 서로 세력을 이루고 甲申순으로 三位가 결집하니 귀함이 있다. 庚金 칠살(七殺)이 月令의 왕기(旺氣)를 얻었고, 연시(年時)에 寅木과 戌土가 지지에서 회합(會合)하여 칠살을 제극(制剋)하고 있으나 寅木과 申金이 상충(相沖)하여 제살(制殺)함이 약하다. 대운에서 겨우 丙戌丁 15년이 이로울 뿐이다. 亥水운 이후에는 한 번 패함에 다시 일어나지 못할 정도이다.

181 王克敏(왕극민)

절강 항주(杭州)사람으로 字는 숙노(叔魯). 근대의 정치인이자 외교관, 은행가. 국비 장학생으로 일본에 유학가서 청국주일대사관 참찬을 지냈고, 귀국하여 외교부에서 일했다. 중화민국 성립 후 중국은행 총재, 재정부장, 정무위원회 위원, 동북정무위원회, 북평정무우원회 등에서 요직을 맡았다. 중일전쟁이 발생한 뒤 중화민국임시정부 행정위원장, 화북정무위원회 위원장, 남경국민정부 내무총서독판 등을 역임했다. 1945년 8월 일본이 항복한 후에 체포되어 옥중에서 자살했다.

```
    清 光緒 二年 四月 十一日 巳時
         乙 壬 壬 丙
         巳 申 辰 子
       51 41 31 21 11  1
         戊 丁 丙 乙 甲 癸
         戌 酉 申 未 午 巳
```

壬水 일주가 입하(立夏) 1일 전에 출생하고 申子辰 삼합 수국(水局)하여 봄철에 물이 넘치고 있다. 기쁘게도 시상(時上)에 乙木을 얻어 빼어난 기운을 뱉어내고 있다. 다시 기쁜 것은 연상(年上)에 丙火가 투출(透出)하고 늦은 봄철에 기운을 얻어 빼어남의 기운이 흐르고 있다. 상관생재격(傷官生財格)으로 대운에서 木火를 만나니 재정(財政)의 권력을 장악함이 마땅하다. (1945 乙酉 옥중자살)

182 張弧(장호)

절강 소흥(紹興) 사람으로 본명은 육원(毓源), 字는 대삼(岱杉, 戴三), 별호는 초관(超觀). 청나라 및 중화민국의 정치인. 청나라 때 복건학무처 총판, 경찰학당을 지냈고, 중화민국에서 북경정부의 재정부 염무 주비처장 겸 염정 개양회 회장, 재정부 차장 겸 염무서 서장, 노동자국 국장, 위폐제국 총재, 재정총장 겸 염무서 서장, 화폐제조국 총재를 역임했다. 북경정부가 무너진 후, 대연에 거주하였고 1935년(민국 24년) 12월 송철원에게 자문으로 초빙되어 기찰정무위원회 위원장을 맡기도 하였다.

```
清 光緒 元年 八月 十一日 酉時

 乙  乙  乙  乙
 酉  亥  酉  亥

51 41 31 21 11 1
 己 庚 辛 壬 癸 甲
 卯 辰 巳 午 未 申
```

천간이 乙木으로 하나의 기운이다. 지지에는 亥水와 酉金으로 살인상생(殺印相生)이다. 드러난 것이므로 쉽게 보인다. 묘한 것은 酉金과 亥水가 戌土를 협공(挾拱)하여 기운의 모임이 戌土 건궁(乾宮)에 모인 것이므로 천지(天地)간에 진실한 재성의 귀함이 모인 것이다. 이른바 재정의 권력을 모조리 장악한 것이다. 또한 재성, 관성, 인성이 상생(相生)하여 유정(有情)한 것이다. 오행이 모두 있어 서로 상생한 것이다. 오로지 비겁의 대운이 조금 처지는 것이다.

183 葉恭綽(엽공작)

광동 번우(番禺) 사람으로 字는 유보(裕甫), 옥보(玉甫), 왕호(玉虎), 왕부(玉父), 예호(譽虎) 등, 호는 하암(遐庵), 서명은 구완(矩園), 실명은 선실(宣室). 근대의 정치가이자 서화가, 수장가. 북양정부 교통총장, 손중산 광주국민정부 재정부장, 남경국민정부 철도부장, 북경대학 국학관 관장, 중앙문사관 부관장, 제2회 중국정현 상위 등을 역임했다.

清 光緖 七年 十月 初三日 辰時

甲 壬 己 辛
辰 戌 亥 巳

56 46 36 26 16 6
癸 甲 乙 丙 丁 戊
巳 午 未 申 酉 戌

壬水 일주가 亥水 月令이 건록(建祿)이며 소설(小雪) 후 2일에 출생했으니 壬水 사령(司令)이다. 기쁘게도 亥中 甲木 원신(元神)이 시간(時干)으로 투출(透出)하여 己土와 합하여 辛金 인수를 생하고 있다. 일주가 좌(坐)한 곳이 戌土 재성의 묘고(墓庫)라. 재성은 암장(暗藏)되어 있어 인수를 상(傷)하지 않고 있다. 이른바 길신(吉神)이 깊이 암장되어 있는 것이다. 乙未 甲午대운 20년간 재성이 왕한 곳을 만나며 木火가 상생(相生)하여 마땅히 얻은 바가 많다.

184 潘復(반복)

산동 미산(微山) 사람으로 민국시대 마지막 국무총리. 청나라 말기 18글자로 군봉 승인에 대한 상서를 올려 일대 센세이션을 일으켰다. 중화민국 수립 후 산동실업국장, 전국 수리국 부총재, 전국 하도독판, 재정부 총장, 교통부총장, 총리를 지냈다.

```
清 光緖 九年 六月 十二日 寅時

戊 庚 癸 癸
寅 午 未 未

56 46 36 26 16  6
丁 戊 己 庚 辛 壬
丑 寅 卯 辰 巳 午
```

庚金 일주가 대서(大暑) 후 1일에 태어나니 火氣는 덥고 土氣는 건조하다. 또한 寅木과 午火가 火局으로 합하니 未土는 조토(燥土)라 金을 생할 수가 없을 뿐만 아니라 또한 족히 金을 극제(剋制)하고 있다. 월간 癸水는 시간 戊土를 만나 火氣로 化하고 연간 癸水는 그야말로 한 방울의 물이라 바짝 메말라 버렸다. 기운이 火土를 따르고 있는 것이다. 이른바 종왕격(從旺格)을 말하는 것이다. 壬水운은 왕한 火土를 건드리니 어린 시절에는 반드시 병(病)이 많을 것이나 다행히 南方 午火의 대운으로 흘렀다. 그렇지 않았다면 생장(生長)하지 못할 것이다. 己卯戊 대운 15년이 최고로 좋다. 모름지기 癸水가 병신(病神)이다. 戊己土가 병(病)을 제거하니 귀하다. 卯木과 未土가 木으로 합하여 재성이 왕성한 관성을 생한 것이다.

185 朱桂莘(주계신)

귀주(貴州) 개양(開陽) 사람으로 字는 계신(桂辛) 혹은 계신(桂莘), 호는 확공(蠖公) 혹은 확원(蠖園). 근대 시기의 정치가이자 북양정부(北洋政府) 관리, 애국지사(愛國人士), 실업가(實業家), 고건축학자, 공예예술가이다. 대리국무총리, 내무부총장, 중앙문사관 관원 등을 역임했고, 중흥모광(中興煤礦)과 중흥륜선공사(中興輪船公司) 등의 기업을 경영하기도 했다.

```
淸 同治 十一年 十月 十二日 辰時
丙 癸 辛 壬
辰 亥 亥 申

丁 丙 乙 甲 癸 壬
巳 辰 卯 寅 丑 子
```

癸亥 일주가 입동(立冬) 후 5일에 태어나니 바르게 甲木이 사령(司令)한 것이다. (時干)의 丙火로 용신을 얻었다. 이치에 따른다면 마땅히 과거에 급제하지 않아도 은혜로움이 있다. 辰土는 습토(濕土)라 물을 모을 수는 있으나 멈추게 할 수 없으므로 水氣는 왕한데 제거함이 없는 것이다. 다행히 甲木의 설기(洩氣)가 빼어나고 丙火가 水木의 기운을 움직이는 빼어난 기운이라 할 만 하다. 甲寅 乙卯 丙 25년간이 최고의 전성시대다.

186 楊宇霆(양우정)

봉천성 법고현 출신으로 본명은 옥정(玉亭), 字는 능각(凌阁) 혹은 인갈(麟葛). 장작림의 측근으로 봉천군벌의 핵심인물 중 하나였으며, 황고둔 사건 이후 봉천군벌의 수령이 된 장학량에게 처형당했다. 뛰어난 지략으로 정계에서 작은 제갈량으로 불렸다.

```
清 光緒 十一年 七月 二十日 戌時

戊 丙 甲 乙
戌 辰 申 酉

57 47 37 27 17 7
戊 己 庚 辛 壬 癸
寅 卯 辰 巳 午 未
```

丙火는 태양의 정신(精神)이므로 서리를 업신여기고 눈을 녹인다. 백가지의 두려움도 없다. 한 가지 두려운 것은 戊土가 빛을 흐리게 하는 것이다. 처서(處暑) 후 7일에 태어나 戊土가 사령(司令)하니 양기(陽氣)가 쇠약하여 서산에 걸린 해이나 저녁 무렵에 빛을 발휘할 수 있었다. 다행히 甲乙 인수가 투출하여 화살(化殺)하고 土를 제거하여 일주를 도우니 土가 金을 땅에 묻을 수가 없어 金氣의 나타남을 사용할 수 있다. 나누고 제거함이 마땅하다. 신왕하여 재성을 담당한다. 辛巳庚 15년간 재성이 왕한 곳을 만나 은밀한 곳에서 준비를 하였으니 무리에서 빼어난 우두머리이다. 辰運으로 들어서니 습토(濕土)가 빛을 어둡게 하여 戊辰년에 土가 많아 金이 흙에 묻이니 죽게 된다.

187 靳雲鵬(근운붕)

산동 제녕(濟寧) 사람으로 字는 익청(翼靑). 북양군벌, 육군상장을 지냈으며, 북양군벌 오사사장, 중화민국 참전독판사무처 참모처 처장, 국무총리 등을 역임했다.

清 光緒 二年 九月 初 七日 午時

庚 甲 戊 丙
午 子 戌 子

55 45 35 25 15 5
甲 癸 壬 辛 庚 己
辰 卯 寅 丑 子 亥

세속에서는 甲戊庚 삼기(三奇)라 하나 실은 재성과 관성, 인수가 삼기(三奇)라고 할 수 있다. 천을귀인(天乙貴人)을 예로 들면 甲戊庚일은 丑未가 귀인이 같다 한다. 지지에 丑未가 없다면 이를 사용할 수가 없다. 甲子가 印星에 좌(座)하고 月令에는 재성이 왕하고 子水와 戌土가 亥水를 공협(拱挟)하니 암공(暗拱)하여 인수가 장생(長生)이 된다. 이것이 귀한 기운이 모인 곳이다. 庚金 七殺이 일주를 극하고 재성이 왕하여 인성을 파하고 있다. 壬寅癸卯 20년간 인수를 도와 일으키고 일주를 도우니 꽃밭이 아름답기가 그지없구나! 그 중에서도 寅木운이 가장 아름답다. 寅木은 亥水를 암합(暗合)하여 木氣로 化하니 인수가 건록(建祿)을 얻은 것이며 일주 역시도 장생(長生)을 얻은 것이다. 이런 生을 얻으니 군사력의 도움으로 재성과 관성이 나의 쓰임으로 확실하다.

188 張一麟(장일린)

강소 오현 사람으로 字는 중인(仲仁), 호는 공불(公紱) 혹은 민용(民傭), 별서로 홍매각주(紅梅閣主), 대환거사(大圜居士)라고도 하였다. 중국의 저명한 애국인사, 문인, 청나라 및 중화민국의 정치인, 자선가, 농촌개혁가.

```
清同治 五年 十月 廿二日 午時
   丙 丁 辛 丁
   午 未 亥 卯
  67 57 47 37 27 17  7
   甲 乙 丙 丁 戊 己 庚
   辰 巳 午 未 申 酉 戌
```

丁火 일주가 十月에 태어나니 본래 관성을 용신으로 한다. 亥卯未 삼합 목국(木局)이 완전하고 시지에 (午火) 건록(建祿)으로 왕하다. 목화통명(木火通明)으로 세력은 당연히 종왕(從旺)이다. 辛金은 丙火를 화(化)하고자 하나 종화(從火)이지 水氣로 化한 것이 아니다. 38세 전까지는 西方 金氣의 고향이라. 영웅이나 무력을 사용할 수 없었고 丁未 대운 이후에 기운이 南方으로 바뀌니 기특한 인연이 넓게 모여 부귀함이 사람을 넘어섰다. 곧바로 甲運까지 35년간 순풍에 돛단 격이라. 丙運 丙辰년에 재빠르게 물러나서 전쟁에 헤매는 국가를 돌아보며 전원(田園)에서 뜻을 기르고 있다. 모두가 환경이 압박한 것이다. 운으로 논한다면 물러나 은퇴한 때는 아닌 것이다.

189 龔心湛(공심담)

안휘 합비 사람으로 본명은 심영(心瀛), 호는 선주(仙舟). 영국, 일본, 미국 등 대사관에 수년간 주재 후 한구 중국은행장, 안휘 국세 준비처장, 재정청장, 안휘성장을 역임하였고, 1919년 재정총장일 때 3개월간 국무총리를 대리하였다. 일본군 군정에 들어오며 울화병이 나서 결국 죽었다.

淸 同治 八年 四月 廿二日 申時

壬 甲 己 己
申 子 巳 巳

59 49 39 29 19 9
癸 甲 乙 丙 丁 戊
亥 子 丑 寅 卯 辰

甲木 일주가 4월에 태어나니 火氣가 왕하여 설기(洩氣)됨이 심하다. 비록 壬水가 생조(生助)하더라도 甲木의 통근(通根)이 가볍다. 水가 많아 부목(浮木)되니 전적으로 의지하는 것은 己土로서 땅에 뿌리를 묻을 수 있는 통근(通根)이 된다. (이른바 甲木 일주 임금이 신하인 己土에 생함을 받는 것이다.) 水와 土가 서로 중화(中和)를 얻었다. 위인의 성품이 맑고 높아 부귀가 일어남의 음덕(陰德)이 있다. (궁통보감(窮通寶鑑)을 보라.) 대운은 木火가 모두 이롭다. 丑甲운이 매우 아름답다. 그것은 子丑이 습토하고 더불어 甲己가 化土한 것이다. 丑運은 또한 천을귀인(天乙貴人)이 합한 것이다. 수명은 癸亥까지다.

190 高凌霨(고능위)

직예 천진 사람으로 중화민국 시대에 내무총장 겸 국무총리를 지냈고 대통령직을 직무대행했다. 일본 항전 기간 중 매국노로 전락하여 천진시 하북성 위장 등을 역임했다.

```
清 同治 九年 八月 十七日 戌時

戊 辛 乙 庚
戌 亥 酉 午

59 49 39 29 19  9
己 庚 辛 壬 癸 甲
卯 辰 巳 午 未 申
```

辛金 일주가 八月에 태어나니 건록(建祿)에 당령(當令)한 것이다. 천간에 乙庚이 化合하고 戊土가 상생(相生)하며 지지 酉戌亥는 西北의 기운이 모인 곳이다. 세력은 당연히 종왕격(從旺格)이다. 이른바 권력의 일인자인 것이다. 꺼리는 바는 연지의 午火이다. 午戌이 멀리서 合하려는 정(情)이 있으나 그 가운데 亥水와 酉金이 있어 合할 수가 없다. 그러나 끝내는 그 어려움을 면할 수가 없다. 이것이 병신(病神)을 제거하지 못하기 때문이다. 다행히 午火는 천을귀인(天乙貴人)이라. 해결할 수 있을 것이다. 그러나 대운에 비춰보면 壬午운은 吉한 이치가 없다. 辛巳庚 15년이 최고로 이롭다. 庚運 金水 流年을 만나면 매우 아름다운 것은 金氣가 순수한 까닭이다. 이 사주가 만약 西北운의 병신(病神) 午火를 제거하였다면 그 성취됨이 이에 이르지는 않았을 것이다.

191 陳錦濤(진금도)

광동 남해(南海) 사람으로 字는 난생(瀾生). 근대의 정치인으로 일찍이 홍콩 황인서원(皇仁書院)을 졸업하고, 미국으로 유학 가서 박사학위를 취득했다. 귀국 후 재정, 은행 부문에서 근무했다. 1911년에 원세개(袁世凱) 내각 도지부 부대신을 지냈고, 1912년에 남경임시정부 재정총장을 지냈다.

```
淸 同治 十年 五月 初三日 午時

丙 壬 甲 辛
午 辰 午 未

55 45 35 25 15  5
戊 己 庚 辛 壬 癸
子 丑 寅 卯 辰 巳
```

壬水 일주가 五月에 태어나서 지지 전체가 午未이다. 기운이 모인 곳이 이궁(離宮:火)이다. 게다가 丙火가 투출하고 甲木이 상생하니 壬水 일주가 통근(通根)이 없어 종재격(從財格)을 이루었다. 종재격인데 연간에 辛金이 투출하였으나 통근(通根)이 약하고 丙火에게 제압당하였으나 다시 꺼리는 것은 辰土가 습토(濕土)로서 水氣를 저장하고 金을 기르는 것이다. 종(從)하나 진실이 아니다. 다행히 辰土와 午火가 巳火 천을귀인(天乙貴人)을 공협(拱挾)하고 재성이 득록(得祿)하였으니 격을 이룬 가운데 패(敗)한 것이나 패한 가운데 구(救)함을 얻었다. 중년 대운이 東方으로 달리나 庚辛金이 개두(蓋頭)하여 세운이 시끄러워 엎어지고 넘어짐을 면할 수가 없다.

192 孫洪伊(손홍이)

천진(天津) 사람으로 민국(民國) 시대 정치인이다. 일찍이 원세개(袁世凱)의 막하로 들어갔으며, 민국(民國) 성립 후에 통일당, 민주당, 진보당 등에 관여했다. 교육총장, 내무총장을 지냈다. 호법운동에 참여했고, 단기서에 반대했다. 1920년 광주군정부의 고문을 지냈다.

清 同治 十一年 十月 七日 寅時

甲 戊 辛 壬
寅 辰 亥 申

丁 丙 乙 甲 癸 壬
巳 辰 卯 寅 丑 子

戊土 일주가 亥月에 생하여 甲木이 사령(司令)하며 시주 천간에 甲木 칠살(七殺)이 투출하여 맑다. 寅木과 亥水가 木局을 이루었으니 甲木이 통근(通根)이 있으며 상관이 칠살을 다룰 수 있어 권력이 있으니 진실로 귀함이 드러난다. 애석하게도 사주에 火氣가 없다. 10월에 戊土는 木이 없으면 영험(靈驗)하지 않고 火가 없으면 따뜻하지가 않다. 연주에 申金 역마(驛馬)가 있으나, 월주 亥水가 공망(空亡)이라. 동서남북(東西南北)으로 떠돌아다니며 노력은 하겠지만 공이 없다. 비록 이름은 멀리 떨쳐 이름만 있을 뿐, 실속이 없음을 면할 수가 없다.

193 谷鍾秀(곡종수)

字는 구봉(九峰)이며, 중화민국의 관리이다. 일본 유학 후 직예독서비서를 지냈고, 1912년 남경임시정부 참의원 의원이었다. 1914년《중화신보》를 창간했으며, 1926년 하북성정부 위원, 정경광무국 국장 등을 역임했다. 저서로《중화민국개국사(中華民國開國史)》,《외국지리(外國地理)》등이 있다.

淸 同治 十三年 八月 廿四日 戌時

生於八月一歲起運
壬 戊 癸 甲
戌 戌 酉 戌

51 41 31 21 11 1
己 戊 丁 丙 乙 甲
卯 寅 丑 子 亥 戌

한로 전

生於九月十歲起運
壬 戊 甲 甲
戌 戌 戌 戌

60 50 40 30 20 10
己 戊 丁 丙 乙 甲
卯 寅 丑 子 亥 戌

한로 후

살펴보면 戊日 초삼각 14분으로 한로(寒露) 절기(節氣)가 바뀐다. 태어나기를 한로 전이면 8월이고, 한로 후라면 9월이다. 여러 방면에서 살펴보아도 각기 다르다. 절기의 늦고 빠름이다. 진실로 자세히 살펴야 한다. 태어남이 8월이면 상관이 당령(當令)한 것이니 빼어남이 흐르고 사람됨이 총명을 다한다. 마땅히 문장(文章)으로 세상을 날린다. 그러나 9월이라면 괴강(魁罡)이 중첩하여 일주가 강하여 칠살(七殺)을 담당할 수 있으나 戊土 중의 金氣를 인출하지 못하여 기운의 형상이 편고(偏枯)하다. 戊寅운에 土가 왕하여 재액(災厄)의 두려움이 극도에 달할 것이다.

194   王輯唐(왕집당)

안휘 합비(合肥) 사람으로, 일제 시대의 매국노, 중화민국 시대 정치인, 안복계의 주요 멤버, 북양정부 중의원 의장, 중화민국 육군 상장, 내무총장, 길림 순종사, 하원의장 등을 지냈다. 항일전쟁 때 공개적으로 적에게 투항했고, 최고국방위원회 위원, 위조전국 경제위원회 부위원장, 위화북 정무위원회 자문회의 의장에 이르렀다. 1948년 9월 10일, 매국 친일죄로 북평 요가정 제1교도소에서 사형이 집행되었다.

```
清 光緒 四年 九月 十一日 未時
   丁 丁 辛 戊
   未 巳 酉 寅
  51 41 31 21 11 1
   丁 丙 乙 甲 癸 壬
   卯 寅 丑 子 亥 戌
```

丁火 일주가 8월에 출생하니 辛金이 당령(當令)하였다. 일주 좌하(座下)에 巳火와 酉金이 金局으로 결합되니 용신이 편재이다. (이른바 하나의 용신을 얻은 것이다.) 戊土는 火氣가 뜨거워서 마른 땅이니 金을 생할 수가 없으나 辛金이 月令을 얻어 왕하니 생함을 취하지 않는다. 왕한 辛金은 설기(洩氣)됨을 기뻐한다. 운로가 北方으로 흐르니 빼어남의 흐름이 움직이고 있다. 丑運은 지지에서 酉丑으로 모여 재성이 국을 이루니 매우 아름답다. 丙運 후에는 무엇도 할 수가 없어 여기저기 돌아다녀 힘을 써도 이익이 없다. 때를 기다림만 못하다.

195 吳光信(오광신)

안휘 합비(合肥) 사람으로 字는 자당(自堂), 식당(植堂). 민국 성립 후 육군20사 사장, 장강상류총사령, 호남독군, 육군총장, 훈련총감 등을 역임했다.

```
淸 光緖 八年 四月 廿九日 子時

甲 甲 丙 壬
子 申 午 午

58 48 38 28 18  8
壬 辛 庚 己 戊 丁
子 亥 戌 酉 申 未
```

 이 사주를 처음 보면 천간에서 壬水 편인이 丙火 식신을 빼앗고, 지지에서는 두 개의 午火가 子水를 沖하고, 甲木 일주는 좌하(座下) 申金 절지(絶地)에 있어 취할 것이 없는 것 같다. 五月에 火가 왕하게 당령(當令)하여 申金을 제(制)하니 칠살(七殺)이 일주를 극하지 못함을 알지 못한 것이다. 子水와 申金이 회국(會局)하여 인수로 化함이 귀하다. 子午는 멀리서 沖하니 움직임이 있으나 극하지 못할 것이다. 子水는 만족하게 뜨거운 열기(熱氣)를 해결하고 있다. 土를 윤택하게 하여 甲木을 생하고 있다. 일주가 단단한 밑받침을 얻은 것이다. 용신이 인성에 있어 사주 전체를 화해(和解)하고 있어 중화(中和)의 추세를 얻었다. 午火와 申金이 未土를 공귀(拱貴)하고 천을(天乙)이 비추고 한 시대에 드러남이 뛰어난 것이다. 酉金과 庚金 10년 대운에 관살이 인수를 생하니 최고로 뜻을 얻었다. 그러나 연구하여 보면 간지가 충격(沖激)함이 있어 일어나고 넘어짐을 면하지는 못하겠다.

196 張志潭(장지담)

하북 풍윤(丰潤) 사람으로 字는 원백(远伯). 청대의 거인 출신으로 육군부 후랑중, 소원도윤, 내무부 차장, 육군 차장, 내무총장, 교통총장 등을 역임했다. 환계 군벌이 실패한 후 바로 천진 영조계라는 유럽식 소양루에 가서 은거하였다.

```
淸 光緖 十年 十月 初十日 子時
    戊 辛 乙 甲
    子 巳 亥 申

 53 43 33 23 13  3
  辛 庚 己 戊 丁 丙
  巳 辰 卯 寅 丑 子
```

辛金 일주가 10월에 태어나니 壬水가 당령(當令)하였다. 천간에 투출한 甲乙木으로 상관생재격(傷官生財格)이다. 辛金은 유약하고 巳火와 亥水가 沖을 만나니 (戊土) 인성의 통근처(通根處)가 이미 뽑혔다. 시간 戊土는 甲乙木이 극제(剋制)하여 사용할 수가 없다. 의지하는 것은 연지(年支)

에 있는 申金의 녹지(祿地)이다. 재성이 왕하여 겁재를 사용하는 것이 명백하다. 申金을 설기(洩氣)하는 亥水가 빼어나다. 대운에 己土 인수를 만나면 비겁에 생조(生助)함을 얻고 유년에 庚申 辛酉을 만나는 것이 일생 일대의 황금기이다. 庚辰辛 대운 15년도 역시 이롭다. 그러나 상업(商業)에 종사함이 마땅하고 정치계는 마땅치 않다.

197 張英華(장영화)

하북 형수(衡水) 사람으로 字는 월생(月笙)이다. 영국 유학 후 귀국하여 북경 민국대학 교수, 사천 천남 염무 회계 감사인, 사천 염운사, 강소 재정청장, 재정부 차장 겸 염무서장, 사찰소 총괄, 재정총장 겸 화폐제국장, 전국연주사무서 감독 등을 역임했다.

清光緒 十四年 正月 十五日 辰時

甲丁甲戊
辰卯寅子

53 43 33 23 13 3
庚己戊丁丙乙
申未午巳辰卯

丁火 일주가 正月에 태어나고 寅卯辰 東方 木局을 이루니 동방 辰宮에 빼어남이 모였다. 甲木이 두 개나 투출하고 인수가 당령(當令)하니 丁火 일주가 왕성함이 심하다. 왕성한 것은 설기(洩氣)됨이 마땅하다. 寅木에서 戊土 투출되니 용신은 필히 戊土에 있다. 적천수(滴天髓)에서 "극제(尅制)하는 것이 불가하고 그 성정을 이끄는 것이어야 한다." 라고 언급하였다. 火土 상관격(傷官格)이다. 다행히 기쁘게도 관성을 보아도 기후를 조화스럽게 하는 것으로 취할 수 있기 때문에 뜨겁고 건조한 기운을 해결할 것이다. 이러한 곳의 운행을 얻는다면 土가 생왕함을 만날 것이며 流年에 관살을 만나도 수화기제(水火旣濟)라 할 수 있어, 그 귀함이 마땅하다.

198 楊森(양삼)

사천 광안 출신으로 字는 자혜(子惠). 사천의 토착군벌로 중일전쟁 발발 후 21군 군장에 임명되었고, 이후 국민당 중앙감찰위원, 충칭시장을 역임했다. 국부천대 때 장개석과 대만으로 이주하여 총통부 국책고문, 전략고문, 올림픽위원회 위원장 등을 지냈다.

```
清 光緒 十二年 正月 二十四日 戌時
     壬 戊 庚 丙
     戌 午 寅 戌
   52 42 32 22 12 2
     丙 乙 甲 癸 壬 辛
     申 未 午 巳 辰 卯
```

戊午 일주가 좌하(座下)에 양인(羊刃)이다. 月令에 甲木이 사령(司令)하니 七殺과 양인이 서로 合하여 인성으로 化한 것이다. 응당히 병력을 전부 장악할 수 있어 귀함이 사령관이다. 그러면서도 권력과 위세가 인자함으로 化하니 병력의 날카로움을 떨칠 수가 없는 것은 火는 뜨겁고 土는 건조하고, 庚金과 壬水는 통근(通根)이 없어 金은 물러지고 水는 메말라졌다. 기세의 旺함을 좇으니 권력이 그 한 사람에게 있다. 필수적으로 왕세(旺勢)를 따르는 격이다. 적천수(滴天髓)에서 "거역(拒逆)하지 않는 것이며 기세(氣勢)를 따르는 것이다."라고 언급하였다. 운행이 南方이므로 누차 실패하였으나 위세와 병권을 잃지 않은 것은 火土의 流年을 만났기 때문이다. 당연히 재기를 할 것이다.

199 鄧錫侯(등석후)

사천 영산 사람으로 字는 진강(晉康). 애국인사, 군사가, 저명한 항일장교이다. 사천성 성장, 사천성 주석을 역임했으며, 1949년 이후 서남군정위원회 부주석 겸 수리부장, 사천성 인민정부 부성장, 민혁중앙위원, 전인대 대표 등을 역임했다.

```
清 光緒 十四年 五月 二十四日 亥時
      乙 己 庚 己
      亥 巳 午 丑

   55 45 35 25 15  5
    甲 乙 丙 丁 戊 己
    子 丑 寅 卯 辰 巳
```

己土 일주가 午月에 태어나 癸水가 없어 뜨겁고 메마른 밭이다. 또한 丙火가 없으니 태양은 외로워서 취할 것이 없을 것 같으나 亥中 甲木이 일주 己土를 합하고, 巳中 庚金이 乙木을 합하니 이름하여 참된 기운이 서로 왕래하고 있으며 일시(日時)에 빼어난 기운이 모이고 있으므로 필연코 귀함이 드러나는 것을 알지 못한 것이다. 적천수(滴天髓)에서 "위아래의 뜻이 같고 좌우의 기운이 협조하고 있는 것을 말함이다."라고 언급하였다. 亥中 壬水가 乙木을 생하니 재성이 칠살(七殺)을 생하여 칠살이 왕하다. 기쁘게도 月令에서 건록(建祿)을 얻었으니 신왕하여 칠살을 감당한다. 편관이 일주를 제(制)하니 칠살의 권위가 있다. 재성과 칠살

이 왕한 운에 기대를 할 만하다. 그러나 애석하게도 운로(運路)가 불순하여 乙丑 대운 이후에는 北方으로 방향(方向)을 움직이니 어떻게 발전할 수 있겠는가?

200 陳光遠(진광원)

하북 무청 사람으로 字는 수봉(秀峰)이다. 장군부 감위 장군. 직계 군벌인 풍국장의 직계로 강서독군(江西督軍)에 임명되어 이순, 왕점원 함께 장강3독(長江三督)으로 불렸다.

淸 同治 十二年 八月 十七日 戌時

壬 癸 壬 癸
戌 巳 戌 酉

51 41 31 21 11 1
丙 丁 戊 己 庚 辛
辰 巳 午 未 申 酉

천간(天干)이 모두 壬癸水 하나의 기운이다. 묘하게도 巳火와 酉金이 금국(金局)을 이루어 땅의 기운이 위로 올라 상하(上下)의 뜻이 통하였다. 시절은 한로(寒露) 절기(節氣)가 바뀌기 전이라 辛金이 사령(司令)하고 있어 편인이 매우 왕하여 인수가 일주를 돕고 있어 재성과 관성을 담당한다. 癸水 일주가 좌하(座下)에 巳火가 있으니 녹마가 같은 고향이며 천을귀인(天乙貴人)이 비추고 있다. 그러나 애석하게도 재성과 관성이 투출하지 못하여 어려서는 외롭고 빈한(貧寒)하였음이 틀림없다. 己未 대운 이후에 기운이 南方으로 움직이자 재성과 관성이 때를 얻었으니 당연히 점차로 진전이 있겠고 巳火운에는 재성과 관성이 건록(建祿)의 귀함을 뽐내게 되니 슬거운 행운으로 만쩍빈짝 빛날 것이다.

201 孫中山 文(손중산 문)

광동 향산현(香山) 사람으로 어렸을 때의 이름은 제상(帝象)이고 뒤에 문(文), 중산(中山)으로 바꿨다. 중화민국과 중국국민당의 창설자이자, 삼민주의(三民主義)의 제창자이다. 1911년 신해혁명 후 중화민국 임시대총통이 되었다. 저서로《건국방략(建國方略)》,《건국대강(建國大綱)》,《삼민주의(三民主義)》등이 있고, 사후에 후인들이《국부전집(國父全集)》을 여러 차례 출간하였다.

```
淸 同治 五年 十月 初六日 寅時
庚 辛 己 丙
寅 卯 亥 寅

58 48 38 28 18  8
乙 甲 癸 壬 辛 庚
巳 辰 卯 寅 丑 子
```

 세월이 영웅을 만드는 것이지 오행(五行)에 범주에 있는 것이 아니다. 그러나 일의 성패(成敗)는 운명에 있는 것이다. 辛金 일주가 10월 초겨울에 태어났으니 양기(陽氣)는 오르고 음기(陰氣)는 내려간다. 丙火를 얻었으니 月令 壬水와 金은 희고 깨끗하고 水는 맑은 것이라 하나 丙火는 투출하고 壬水가 암장(暗藏)되어 명성은 있으나 직위가 없다. 귀하기는 하겠으나 부자는 아니다. (궁통보감(窮通寶鑑)을 보라.) 지지(地支)에 寅木 亥水 卯木으로 전체가 木氣로 모였다. 木火土金이 서로 순환 상생하여 흐름이 먼 곳에서부터 끝없이 이어지고 있어서 최고로 귀한 것이다. 대체로 큰일을 하는 사람은 이러한 것이다. 문정공, 증국번 같은 것이다. 대체로 격(格)을 이룬 중에 패(敗)하고 패한 중에 구응(救應)함이 있는 것이다. 또 연(年)과 시(時)에 천을(天乙)이 공협(拱挾)하여 비추니 모든 일이 흉(凶)함을 만나도 화해(和解)됨을 얻는다. 애석하게 時上에 壬癸가 투출(透出)하지 않아 끝없는 흐름이 일주에서 멈추고 말았다. 이것은 세상에 스승이 될 만큼 뚜렷함을 입었으나 이루지 못하는 한(恨)이 된다. 이상은 대체적으로 말한 것이다. 10월에 壬水가 당권(當權)하고 丙火와 辛金이 化合하며 인수와 겁재는 통근(通根)이 없다. 지지 전체가 寅卯亥 목국(木局)을 이루니 즉 水木의 기운이 왕한 것이 명백하다. 행운(行運)은 모름지기 그 왕세(旺勢)를 순종하여야 한다. 이름하기를 종기격(從氣格)이라 한다. 대체로 일개의 평민 출신으로 백만 대중을 모아 그들의 우두머리가 되어 십여 차례에 걸쳐 혁명이 실패를 거듭되어도 다시 또 다시 분발하니 만약 극도로 왕한 운이 아니었다면 한 번 일어나고 다시 일어날 수가 없는 것이다. 비유하자면 큰 배라 하더라도 바다에서는 어찌 풍랑과 파도의 기복(起伏)을 면할 수 있겠는가. 卯運 辛亥년에 亥水와 卯木이 합국(合局)하여 해외에서 귀국하여 총통에 선출되었다. 甲運 중에 광동에서 정부를 열었으며, 辰運 壬戌년에 조토(燥土)가 辰土 습토(濕土)를 충(沖)하여 왕한 세력을 거역하니 변하여 측근들이 날뛰고, 乙巳운 乙丑년에 乙庚이 화금(化金)하여 巳火와 丑土가 암회(暗會) 금국(金局)하자 대운과 세운이 모두 거역하므로 큰 뜻을 잃었다.

202 蔣奉化(장봉화) = 蔣介石(장개석)

절강 봉화(奉化) 사람으로 이름은 중정(中正), 아명(兒名)은 서원(瑞元), 족보명은 주태(周泰), 학명(學名)은 지청(志淸), 字는 개석(介石). 근대의 정치인으로 황포군교 교장, 국민혁명군 총사령, 국민정부주석, 행정원원장, 국민정부군사위원회 위원장, 중화민국 특급상장, 중국 국민당 총재, 삼민주의청년단 단장, 중화민국총통 등을 역임했다.

中正 淸 光緖 十三年 九月 十五日 午時

庚 己 庚 丁
午 巳 戌 亥

55 45 35 25 15 5
甲 乙 丙 丁 戊 己
辰 巳 午 未 申 酉

金神격이 火의 곳에 들었다. 귀함이 왕후(王侯)일 것이다.(삼명통회를 보라) 기쁘게도 庚金이 투출(透出)하고 9월에 여기(餘氣)가 있어 왕하다. 午戌이 화국(火局)하고 丁火가 투간하니 금신(金神)을 제(制)함이 있다. 묘한 것은 신왕하여 능히 담임할 수 있는 것이다. 금신(金神)이 나의 소용됨이 될 수 있다. 더불어 戌亥 西北과 巳午 남쪽의 기운으로 건괘(乾卦)와 이괘(離卦)의 길한 기운을 모았으니 격국이 기이(奇異)하고 귀(貴)하다. 亥水에 암장(暗藏)된 壬水가 조토(燥土)를 윤택하게 하여 조화(調和)를 얻은 것이다. 상관격(傷官格)에 인수를 지녀 사용한 것이다. 처음 申酉 西方에서는 그 쓰임의 장점을 펼치지 못하더니 丁未 대운 이후에는 기운이 南方으로 바뀌어 두각을 드러냄이 높았다. 丙午 火氣의 바른 대운에서는 국가의 병권(兵權)을 장악하고 중국(中國)을 통일하기에 이른다. 乙巳운은 편관이 상관으로 化하고 巳火가 음인(陰刃)으로서 일주(日主)도 왕하고 금신(金神)도 역시 왕하니 위세와 권력이 매일 무겁고 어려움 속에서도 다시 한 발 한 발 나아가는 형국이라. 그러나 위엄이 한 발 올라가면 어려움도 한 발 오르는 것이 필연한 세력이다. 갑진운 이후에 온건하고 담백하면서 눈부시게 빛났다.

203 王兆銘 精衛(왕조명 정위)

광동 삼수(三水) 사람으로 필명은 정위(精衛), 字는 계신(季新). 근대의 정치인으로 일찍이 혁명사업에 투신하여 섭정왕(攝政王) 재풍(載灃)을 암살할 계획이었으나 실행하지 못했다. 원세개(袁世凱) 통치 시절 프랑스로 유학 후 귀국하여 손중산(孫中山 = 손문)의 지시 하에 상해에서 《건설(建設)》 잡지를 창간했다. 1921년 손문(孫文)이 광주에서 대총통에 취임한 후 광동성교육회장, 광동정부고문, 중앙선전부장 등을 지냈다. 후에 항일전쟁 시기에 일본에 투항하여 변절자가 되었다.

```
清 光緒 九年 三月 二十八日 巳時

丁 戊 丙 癸
巳 申 辰 未

60 50 40 30 20 10
庚 辛 壬 癸 甲 乙
戌 亥 子 丑 寅 卯
```

화기(化氣) 격국이 최고로 복잡하다. 적천수(滴天髓)에서 말하기를 화기(化氣)의 참을 얻은 자는 다만 化氣로 논하나 화신(化神)으로 되돌아 올 수 있는 자는 몇이나 되던가? 모름지기 화신의 왕성함과 쇠약함으로 취용한다. 십단금(十段錦)으로 어리석게 집착하는 것이 옳지 않다. 반드시 化神을 생조(生助)하는 것이 길(吉)한 것이다. 이 사주는 戊癸가 火로 변화(變化)하였으니 癸水는 未土에 앉고 丙火는 월간에 투출하며 時에 丁巳 녹왕(祿旺)한 시주를 만나 辰月에 태어났다. 기운이 열려 움직이고 있다.

움직인 즉 변화가 생한다. 화신이 진실로 왕한 것이다. 巳火와 申金이 형합(刑合)하니 재성으로 용신으로 하여 습토(濕土) 辰土가 金을 생하여 化氣가 이루어짐이 식신생재격(食神生財格)이다. 운에서 기뻐하는 곳은 土金 상생(相生)하는 운이다. 寅運에 申金을 冲하며 (辛亥운에 巳火 건록(建祿)을 冲하고) 寅木과 亥水가 合木하여 土를 극제(剋制)하고 있어 죽음의 재앙이 있음에도 다행히 辛金이 개두(蓋頭)하여 흉함을 만나도 해결이 되었다. 癸運은 명예가 날로날로 일어나나 戊土와 2癸水가 합을 다투고 流年이 水木이라 실제로 갖추지는 못하는 것이다. 丑運은 아름답다 하나 壬子 10년이 매우 어려울 것이다. 辛運에 金氣가 불꽃을 발하니 중앙정부의 중심이 되어 직위는 높고 명망이 중하다. 亥運에 풍파가 있으니 戊寅년에 조심하라. 庚運에 다시금 중앙정부의 중책을 맡는다. 書에 이르기를 化氣의 참된 자는 왕공과 장관급이다. 행운의 조력을 얻는다면 귀함이 드러남이 마땅하다. 〈본서 [301] 왕희문 평을 참고하라.〉

204 宋子文(송자문)

중국 4대 재벌의 한 사람이며, 국민당·국민정부의 중심인물이었다. 손문(孫文)의 부인 송경령(宋慶齡)의 동생이며, 장개석(蔣介石)의 부인 송미령(宋美齡)의 오빠다. 광동 국민정부 재정부장이 되어 장개석의 북벌 비용을 조달하였으며, 국제회의에도 많이 참석하였다. 행정원 부원장 겸 재무부장, 중앙은행 총재, 외교부장, 1945년 행정원 원장 등을 역임하였다.

清 光緖 二十年 十一月 初八日 卯時

己 庚 乙 甲
卯 辰 亥 午

51 41 31 21 11 1
辛 庚 己 戊 丁 丙
巳 辰 卯 寅 丑 子

庚金 일주가 亥月에 태어나니 水는 냉하고 金은 춥다. 丁火가 없으면 따뜻하지가 않은데 기쁘게도 午中의 丁火 관성이 기후를 조화시키고 있다. 庚金 일주가 좌하(座下)에 辰土이니 습토(濕土)가 金을 생하고 己土 정인이 투출하여 약한 가운데 왕함으로 바뀌었다. 壬水의 설기(洩氣)함이 빼어나다. 대설(大雪) 3일 전에 태어나니, 壬水가 당권하여 亥卯가 목국(木局)을 이루어 응당히 식신생재격(食神生財格)에 인수를 지닌 것이 용신이 되었다. 재성과 인수가 나란히 투출하였으나 일주를 사이에 두고 있어 서로 장애됨이 없다. 年과 時에서 甲木은 녹왕(祿旺) 卯木에 있고.

己土는 午火 녹지(祿地)에서 서로 건록(建祿)을 얻고 있으니 빼어남이 흘러 서로 통한다. 월일시가 甲戌旬에 있으니 이름하여 일순(一旬)에 삼위(三位)가 있으니 앞에서 끌어줌이 비록 부족하더라도 뒤에서 따르니 매우 양호하다. 천덕(天德) 월덕(月德)이 드러나 아름답다. 재정의 중심을 장악하는 것이 매우 확실하다. 사주가 중화(中和)되었으니 복택(福澤)이 두텁다. 진실로 독보적인 존재다. 1942년 전까지는 직위가 높고 명망이 무거웠으니 항상 바른 운이 아니었음에도 명년 乙亥 이후에는 庚金운으로 바뀌니 다시 재정의 권력을 장악하고 성큼 나아갈 것이다. 시대의 교만한 인물이 소리없이 눈물을 흘린다.

205 胡漢民 展堂(호한민 전당)

중국의 정치가. 손문이 지도하는 중국혁명동맹회 창립에 참가하였으며 손문이 북상한 후 대원수의 직권을 대행하였다. 장개석과 쌍벽을 이루는 국민당의 중진이었다.

```
淸 光緖 五年 十月 卄六日 申時
丙 丙 丙 己
申 寅 子 卯
51 41 31 21 11  1
庚 辛 壬 癸 甲 乙
午 未 申 酉 戌 亥
```

丙火 일주가 월일시(月日時)에 세 개 있으나 애석하게도 동지(冬至)를 지난 양기(陽氣)가 생하기 전이라 때를 얻지 못하였다. 月令에서 관성이 당령(當令)하여 왕하니 관성은 맑고 인성은 바르다 하며 스스로 귀한 격이라 한다. 아깝게도 관성과 인성이 모두 투출하지 않았고 子水와 卯木이 상형(相刑)한다. 관성의 뜻은 인성을 생하고자 하나 寅木과 申金이 상충(相沖)하여 丙火의 근기(根氣)가 손상을 입었다. 이것이 丙火는 태양의 정기(正氣)로서 성품이 굳세고 오만하게 되었다. 멀어지고 흩어지니 합하기가 곤란하다. 월일지 子水와 寅木이 丑土 재고(財庫)를 협공(挾拱)하니 보통 사람들이 기뻐하는 바다. 큰 인물이라 하더라도 절개가 적고 바름이 부족한 것이다. 행운에서는 재성 관성 인성 모두를 기뻐한다. 애석하게도 충격됨이 많아 일어서고 넘어짐이 무상하다. 현재 午運 丙子년에는 마땅히 나라를 걱정하여야 하지 않을까?

〈본서 [294] 왕희문 평에서는 시간이 다르다. 왕희문의 말을 따른다. 두 사람이 같이 월 지역의 동향인이고 같은 일을 같은 해에 하고 있었다고 한다.〉

206 黃克强(황극강)

호남 장사(長沙) 사람으로 본명은 황흥(黃興), 字는 극강(克强). 화흥회(華興會)를 조직하고, 가로회(哥老會)와 결탁, 창사에서 거병하였으나 실패하고 일본에 망명하였다. 중화민국임시정부에서 임시 대총통 손문 밑에서 육군총장이 되었으나 원세개(袁世凱)에 반대하는 제2혁명 때 남경에서 거병하여 실패하고 미국에 망명하였다.

清 同治 十三年 九月 十六日 戌時

丙 乙 甲 甲
戌 卯 戌 戌

庚 己 戊 丁 丙 乙
辰 卯 寅 丑 子 亥

乙木 일주가 戌月에 태어나니 기상이 맑고 쓸쓸히 찬바람이 분다. 다행히 乙卯 일주가 좌록(坐祿)이 되고 비겁이 도와주어 약한 가운데 왕함이 되었다. 丙火의 설기(洩氣)됨이 빼어나다. 목화통명(木火通明)격이다. 글재주는 천고에 남을 것이나 이익을 다투고 공(功)을 이루는 것은 장점이 아니다. 일생에 사업을 할 수 있는 시기는 겨우 寅運 5년이다. 木火가 서로 왕하여 명성이 세상을 놀라게 하였으니 손문과 황극강을 똑같이 부르는 것이다. 이후에는 좋은 운이 없다. 팔자(八字)가 너무 순수하며 흐름이 건조하게 메말라 복택(福澤)이 부족한 것이다.

207 孫科 哲生(손과 철생)

중국의 정치가. 손문(孫文)의 아들. 광주시장, 입법원장, 국민정부 행정원장 등을 지냈다. 대한민국임시정부를 지원한 공이 인정되어 건국훈장 대통령장을 받았다.

```
清 光緒 十七年 十月 初 四日 寅時
    戊 乙 戊 辛
    寅 未 戌 卯

  59 49 39 29 19  9
   壬 癸 甲 乙 丙 丁
   辰 巳 午 未 申 酉
```

九月의 乙木이니 낙엽은 떨어지고 뿌리는 메말랐다. 戊土가 두 개 투출(透出)하니 땅은 높고 기후는 조열(燥熱)하다. 연간(年干)에 투출한 辛金이 土生金을 받아 金剋木하고 있다. 적천수(滴天髓)에서 말하기를 건장한 남편이 처를 두려워하는구나! 가장 중요한 것은 일주가 건실해야 한다. 일주가 건실하지 못하면 즉 재다신약(財多身弱)이라 취할 것이 없게 된다. 묘한 것은 연시(年時) 寅卯木이 있고 일주 좌하(座下)에 未土 고지(庫地)가 있어 일주가 강건하다. 행운을 만나 생왕하여 일주를 돕는 곳에서 자연히 두각을 드러낸다. 또한 인수가 일주를 생조(生助)하는 것을 기뻐한다.

208 孔祥熙 庸之(공상희 용지)

중국 자본가. 손문(孫文)의 혁명운동에 협력하였으며 중앙은행, 중국은행 총재를 지냈다. 송자문과 함께 장개석 정권의 지주적 역할을 한 전형적인 관료자본가였다.

清 光緒 六年 八月 初 七日 申時

庚 癸 乙 庚
申 卯 酉 辰

59 49 39 29 19 9
辛 庚 己 戊 丁 丙
卯 寅 丑 子 亥 戌

癸卯 일주가 백로(白露) 후 4일에 태어나니 庚金이 당령(當令)하고 있다. 乙木은 乙庚 化金하고 辰土는 酉金을 좇아 화금(化金)하고 있고, 卯木은 酉金에 沖을 한데다가 더불어 申金이 극제(剋制)하니 木氣는 완전히 거세(去勢)되었다. 사주는 인수가 중첩되어 기운이 전부 金水이다. 金水 두 사람이 한 마음이니 종강격(從强格)이라 한다. 적천수(滴天髓)에서 "그 기세를 거역하면 안 되고 기세를 따라야 한다는 것이다."라고 이른다. 운행 北方 水가 왕한 곳에서 응당히 귀함이 드러난다. 庚金운에 金이 왕성함을 얻으니 드디어 재정 회계권을 장악하여 중원의 중심이 된다. 꽃을 보니 즐겁고 달을 보니 둥글구나. 일세(一世)에 영웅(英雄)으로서 왕성함이 극도에 이르렀다.

209 張學良(장학량)

중국의 정치가 · 군인. 장작림(張作霖)의 맏아들. 내전의 중지와 항일을 주장하여 장개석과 대립하였고, 1936년에는 장개석을 감금한 서안 사건을 일으켰다. 이후 대만에 연금되었다가 1977년에 풀려났다.

```
清 光緒 二十七年 四月 十七日 子時
庚 壬 癸 辛
子 子 巳 丑

59 49 39 29 19  9
丁 戊 己 庚 辛 壬
亥 子 丑 寅 卯 辰
```

壬子 일주가 양인(羊刃)에 앉았다. 재살(財殺)이 月令에 모였고 巳火와 丑土가 금국(金局)을 결집하여 재성이 인성으로 化하여 일주를 도우니 왕하다. 모름지기 巳月은 丙火가 사령(司令)하니 壬水의 약함이 극에 이르는 시기이니 최고로 기뻐하는 것은 비겁이 돕고 보태는 것이다. 다음에 辛金이 巳中 丙火와 암합(暗合)하여 水의 근원을 움직이고 있다. 癸辛이 나란히 투출하고 庚金이 보좌하니 일주는 필히 공명현달할 것이다. (궁통보감을 보라.) 이 사주는 子水 양인을 근원(根源)으로 하여 인수와 겁재가 나란히 투출하고 연월(年月)에서 인수국을 합하니 일원(日元)이 바뀌어 왕성함이 극에 이르렀다. 巳中 (戊土) 七殺이 득록(得祿)하였으니 칠살

(七殺)과 양인 두 개가 드러났으며 다시 천을(天乙)이 비추니 그 출신이 공로가 있는 집안이다. 소년부터 군대권을 장악하니 역시 그런 것이었구나. 신왕하고 칠살이 가벼우니 기뻐하는 행운은 재성과 관살이다. 庚運은 양인이 왕성한데다 인성을 만나 칠살의 기운이 설기(洩氣)되는 중에 壬申 癸酉년을 만나니 국가는 망하고 가정은 무너진다. 다행히 도망가서 목숨은 건졌다. 寅運 甲戌년에 寅木과 戌土가 회합(會合)하여 재성이 칠살을 생하니 해외에서 돌아와 다시 군대권을 장악한다. 己運에 명성이 높고 기대가 된다. 己丑戌 운 15년에 종전에 지위를 회복하였으나 허물이 있어 기대에 미치지 못한다. 丑運에 양인을 합하니 도모한다는 것이 어리석은 사내 짓일 따름이다.

210　馮玉祥(풍옥상)

중국의 군벌·정치가. 안휘성(安徽省) 출신이며, 보정무비학당(保定武備學堂)을 졸업하였다. 민주화의 방향을 지향하였으며, 크리스찬 장군이라 불렸다. 항일전쟁 중에 복당하여 중경(重慶)의 장개석 밑에서 군사 위원장에 취임하였으나, 장개석의 파쇼화에 반대하고 공산당과 행동을 같이하였으며, 1937년의 국공 합작 이후 국방 최고 위원이 되었다. 1946년 외유(外遊)하여 미국에서 반장 성명을 발표하였고, 1948년 인민 정치협상 회의에 참가하기 위하여 소련을 거쳐 귀국하던 도중 흑해(黑海)에서 타고 있던 배의 화재로 인해 사망했다.

```
清 光緒 八年 九月 二十六日 午時

庚 己 庚 壬
午 酉 戌 午

51 41 31 21 11  1
丙 乙 甲 癸 壬 辛
辰 卯 寅 丑 子 亥
```

이 명조는 장파의 사주와 비슷하다. 함께 상관패인(傷官佩印)격이 된다. 己酉는 금신(金神)이 아니다. 지지에서도 기운이 모이지 않았으니 복택(福澤)이 스스로 어긋난다. 태어나기를 입동(立冬) 전 1일이니 庚金이 퇴기(退氣)하고 일주의 건록(建祿)이 시지에 있어 신왕하니 설기(洩氣)가 기쁘다. 午戌이 화국(火局)하고 시지에 또 午火를 만나니 상관을 제거함이 지나치다. 연간에 투출한 壬水가 庚金을 설기하며 다시 많은 火氣를 제어하고 있어 庚金의 기운이 펼칠 수가 없으나 壬水가 병(病)을 제거하는 귀인이다. 그런데 壬水가 통근(通根)처가 없어 병(病)을 제거함이 무력하다. 운행 木火에는 아름다움이 없다. 겨우 유년(流年)에서 부조(扶助)하여야 하니 일어나고 엎어짐이 무상하다. 유년 중에 庚申 辛酉는 寅木운이라. 태세(太歲)는 순금(純金)이라도 乙丑운 乙丑년 乙運 중에 있어서 乙庚 화금(化金)과 丑酉 합금(合金)으로 수기(水氣)의 발설함을 얻으니 최고로 이익이 되는 해다. 卯運은 일지 酉金을 충거(沖去)하니 진퇴(進退)의 거점을 잃고 이후 辰運에는 습토(濕土)가 金을 생하여 이익이 될 것 같으나 月令 戌土를 沖하여 발전이라 할 수 있으나 무상함이 두렵다. 사주의 격은 높았으나 운로의 뒷받침이 부족하다. 애석하다!

211 李濟深(이제심)

국민혁명군 총참모장 겸 광동유수사령(廣東留守司令)을 지냈다. 반장개석운동(反蔣介石運動)을 일으켰고, 홍콩에서 국민당 혁명위원회 주석에 취임하였다.

淸 光緒 十一年 九月 卄四日 未時

辛 己 丙 乙
未 未 戌 酉

58 48 38 28 18 8
庚 辛 壬 癸 甲 乙
辰 巳 午 未 申 酉

　　己未 일주가 戌月에 태어나고 사주에 壬癸水를 보지 못하여 기운의 형상(形象)이 지나치게 메마르다. 더불어 丙辛이 暗化하여 水가 되었고, 酉金이 水를 생하니 우로(雨露)를 얻어 무형(無形)의 윤택함이 있다. 乙木이 필경 용신이 된다. 궁통보감(窮通寶鑑)에서 "己土는 안은 실(實)하고 밖은 허(虛)하다 하니 모름지기 丙火가 己土를 따뜻하게 하고 癸水가 己土를 윤택하게 하여야 한다. 丙火는 있고 癸水가 없다면 끝내 이름을 이룰 수가 없다. 중요한 것은 水火 두 기운이 불가결한 것이다. 소위 재성과 인성을 사용한다는 것이다." 丙辛의 合水로 득력(得力)을 이루었다. 혹은 말하기를 丁卯時라면 乙木 일주가 時에서 건록(建祿)을 얻고 연과 시에 기운이 관통(貫通)하니 乙木 용신이 더욱 확실하다.

212　李烈鈞(이열균)

강서 무녕(武寧) 사람으로 字는 협화(協和), 호는 협황(俠黃). 근대의 군사가로 국민당 육군상장, 강서성정부주석, 남경국민정부 상위 겸 군사위원회 상위를 지냈다.

```
清 光緒 九年 十月 卄五日 戌時

庚 壬 癸 癸
戌 申 亥 亥

54 44 34 24 14  4
丁 戊 己 庚 辛 壬
巳 午 未 申 酉 戌
```

壬水 일주가 庚戌時를 만나니 이름하여 효신(梟神)이 재성의 묘고(墓庫)에 머물러 있는 것이다. 일주 좌하(座下)에 申金으로 통근(通根)하고 十月 亥水 지지에서 木의 기운이 요동치며 더군다나 亥水와 未土가 공협하여 木局으로 壬水를 설기(洩氣)하나 戌土 위의 庚金이 개두(蓋頭)하며 申金이 일지에 바짝 붙었으니 관성의 정(情)이 인성을 생하고 있다. 金水 왕한 세력의 기운에 종(從)한다. 申金과 未土는 곤궁(坤宮)이며 亥水와 戌土는 건궁(乾宮)이니 비록 다음 차례로 이어지더라도 궁극(窮極)에는 귀한 기운이 모이는 곳이다. 안타깝게도 戌土와 亥水가 공망(空亡)에 떨어지니 재성과 관성, 일주의 건록(建祿)이 모두 공망을 당하였다. 쓸데없이 분주한 세월을 면할 수가 없어 이름은 있으나 실제가 없으니 가히 애석할 따름이다.

213 柏文蔚(백문울)

안휘 수현(壽縣) 사람으로 字는 열무(烈武). 중화민국의 정치가, 군사가. 반청(反淸) 활동을 하였으며 북평국민당 중앙당부광대회의(中央黨部擴大會議) 상무위원, 국민당(國民黨) 중앙정치위원회 위원, 국민정부위원 등을 지냈다.

```
清 光緒 二年 閏五月 十七日 辰時
甲 丁 乙 丙
辰 丑 未 子

60 50 40 30 20 10
辛 庚 己 戊 丁 丙
丑 子 亥 戌 酉 申
```

丁火 일주가 未月에 태어나니 삼복(三伏) 더위에 한기(寒氣)가 있다. 丁火가 퇴기(退氣)하고 지지에 土氣가 왕하여 丁火를 설기(洩氣)하여 어둡게 하고 있다. 당연히 甲木을 취하여 소토(疏土)하고 火를 이끌어야 한다. 그러하다 보니 土氣는 건조(乾燥)하고 木氣는 메말랐다. 연지(年支) 子水를 취하여 윤택하게 보좌한다. 재성과 관성은 辰丑 묘고(墓庫)에 암장(暗藏)되었으니 인출할 수가 없다. 沖을 아니하면 움직이지 않는다. 戌운 지지 전체가 辰戌丑未 사고(四庫)를 만나 辰丑을 형충(刑沖)하면서 流年에 재성이 왕하면 한 번 기회에 우레같이 일어난다. 亥運 이후에는 기운이 北方으로 바뀌어 즐겁다 하나 沖이 없으므로 움직이지 않는다. 늙은 천리마가 마구간에 매여 있어 달릴 수 없음의 애석함을 면할 수 없다.

214 唐紹儀(당소의)

광동 향산(香山) 사람으로 字는 소천(少川). 천진대학의 전신인 북양대학 교장, 주조선한성영사(駐朝鮮漢城領事), 주조선총영사(駐朝鮮總領事), 청정부총리총판, 산동대학 교장, 중화민국 내각총리, 국민당정부 관리 등을 역임했다.

```
清咸豊十一年 十二月 初三日 丑時

己 丙 庚 辛
丑 辰 子 酉

59 49 39 29 19  9
甲 乙 丙 丁 戊 己
午 未 申 酉 戌 亥
```

丙火 일주가 무근(無根)한 子月에 태어나 癸水가 당령(當令)하고 子辰酉丑 金水의 기운으로 결집되었다. 반드시 관성을 종(從)한다. 辰丑은 모두 습토(濕土)라 水를 저장하고 金을 생한다. 더욱 기쁜 것은 연월(年月)의 金水와 일시(日時)의 火土가 각기 문호(門戶)를 분담하여 복잡하게 뒤섞여도 장애가 없다. 격국이 청순하다. 50 전에는 운로가 西方이라 순조로운 바람(順風)의 돛이니 乙運에 乙庚이 화합(化合)하고 유년 辛亥와 壬子에 金水가 순수하여 드디어 민의의 대표가 되어 중화민국(中華民國) 제일의 내각 총리가 되었다. 未運 이후에는 기운이 南方으로 바뀌자 할 일이 없다. 빛을 감추어 길러도 때를 기다릴 수밖에!

215 張人傑(장인걸)

안휘 휘주(徽州) 사람으로 字는 정강(靜江). '신세기' 잡지를 출간하며 무정부주의를 고취했으며 '동맹회'에 가입해 화남 연안 일대에서 손문의 무장봉기를 지원했다. 이후 중앙집권위원회 상무위원장으로 선출돼 장개석을 물러나게 했으며 절강성 임시정부 주석, 국민당 특위 위원, 전국건설위원회 주석 등을 역임했다.

```
清光緒 三年 八月 十三日 巳時
辛 乙 己 丁
巳 未 酉 丑

74 64 54 44 34 24 14  4
辛 壬 癸 甲 乙 丙 丁 戊
丑 寅 卯 辰 巳 午 未 申
```

乙木 일주가 八月에 태어나고 지지 전체가 巳酉丑 강한 金局으로 묶였다. 辛金 귀신 七殺이 왕하여 乙木 일주는 쇠약하다. 기쁘게도 乙木이 좌하(座下)의 未土 묘고(墓庫)에 통근(通根)하여 암장(暗藏)된 丁火가 연간에 투출(透出)하여 강한 金을 제어하고 있음에도 육친(六親)이 불화하고 성패(成敗)가 계속되나 고통이 다하면 즐거움이 온다. 未土와 酉金이 천을 申金을 공협(拱挾)하니 일생 동안 흉함이 있어도 해결이 된다. 운행은 신왕한 인수운이 좋다. 부귀함이 사람을 핍박하며 명예와 이익을 겸하나 사주가 편고(偏枯)하니 몸에 질환(疾患)이 따르며 이지러진다. 만년 행운은 水木이 왕하여 나이가 75세에 이르도록 장수한다.

216 張繼(장계)

하북 창현 사람으로 본명은 부(溥), 다른 이름은 계(繼), 字는 부천(溥泉), 서명은 박천(博泉), 자연생(自然生). 근대의 언론인이자 정치가로 국민당의 원로다. 남경임시참의원 의원, 더불어 동맹회 교제부(交際部) 주임 간사를 맡았다. 1913년에 국회중의원 의장에 당선되었다. 2차 혁명 실패 후에 일본으로 갔다.

淸 光緒 八年 七月 十八日 寅時

壬 壬 戊 壬
寅 寅 申 午

53 43 33 23 13 3
甲 癸 壬 辛 庚 己
寅 丑 子 亥 戌 酉

壬水 일주가 七月에 태어나고 천간에 세 개의 壬水가 투출(透出)하니 가을 壬水의 근원(根源)이 통하여 壬水 일주가 스스로 왕하다. 戊土 한 개의 칠살(七殺)이 투출하니 이름하여 장군 하나가 요새를 담당한 것이다. 寅木과 午火에 암장(暗藏)된 火가 戊土를 보좌하고 (申中) 庚金을 제거한다. 칠살의 위력이 바야흐로 드러난 것이다. 재성이 칠살을 생하여 왕하게 하니 필수적으로 일주가 강해야 능히 칠살을 감당한다. 인수가 왕하여 비로소 능히 화살(化殺)을 한다. 두 개의 寅木이 申金을 沖하여 庚金 인성이 상함을 당하니 재성이 인성을 파하는 것을 두려워한다. 운로가 인수와 겁재로 달리니 자연히 발복하다.

217 陳濟棠(진제당)

중국 혁명 동맹에 가입하여 육군 사령관을 지냈고, 내각 농림부 장관, 최고 국방위원회 및 전략위원회 위원, 해남도 주지사를 지냈다.

```
清 光緒 十八年 正月 二十三日 寅時
     丙 甲 戊 庚
     寅 子 寅 寅
   57 47 37 27 17  7
    甲 癸 壬 辛 庚 己
    申 未 午 巳 辰 卯
```

甲木 일주가 입춘(立春) 후 7일에 태어나니 추운 기운이 아직 물러서지 않았다. 기쁜 것은 丙火가 (時干에 투출하여) 비추어 따뜻한 것이다. 甲子 일주가 좌하(座下)에 인성이 있고 寅木에 건록(建祿)을 얻었으니 木氣는 왕성하고 인수도 왕하다. 이로 보면 庚金과 戊土를 얻어야 좋은 운명이다. (궁통보감을 보라) 천간에 甲戊庚이 천을(天乙)과 같이 통근(通根)하니 귀한 기운이 모였으므로 이른바 삼기격(三奇格)이라 한다. 묘한 것은 子水와 寅木이 丑土를 공협(拱挾)하여 삼기격이 비워지지 않았다. 마땅히 남쪽에서 중앙의 권력을 얻어 크게 부귀할 것이다. 중년 운이 南方으로 흐르니 극제(剋制)하고 변화함이 마땅하다. 모든 상황이 봄으로 돌아오니 이것이 운명의 이론이다. 혹여 높은 곳에서 다시 높은 곳으로 출세함이 가능하다. 〈본서 [302] 왕희문의 평을 참고하라.〉

218 陳調元(진조원)

하북 안신(安新) 출신으로 字는 설훤(雪喧). 풍국장의 부하로 2차 혁명을 진압했다. 두 번째 직봉전쟁 후 봉계에 몸을 의탁하고, 군총사령관에 올라 안휘독판이 되었다.

```
清 光緒 十二年 十月 十七日 辰時
        壬 丙 己 丙
        辰 子 亥 戌
       58 48 38 28 18 8
        乙 甲 癸 壬 辛 庚
        巳 辰 卯 寅 丑 子
```

丙火 일주가 壬辰時를 만나니 水火가 미제(未濟)되었다. 火氣가 죽어 광채가 없다. 화기(化氣)를 따를 가능성이 없다. 묘한 것은 입동 후 7일에 태어나 甲木이 당권(當權)하고 있어 칠살을 인성으로 변화시키고 있다. 月令의 사령(司令)이 중요한 것이다. 이렇게 보건대 칠살을 제거하여야 일주와 칠살이 균형을 이룰 것이므로 반드시 칠살로 권위를 삼아야 한다. 만약 신약하여 설기(洩氣)를 싫어한다면 제살(制殺)할 수가 없다. 甲木이 아니면 화살(化殺)할 수가 없어 취할 것도 없다. 『삼명통회(三命通會)』에서는 "亥水와 卯木이 月令의 기운을 관통하면 부귀(富貴)한다" 하였다. 이것이 올바른 뜻이다. 戌土와 亥水가 건궁(乾宮)의 길한 기운을 모았고 겸하여 천을귀인이다. 壬寅 대운 이후로 운로가 東方으로 흘러 인성이 득지하니 마땅히 뜻하는 바를 이루어 공명을 이룬다.

219 程潛(정잠)

호남 예릉 출신으로 字는 송운(頌雲). 중화인민공화국 성립 후 전국인민대표대회상무위원회 부위원장, 국방위원회 부주석, 중국국민당혁명위원회 부주석 등을 지냈다.

```
清 光緒 八年 二月 十三日 未時
辛 己 癸 壬
未 巳 卯 午
52 42 32 22 12  2
己 戊 丁 丙 乙 甲
酉 申 未 午 巳 辰
```

己土 일주가 辛未시를 만나 金神이 用神을 얻었다. 지지 전체가 巳午未 火局이라 氣가 이궁(離宮)에 모여 金神이 火의 곳으로 들어가게 되었다. 卯月에 태어나 편관이 당령(當令)하고 살인상생(殺印相生)이 되어 마땅히 크게 귀한 사람이다. 오직 꺼리는 것은 천간에 壬癸 水가 투간(透干)해 있는 것인데 재성(財星)은 인수(印綬)를 손상하여 병(病)이 된다. 巳 大運 이후에 운이 남쪽으로 달려 마땅히 일찍 병부를 장악하기에 이른다. 어려서 이미 출세하였으나 병신(病神)이 제거되지 않아 앞으로 나아가는 데 장애가 생겼다. 丁火, 戊土 양 대운에 化하여 病神을 제거하고 戊運에는 더욱 좋아져 丁壬이 재(財)로 化하여 官이 되어 일을 시작하게 되었다. 戊運에는 재성이 인수가 되어 金神이 억제 당함을 얻었다. 응당 동남쪽으로 전쟁에 나가서 개봉부의 으뜸을 얻었다.

220 劉鎭華(유진화)

직예성 직강법정전공학당 출신이며, 신해혁명 때 반청활동에 참가하였고, 중화민국 성립 후 협서군 정부군으로 입대하여 협서성장을 지냈다. 이후 중원대전에서 장개석에 투항하여 , 협진총독, 하남주석, 호북성총독, 안휘성 주석을 지냈다.

清 光緒 九年 九月 初七日 寅時

丙 甲 辛 癸
寅 申 酉 未

60 50 40 30 20 10
乙 丙 丁 戊 己 庚
卯 辰 巳 午 未 申

甲木 일주가 八月에 태어나니 낙엽은 떨어지고 木氣는 메말랐다. 왕한 金氣가 月令을 장악하고 있으며 시일(時日) 寅申이 함께 沖하고 있다. 염려스러운 것은 처자가 다치는 것이다. 다행히 丙火가 申金을 극제(剋制)하여 시지 寅木 건록(建祿)은 다치지 아니하며 연간 癸水가 멀리 있어서 丙火를 다치지 아니한다. 癸水는 왕한 金을 빼어나게 설기(洩氣)하며 관성 辛金은 일주를 극하지 아니한다. 각자의 위치가 적당하다. 운로에서 식상과 인성 겁재를 만나면 자연 발복(發福)할 것이다.

221 唐生智(당생지)

보정육군군관학교 출신으로, 광동국민정부에 참가하였다. 광동·남경 정부 통합 후 군사참의원장·훈련총감을 거쳐, 남경 위수사령관이 되었으나 일본군에 패하였으며, 그 후 군사위원회 위원을 거쳐, 총통부 전략고문위원회 위원이 되었다. 1949년 중화인민공화국에 항복한 후 호남성 부성장, 전국인민대표대회 대표, 중국국민당 혁명위원회 상무위원 등의 요직을 역임하였다.

```
清 光緒 十六年 九月 十八日 卯時
 乙 乙 戊 庚
 卯 酉 戌 寅
 53 43 33 23 13  3
 壬 辛 庚 己 戊 丁
 辰 卯 寅 丑 子 亥
```

乙木 일주가 酉日, 9월 가을에 태어났다. 나뭇잎은 떨어지고, 뿌리는 시들었으며 건록(卯木은 酉의) 沖을 만났다. 丙火가 따듯한 빛을 비추어서 본래는 기쁜 바가 되었는데 사주에 인수가 없어 보호하고 기를 수가 없는데다가 신약하여 설기되는 것을 꺼린다. 마땅히 사주의 주인공은 초년에 조상의 업을 깨뜨렸다가 중년에 발복한다.

222 顔惠慶(안혜경)

중국의 외교관으로 외교총장·국무총리·주미공사 등을 역임하였고, 공산정권 수립 후, 정무원 정치법률위원회 위원 등의 요직을 지냈다.

清 光緖 三年 二月 十九日 子時

丙 乙 癸 丁
子 巳 卯 丑

51 41 31 21 11 1
丁 戊 己 庚 辛 壬
酉 戌 亥 子 丑 寅

　　乙木 일주가 卯月에 태어나니 양기(陽氣)가 점차로 올라오고 있어 木氣는 바야흐로 영화로움을 발한다. 月令이 건록(建祿)이라 신왕하니 설기(洩氣)함을 기뻐한다. 丙火가 임금이고 癸水가 신하이다. 丙癸가 모두 투출(透出)하였으니 부귀함을 의심할 수 없다. 시상에 다시 기쁘게 子水 인성이 득록(得祿)되어 앉은 곳이 귀인이다. 그러나 丑土가 子丑으로 합하여 머물게 하니 육을서귀격(六乙鼠貴格)이 될 수 없다. 연구하여 보니 귀한 기운이 머물러있다. 丙火의 건록은 巳火이고, 癸水의 건록은 子水라. 식신과 인성이 서로 건록을 교환하고 있어 복택(福澤)이 아름답고 두텁다. 丑土 卯木 巳火로 지지가 연달아 공협(拱挾)하니 부족하지가 않으며 운로가 인성의 이르면 발복한다. 식신운에도 명성이 무겁다.

223　王寵惠(왕총혜)

광동(廣東) 동완(東莞) 사람으로 字는 양주(亮疇). 근현대 법학자이자 정치가, 외교가. 중화민국정부 외교부장, 대총리, 국무총리 등을 역임했다. 일찍이《연합국헌장(聯合國憲章)》초안을 만들 때에 참여하고, 국립복단대학 법학원 교수를 지냈다.

```
       清 光緒 七年 十月初 十日 丑時
              乙 己 己 辛
              丑 巳 亥 巳

        58 48 38 28 18  8
          癸 甲 乙 丙 丁 戊
          巳 午 未 申 酉 戌
```

己土 일주가 10월에 태어나니 땅은 질척거리고 물은 차갑다. 丙火가 아니면 따뜻할 수가 없다. 기쁘게도 巳火 중에 丙火가 있어 대지가 온난(溫暖)한 것으로 되돌아오고 있다. 甲木이 길가의 우거진 풀을 머금고 시간(時干)에 乙木이 투출(透出)하니 七殺이 인성을 생하여 왕성하다. 용신이 참되고 맑다. 巳亥가 冲하여 역마가 움직이니 진실로 사방(四方)에서 활약할 것이다. 사주가 순전히 음기(陰氣)로만 되어서 성정은 가라앉아 굳세고 참을성이 견고하다. 특히 외교 분야에 적당하다. 壬水가 月令을 장악하니 운로가 마땅한 곳은 관살과 인성의 왕성한 곳이다. 南方이 매우 아름답다. 대체로 겨울 물과 겨울나무는 태양(太陽)의 따뜻한 기운이 없으면 영화(榮華)가 오래도록 발(發)할 수가 없다.

224 王正廷(왕정정)

절강 봉화 사람으로 본명은 정정(正庭), 字는 유당(儒堂), 호는 자백(子白). 민국 시기의 외교관이자 체육인. 당소의 내각의 공상부차장 겸 대총장, 남경국민정부 외교부장, 중국국민당 중앙정치회의 위원, 전국체육협진회 이사장, 중국홍십자회 회장 등을 역임했다. 중국 올림픽 유치를 위해 노력하여 '중국올림픽의 대부'로 일컬어진다.

```
淸 光緖 八年 七月 卄五日 卯時
丁 己 戊 壬
卯 酉 申 午

51 41 31 21 11  1
甲 癸 壬 辛 庚 己
寅 丑 子 亥 戌 酉
```

己土 일주가 백로(白露) 전 1일에 태어나니 왕한 金이 설기(洩氣)되고 있다. 기쁘게도 연지 丁火가 건록(建祿)이고 丁火가 시간(時干)으로 투출(透出)하여 己土 일주의 정신(精神)을 도와주니 상관패인(傷官佩印)격이다. 시지 卯木 칠살(七殺)은 丁火가 개두(蓋頭)하였고 酉金이 일지에서 바짝 붙어서 극제(剋制)하고 있으니 일주를 극제(剋制)할 수 없다. 반대로 丁火를 생조(生助)하니 유정(有情)하다. 己土가 가을에 태어나 겉은 허(虛)하고 안은 실(實)하나 인성과 겁재가 도와 약한 것이 강함으로 바뀌었다. 상관을 용신으로 한다. 운로가 북방(北方)에서는 왕한 金을 빼어나게 설기하여 정신이 빛나게 발한다. 한때의 잘난 사람으로 마친다.

225 羅文幹(나문간)

중화민국 때 총검찰청 검찰장, 대리원장, 재정총장, 외교총장을 역임하였으며 국민정부의 외교부장에 취임하였다가 얼마 후 사임하였다. 유명한 반일(反日)외교가다.

```
清 光緖 十五年 三月 二十日 戌時

庚 丁 戊 己
戌 巳 辰 丑

52 42 32 22 12  2
壬 癸 甲 乙 丙 丁
戌 亥 子 丑 寅 卯
```

丁火 일주가 3월에 태어나서 戊己 두 개의 土가 투출되어 조정의 중신이다. (궁통보감(窮通寶鑑)을 보라.) 화토상관격(火土傷官格)이다. 설기(洩氣)가 너무 많다. 土는 중첩되어 丁火의 광채를 가리고 있으므로 응당히 취할 것은 甲木으로 土를 극제(剋制)하고 丁火를 끌어주며 다음으로 庚金으로 土를 설기(洩氣)하는 것이 빼어나다. 이것이 일정한 법칙이다. 다행히 丁火가 좌하(座下)에 巳火 양인(羊刃)이라 신왕하다. 巳火와 丑土가 지지에서 암공(暗拱)하여 庚金이 투출하고 있어 빼어남의 흐름이 좋다. 그러나 火는 뜨겁고 土는 메말랐다. 지나치게 金을 무르게 하고 있는 火土상관이다. 마땅히 관성이 왕성하여야 한다. 애석하게도 사주에 水木을 볼 수 없으니 편고(偏枯)됨을 면할 수가 없다. 水木운을 얻어야 구제되어 젊은 꿈을 곧장 펼칠 수 있으리!

226 顧維鈞(고유균)

북경정부의 외교면에서 중요한 역할을 하였다. 외교총장, 국무총리, 각국 공사, 파리 강화회의·워싱턴회의·관세회의 등의 중국전권대표로 요직을 역임했다.

```
清 光緒 十三年 十二月 十七日 辰時

戊 己 癸 丁
辰 亥 丑 亥

58 48 38 28 18 8
丁 戊 己 庚 辛 壬
未 申 酉 戌 亥 子
```

己土 일주가 12월에 태어나니 하늘은 춥고 땅은 얼어붙었다. 丙火가 아니면 따뜻하게 할 수가 없다. 묘한 것은 천간 戊土와 癸水가 화합(和合)하며 丁火가 투출하여 도우니 무형(無形)의 기운이 생(生)하고 화(化)하여 유정(有情)하다. 시지 辰土는 재성의 묘고(墓庫)이다. 月令은 丑土 잡기재관이라 재성이 투출하니 부귀가 함께 완전하며 부자됨이 매우 아름답다. 亥水와 丑土가 子水를 공협(拱挾)하며 재성이 천을(天乙)에 임하니 내조의 공(功)이 가볍지 않다. 丑中 辛金이 암장(暗藏)되어 당연히 식신생재격(食神生財格)으로 취용한다. 운로에서 金水를 만나면 용신(用神)을 지지에서 얻어 명성은 높고 직위는 드러나서 극히 풍성한 세월을 보낸다.

227 黃郛(황부)

절강성 소흥(紹興) 사람으로 字는 응백(膺白), 호는 소보(昭甫). 장개석의 결의형제. 외교총장, 교육총장, 대리국무총리섭행대총통 등을 역임했다.

清 光緒 六年 正月 卄八日 戌時

戊 丙 己 庚
戌 申 卯 辰

59 49 39 29 19 9
乙 甲 癸 壬 辛 庚
酉 申 未 午 巳 辰

丙火 일주가 卯月에 태어나니 양기(陽氣)가 점차 펼쳐지고 있다. 인수가 當令하니 약한 가운데 왕한 것으로 바뀌었다. 시상(時上)에 戊土가 투출하니 식신의 위치가 온전하다. 丙火 일주는 좌하(座下) 申金 재성과 戌土 火庫에 돌아가 酉金을 공협(拱挾)하였다. 기쁜 것은 재성은 암장(暗藏)되어 있어 印星을 파괴하지 않고 庚金 또한 투출되어 인성을 파괴하지 않으므로 기운이 아름답게 흐르고 있다. 단지 외로운 인성은 (즉 관성이 없어) 부자가 아니다. 외로운 재성은 귀함이 없는 것 같이 재성과 인성을 서로 장애됨이 없이 사용하면 곧 귀한 기운이 모이는 것이다. 운로 역시 이와 같다. 癸運에 戊土와 化하여 겁재가 되니 庚金이 다치지 않고 甲運 역시 己土와 化土하여 식신 戊土를 빼앗지 않는다. 이렇게 아름다운 것이다. 申金 乙木 운에도 재성이 인성을 파괴하지 않아 명성이 아름답게 날로 풍성하였다. 酉金운에는 인성 卯木이 파괴되는 흉함을 면하지 못하리라.

228 蔣作賓(장작빈)

호북 응성 출신으로 字는 우암(雨岩). 외교관, 국민혁명군 육군 1급 상장. 가난한 집안에서 태어난 그는 청년 시절 청나라의 부패 무능을 보고 혁명을 다짐했고, 수천 년의 봉건 왕조 통치를 무너뜨리고, 민주적이고 부강한 중국을 세웠다.

```
清 光緖 十年 二月 初 六日 戌時
    庚 壬 丙 甲
    戌 子 寅 申
  51 41 31 21 11  1
   壬 辛 庚 己 戊 丁
   申 未 午 巳 辰 卯
```

壬水 일주가 1월에 태어나니 壬水의 기운이 매우 약하다. 기쁜 것은 庚金이 투출하여 근원(根源)이 되고 丙火가 따뜻하게 하며 甲木이 당령(當令)하여 연간으로 투출하니 참된 신(神)을 얻어 사용하는 것이므로 식신생재격(食神生財格)이다. 격국(格局)은 청(淸)하고 반듯하다. 子水와 申金, 寅木과 戌土가 辰午를 공협(拱挾)하니 水火기제의 묘함을 얻었으며 戌申子寅 지지(地支)가 계속하여 협공(挾拱)하니 귀한 기운이 뭉쳐 아름답다. 인성이 왕하나 칠살(七殺)은 투출하지 않았으니 장수(將帥)와 사병(司兵)이 수풀같이 모이는 위엄이 부족하다. 月令을 역마가 충동(沖動)하니 사방(四方)으로 분주하게 뛰어다니면서 임금의 명을 받들어도 욕된 짓은 하지 않았다.

229 薛篤弼(설독필)

산서 운성(運城) 출신으로 일찍이 동맹회에 참가했다. 북양정부 사법부 차장, 내무부 차장, 경조윤, 강소성 성장, 국민군 연합군 총사령부 재정위원회 위원장, 국민당 정부 민정부, 내정부, 위생부 장관, 수리위원회 위원장, 수리부 장관을 역임하였다.

清 光緒 十六年 正月 十六日 巳時

乙 丁 戊 庚
巳 巳 寅 寅

60 50 40 30 20 10
甲 癸 壬 辛 庚 己
申 未 午 巳 辰 卯

　두 개의 寅木과 두 개의 巳火가 있으니 木火의 기운이 형상(形象)을 이루었다. 正月에 甲木이 月令을 장악하니 庚金이 없으면 甲木을 쪼갤 수가 없고 甲木이 없으면 丁火를 이끌 수가 없다. 묘한 것은 甲木의 건록(建祿)은 寅木이고, 庚金의 장생(長生)은 巳火이며, 戊土의 건록은 巳火이다. 상관생재격(傷官生財格)이 인성을 꿰어차니 희신과 용신이 균일하게 건록을 얻은 것이므로 족히 주위 환경이 매우 아름다운 것이다. 연(年)과 月令은 인수이고 일원(日元)이 좌하(座下) 양인(羊刃)이니 본신인 내가 약한 것이 아니다. 용신은 土金에 있으나 애석하게도 운로(運路)에서 도와주지 아니한다. 겨우 辛巳운에 재성이 관성을 생하게 변화(變化)시키니 아름다운 운이다.

230 熊希齡(웅희령)

호남 봉황고성(鳳凰古城) 사람으로 字는 병삼(秉三), 호는 명지각주인(明志閣主人), 상청거사(雙淸居士). 청말민국초의 정치가이자 교육가, 자선가. 천부적으로 총명하고 지혜로워 일찍이 '호남신동(湖南神童)'으로 일컬어진다. 민국 제1대 총리에 선출됐으나 원세개가 다시 봉건 황제제도로 회귀하는 것에 반대하고 사직했다. 그 후에 자선과 교육사업에 매진하여 1920년에 향산자유원을 창설했다.

```
淸同治 九年 六月 卄五日 亥時

丁 庚 癸 庚
亥 申 未 午

55 45 35 25 15  5
己 戊 丁 丙 乙 甲
丑 子 亥 戌 酉 申
```

庚金 일주가 6월에 태어나고 삼복(三伏)더위에 한기(寒氣)를 生한다. 庚金은 완고하고 무딘 쇳덩어리이므로 火氣의 단련됨을 기뻐한다. 庚申일주 전록(專祿)이다. 6월 丁火는 火의 여기(餘氣)가 있어 왕하다. 더불어 午火의 건록(建祿)을 얻었으니 金氣가 火의 단련을 만난 것이다. 마땅히 큰 뜻을 이룰 것이다. 月令에 천을(天乙)이 비추었으니 귀한 기운이 모인 것이다. 다만 유념할 것은 火氣는 뜨겁고 土氣는 메말라 金氣가 취약한 것이다. 丁亥운 이후에는 운로가 北方으로 달리니 메마른 土가 윤택한 金을 생하니 귀함이 응당하다. 〈본서 [279] 왕희문의 평을 참고하라.〉

231 薩鎭永(살진영)

산서 대현 사람으로 字는 정명(鼎銘). 청나라 해군통제를 지냈고, 무창봉기 이후 원세개에 의해 내각 해군 대신으로 임명되었으나 취임하지 않았다. 이후 해군총장, 복건성 성장을 지냈다. 항일전쟁이 발발하자, 남양 등지로 가서 항일을 독려하였고, 중화인민공화국 수립 이후 중국 인민정치협상회의 전국위원회 위원, 중앙인민혁명군사위원회 위원, 화교사무위원회 위원, 푸젠성 인민정부위원 등을 역임했다.

淸 咸豊 九年 二月 廿六日 巳時

乙 丁 丁 己
巳 卯 卯 未

52 42 32 22 12 2
辛 壬 癸 甲 乙 丙
酉 戌 亥 子 丑 寅

木火의 기운(氣運)을 이루었다. 애석하게도 己未 土가 섞이어 파격(破格)이 되었다. 마땅히 인성이 용신으로 작용한다. 편인이 月令을 잡고 卯未가 합하여 木局을 이루고 시상(時上)에 다시 음인(陰刃)을 만났다. 만약 재성과 관성의 대운이 아니라면 외롭고 고달프고 빈한(貧寒)한 운명이다. 만기부(萬祺賦)에 이르기를 "인수가 천간에 있고 다시 비견을 본다면 운로에서 그를 도우면 필히 몸을 다친다."라고 하였다. 이 사주가 기묘(奇妙)함이 없는 것처럼 말하지 말라. 운로가 재성에 이르자 복덕(福德)이 진실로 참될 것이다. 이것이 맞는 이치이다.

232 陳炯明(진형명)

광동 해풍(海豐) 사람으로 字는 경존(競存). 근대의 민주혁명 인사이자 정치인. 광동 법정학당을 졸업하고, 1909년에 광동자의국(廣東諮議局) 의원을 지내고 동맹회(同盟會)에 가입했다. 1911년 광주 봉기에 참여하고, 무창 봉기 후에 동강(東江)에서 등갱(鄧鏗)과 더불어 민군을 조직하여 혜주 광복 전투에 참여했다. 광동군정부 부도독과 대리도독을 지냈다.

清 光緒 三年 十二月 十一日 巳時

癸 辛 癸 丁
巳 卯 丑 丑

53 43 33 23 13 3
丁 戊 己 庚 辛 壬
未 申 酉 戌 亥 子

辛金 일주가 12월에 태어나니 물은 얼고 금(金)은 차다. 기쁜 것은 시주(時柱)에 巳火가 있어 관성과 인성이 모두 갖추어진 것이다. 辛卯 일주는 좌하(座下)에 재성이니 재성은 관성을 생하여 귀할 것이다. 안타깝게도 재성과 관성, 인성이 모두 투출(透出)하지 않았다. 더불어 운로가 西北으로 달리니 재성과 관성을 모두 등진 것이다. 申運에 巳火 지지(地支)를 형파(刑破)하니 돌연스럽게 반란의 변고를 일으키나 그 시작의 끝이 없는 것은 대운의 소치이다. 스스로 한 것이 아니었다.

233 陳銘樞(진명추)

광동성 합포(合浦) 사람으로 字는 진여(真如). 중국 국민당의 정치인으로 장개석의 신임을 받았으나 제1차 상하이 사변 이후 결렬되어 반장파가 되었고 이후 중화인민공화국에 합류하여 혁명위원회 상무위원, 중남군정위원회 농림부장, 중남행정위원회 부주석, 전국인민대표대회 상무위원, 정협 위원 등을 역임했다.

```
清 光緒 十五年 九月 十一日 巳時

己 甲 甲 己
巳 子 戌 丑

52 42 32 22 12  2
戊 己 庚 辛 壬 癸
辰 巳 午 未 申 酉
```

천간에 甲木과 己土가 일시(日時)와 연월(年月)에 있어 각기 배합(配合)을 이루므로 다투어 질투하지 않는다. 月令 戌土와 시지(時支) 巳火에 土氣가 왕하게 머물렀고 子水와 丑土가 서로 합하니 화기(化氣)가 매우 참되다. 甲子와 己巳는 甲子 旬內이니 귀한 기운이 매우 아름답다. 운로가 南方으로 달리니 화기(化氣)가 남음이 있으며 土氣가 왕한 것이 지나치다. 설기(洩氣)시키는 빼어남이 없으니 이것은 태과(太過)하여 불길한 것이다. 만약 金氣가 설기하고 水氣로 윤택하게 하면 치우치고 뜨겁게 하는 근심을 스스로 이끌지 않았을 것이다.

234 蔡廷楷(채정해)

광동성 나정(羅定) 출신으로 字는 현초(賢初). 중화민국의 군인으로 19로군을 지휘하여 제1차 상해사변에서 활약했으나 복건사변을 계기로 장개석에게 반기를 들고 추방자 신세가 되었다. 국공내전 이후 중화인민공화국에 합류했으며, 국방위원회 부주석, 국민당 혁명위원회 상무위원, 국민당 혁명위원회 부주석 등을 역임했다.

```
淸 光緖 十八年 十一月 初 八日 巳時

乙 壬 壬 壬
巳 辰 子 辰

53 43 33 23 13  3
戊 丁 丙 乙 甲 癸
午 巳 辰 卯 寅 丑
```

양인(陽刃)이 月令에 있고 시지 재성과 살(殺)이 건록(建祿)을 얻으니 칠살(七殺)과 양인이 서로 드러냄을 뽐낸다. 마땅히 군대권을 장악하는 이름난 장군(將軍)이다. 양인은 왕하고 칠살은 약하여 기뻐하는 곳은 칠살의 고향이다. 그리하면 위세와 권력이 드러난다. 辰運에 습토(濕土)이며 壬申년에 申子辰 수국(水局)으로 모이니 1932.1.28 1차 상해사건(일본군 침략)이 터지자 매우 어렵고 힘들었으나 일본군을 물리치는 공명을 다하였으니 癸酉년에 巳酉 회살(會殺)하여 인성으로 化하니 위세와 권한은 상실되고 군대를 장악하는 권리도 잃었다. 장차 巳戊 運 중에 혹 거듭 국가에 진력을 다하게 되었으므로 한때의 성패(成敗)로 사람을 논할 수가 없다.

235 湯玉麟(탕옥린)

장작상, 장경혜 등과 소시적부터 장작림과 함께 만주를 누비며 마적질을 했던 멤버 중 하나다. 장작림 휘하에서 출세가도를 달렸고 장학량이 동북역치를 선언한 후 열하성 주석으로 임명된다. 열하사변에서 패퇴한 후 도주했다가 풍옥상 등과 손을 잡고 항일동맹군 결성을 주도하기도 했고 제29군 군장 송철원 휘하에 잠시 들어가기도 한다. 그러나 특별한 활약을 하지는 못한 채 1937년 5월 천진에서 병사한다.

```
淸 同治 十二年 四月 十六日 辰時
戊 甲 丁 癸
辰 子 巳 酉
62 52 42 32 22 12  2
庚 辛 壬 癸 甲 乙 丙
戌 亥 子 丑 寅 卯 辰
```

巳酉 회금(會金)하니 상관이 변하여 관성이 되었다. 巳月에 丙火가 당령(當令)하여 丁火도 투간(透干)하니 관성과 귀함이 손상을 입었다. 기쁜 것은 연간에 癸水 인성이 상관을 극제(剋制)하고 관성을 보호하고 있다. 甲子 일주가 인성에 좌(座)하여 관성을 용신으로 할 수 있다. 戊土가 시간(時干)에 투출하니 재성이 인성을 파(破)할 수 없어 배합(配合)이 적당한 것이다. 운로가 인수에 이르자 마땅히 한 쪽 지역을 장악하여 편안하게 늦게 복(福)을 누린다. 亥運에 관성의 귀함을 충파(沖破)하니 무리와 땅을 잃고 다치게 하였으나 다행히 도망가서 생명은 건졌다.

236 徐源泉(서원천)

호북 무한 출신으로, 선통 2년(1910) 남경 육군강무당을 졸업했다. 1911년 가을, 문무창수의 학생 300여 명을 이끌고 양하 보위전에 참가해 전시 사령부 학생대장을 지냈다. 후에 상하이 광복군 참모, 기병 단장에 임명되었다.

```
清 光緒 十二年 十月 初 七日 亥時

己 丙 戊 丙
亥 寅 戌 戌

52 42 32 22 12  2
甲 癸 壬 辛 庚 己
辰 卯 寅 丑 子 亥
```

丙寅 일주가 태어나기를 입동(立冬) 전 5일이다. 火氣가 점차 물러나니 土가 빛을 가림을 싫어한다. 묘한 것은 寅木과 亥水가 합하여 칠살(七殺)이 인성으로 변화한 것이다. 또한 납음(納音)도 木火이며 천간에 丙戊가 투출(透出)하였다. 이 사람의 권력과 귀함이 대단하겠다. 土가 왕하니 설기(洩氣)하여야 한다. 운로가 東方 木氣에 이르니 반드시 중앙에서 권력이 시작되어 공훈을 수립한다. 寅木 癸卯 甲運까지 20년간 왕성하다. 癸運에 이르자 戊土를 합하여 겁재가 되어 뒤로 물러나 때를 기다린다.

237 萬福麟(만복린)

길림 농안 사람으로 국민정부 육군 제503군 대장을 지냈다. 정위군 열병 출신으로 관과 동북군 육군 상장, 선양 해방 직전 대만으로 떠났다. 동북군 장학량의 부하로 흑룡강성 총독, 요녕성 주석, 20집단군 부총사령관 등을 지냈다.

清 光緒 七年 十一月 二十日 子時

壬 戊 辛 辛
子 申 丑 巳

51 41 31 21 11 1
乙 丙 丁 戊 己 庚
未 申 酉 戌 亥 子

하늘은 차고 대지는 얼어붙었다. 戊土 일주가 기운이 없다. 巳火와 丑土가 金을 공협(拱挾)하고, 子水와 申金이 水를 공협하여 金水의 기운이 세력(勢力)을 이루었다. 戊土의 세력은 반드시 서로 종(從)할 수밖에 없다. 이른바 가종격(假從格)이다. 애석하게 운로가 마땅하지 않다. 戊戌운 십년에 생사(生死)가 어지럽다. 酉金 丙申운 15년은 비교적 괜찮다. 酉金운이 최고로 아름답다.

238 鹿鍾麟(녹종린)

정주 북록장 사람으로 字는 서백(瑞伯). 북양 신군학 병영에서 풍옥상(馮玉祥)을 만나 40년 가까이 함께 하며 주요 조력자가 되었다. '북경정변'에서는 부하를 거느리고 먼저 입성하여 총 한 방 쏘지 않고 사흘 만에 북경 전역을 장악하였으며, 중국의 마지막 황제인 부의(溥儀)를 궁 밖으로 몰아내고 폐위시켰다. 북벌전쟁 이후 남경 군사위원회 위원, 군정부 차장 및 대리부장, 하북성 주석, 병역부 부장 등 요직을 거쳤다.

```
清光緒 十年 二月 十五日 寅時
   庚 辛 丁 甲
   寅 酉 卯 申
   58 48 38 28 18  8
   癸 壬 辛 庚 己 戊
   酉 申 未 午 巳 辰
```

사주가 네 개의 金과 세 개의 木으로 구성되어 혼탁(混濁)하게 하는 다른 오행이 섞이지 않았다. 金木이 서로를 서로 이루게 하는 것이므로 양신성상격(兩身成象格)이다. 甲木의 건록(建祿)은 寅木에 있고 庚金의 건록은 申金에 있어 연(年)과 시(時)에서 서로 건록을 바꾸고 있다. 또한 辛酉 일주가 전록(專祿)이다. 관성은 재성에 앉아 辛金 일주가 火氣의 단련을 받아 그릇을 이루었다. 卯木이 당령(當令)하여 丁火를 이끌고 있다. 재성이 왕하여 겁재가 용신임이 명백하다. 운행은 신왕의 고향이 좋아 자연히 발복할 것이다.

239 李鼎新(이정신)

복건 복주 사람으로 字는 성매(成梅). 중화민국 해군상장, 해군총장이다. 중일전쟁 당시 황해해전에 참가했으며, 중화민국 창립 후 해군참모장, 해군사령관이 되어 상해에 주둔하였고, 이후 해군총장이 되었다.

清 同治 元年 四月七日 寅時

丙 己 乙 壬
寅 巳 巳 戌

57 47 37 27 17 7
辛 庚 己 戊 丁 丙
亥 戌 酉 申 未 午

己土 일주가 4월에 태어나 정인이 月令을 장악하고 있으며 연(年)과 시(時)에 寅木과 戌土가 회국(會局)하며 지지(地支) 전체가 모두 火이다. 乙木 편관이 土는 조열(燥熱)하고 木은 메말랐다. 연간 壬水가 투출(透出)하였으나 무근(無根)이라. 한 방울의 물이 말라버렸다. 火土의 왕한 기운을 좇는 격이다. 애석하게도 운행이 東北으로 흐르니 火土의 왕한 세력을 거역(拒逆)하여 이익됨이 만족함에 이르지 못한다.

240 林建章(임건장)

복건 장악(長樂) 사람으로 다른 이름은 술단(述瑞), 字는 증영(增榮). 청말민국초의 해군 무관으로 강남수사학당을 졸업하고, 대부, 방대(幇帶), 관대, 해군부참령, 해군상교 등을 지냈다. 1917년 해용순양함 함장으로 임명되었고, 북양해군 제일함대 대리사령이 되었다. 그 후 해군총장, 해군상장을 지냈다.

```
清 同治 十三年 十一月 初 八日 亥時
    辛 丁 丙 甲
    亥 未 子 戌

     57 47 37 27 17  7
    壬 辛 庚 己 戊 丁
    午 巳 辰 卯 寅 丑
```

11월 癸水가 당령하니 火氣는 약하고 기운은 차다. 용신으로 甲木을 요구한다. 기쁘게도 亥水와 未土가 木氣를 공협(拱挾)하고 甲木 인성은 통근(通根)이 있다. 인성이 있어 칠살(七殺)을 변화시키니 칠살이 일주를 극하지 않는다. 時에 관귀(官貴)를 만나고, 연월(年月)에 戌土와 子水가 다시 亥水 관귀를 공협하여 출신이 문벌(門閥)있는 집안이다. 공명(功名)의 끝과 시작이 진실로 드러남이 매우 쉽다. 年과 더불어 日時는 旬으로 나누어져 있다. 오행(五行)이 복잡하지 아니하나 애석하게도 운행이 평범하다. 인성으로부터 시작하였으나 서로 이루어짐이 아니 되므로 영웅의 기질이 짧음을 면할 수가 없다.

241　方本仁(방본인)

호북 단풍 사람으로 字는 요천(耀遷). 강서독군, 국민혁명군 제11군단장, 성 주석 대행 겸 민정청장을 지냈다. 그는 아들인 방달사의 항일을 극력 지지했고, 고향 건설을 적극 지지했으며, 돈을 기부하여 평향 서민 공장, 황주 평민 직포 공장, 백복사 초황 고등 초등학교를 설립하였다. 특히 1925년 황강지역에 큰 가뭄이 들자 23척의 목선을 동원하여 이재민들을 구제했다.

```
清 光緒 六年 四月初 一日 巳時
   丁 戊 辛 庚
   巳 戌 巳 辰

   54 44 34 24 14  4
   丁 丙 乙 甲 癸 壬
   亥 戌 酉 申 未 午
```

戊戌 괴강(魁罡) 일주가 4월에 태어나니 火는 뜨겁고 土도 조열(燥熱)하다. 庚金이 비록 巳火에 장생(長生)하지만 燥土는 金을 생할 수가 없다. 묘한 것은 연지 辰土가 축축한 물기로 金을 기르고 있다. 신왕하니 설기(洩氣)함이 빼어나다. 土金 상관격(傷官格)에 상관이 용신이다. 하나의 신령(神靈)함을 얻어 용신으로 하니 그 형상이 비범하겠으나 애석하게도 행운이 평범하다. 겨우 申乙酉 3운이 그나마 아름답다. 金水가 서로 연대하는 운로가 없어 안타까울 뿐이다.

242 董康(동강)

강소 무진(武進) 사람으로 본명은 수금(壽金), 字는 수경(授經), 호는 송분주인(號誦芬主人). 광서 15년(1889) 거인 출신으로 일본에서 법률을 전공하고 동오대학, 상해법과대학, 북경대학에 근무했다. 1915년 제1차 형법 개정안 초안 작성에 참여했으며, 중화민국 임시정부에서 법원장, 화북사법위원회 위원, 대리원 부장판사를 역임했다.

```
清 同治 六年三月卄二日戌時
   戊丙甲丁
   戌子辰卯

   57 47 37 27 17  7
   戊己庚辛壬癸
   戌亥子丑寅卯
```

丙火는 태양의 정기(正氣)가 된다. 서리를 기만하고 눈을 조롱한다 하나 싫어하는 것은 土가 빛을 가리는 것이다. 기쁘게도 甲木이 투출하니 족히 소토(疏土)를 한다. 그러나 3월은 양기(陽氣)가 점차로 오르고 있다. 甲木이 매우 중요하다. 壬水 또한 불가결하다. 비록 子水와 辰土가 申金을 공협(拱挾)하여 壬水의 장생(長生)지라 하나 끝내는 실제가 없는 허(虛)한 것이므로 주인은 노력하고 힘만 쓸 뿐이다. 늘그막이 평범하다. 행운은 일찍이 壬寅 십년에 水木이 왕하여 최고로 아름답다. 다음은 겨우 亥運이다. 水木이 지지를 얻어 아름답다. 57세 이후는 土가 많아 火를 어둡게 하니 발전을 기약하기 곤란하다.

243 李根源(이근원)

운남성 등충(騰沖) 출신으로 字는 인천(印泉), 양계(養溪), 설생(雪生), 호는 곡석(曲石), 서명은 고려공산(高黎貢山). 1905년 동맹회에 가입하고, 운남강무당 감독 겸 보병과 교관 및 총판, 대한군정부 군정총장 겸 참의원 원장, 운남 육군 제2사단장 등을 지냈다. 항일전쟁 당시 적극적으로 항일운동을 벌여 장중인(張仲仁) 등과 더불어 노자군(老子軍)을 조직했다. 그 후 운귀감찰사, 전국정협위원 등을 역임했다.

```
淸 光緖 五年 四月 十七日 巳時
辛 庚 己 己
巳 申 巳 卯

60 50 40 30 20 10
癸 甲 乙 丙 丁 戊
亥 子 丑 寅 卯 辰
```

庚申 전록(專祿) 일주가 4월에 태어나니 칠살(七殺)과 인성이 때를 얻은 것이다. 월(月)과 시(時)에 巳火가 서로 통하고 辛金은 투출(透出)하고 丙火는 암장(暗藏)되어 있다. 칠살과 양인(羊刃)이 서로 합하여 중심이 되었다. 마땅히 무관(武官)으로서 벼슬이 드러난다. 巳火와 申金은 서로 형(刑)하면서 합(合)한다. 칠살의 기운이 잠시 없어지는 듯하나 丁卯丙寅乙 운 25년이 木火의 왕한 곳이다. 丙火 칠살을 도와 일으키며 양인을 합하니 귀하다. 丑運 이후에는 기운이 北方으로 바뀌며, 甲運은 土와 합하여 변화되니 능력이 없다. 물러나 때를 기다리는 것만 같지 아니하다.

244 許世英(허세영)

안휘성 추포(秋浦) 출신으로 字는 준인(俊人), 정인(靜仁). 사법총장, 봉천민정장 등을 지냈다. 청나라 말에서 민국 시기에 걸쳐 60여 년간 관직에 있었다.

淸 同治 十二年 七月 十九日 巳時

辛 乙 辛 癸
巳 丑 酉 酉

51 41 31 21 11 1
乙 丙 丁 戊 己 庚
卯 辰 巳 午 未 申

乙木 일주가 통근(通根)이 없다. 지지(地支) 전체가 巳酉丑이니 기운이 오로지 金水이다. 일주를 버리고 세력(勢力)을 좇아야 한다. 다시 기쁜 것은 연간에 투출(透出)한 癸水가 왕한 金氣를 설기(洩氣)하니 격국이 맑고 바르므로 종살(從殺)의 참된 것이다. 아름다운 운명을 갖추었다. 귀함이 드러남을 어찌 의심하랴! 운명이 있고 행운이 없다고 하는 것은 쓸데가 없는 소리이다. 운로가 木火이니 왕한 세력을 거역(拒逆)하여 종격(從格)을 범하는 것을 크게 꺼린다. 어려서 庚申운이 최고로 아름답고 己未戊운 15년 비록 조토(燥土)라도 역시 유정(有情)하다. 午運에서 丙運까지 20년 火가 왕하여 金을 다치게 한다. 다행한 것은 乙木이 통근(通根) 됨을 보지 못한 것이다. 辰運은 습토(濕土)라 비교적 아름답다. 차후에는 당연히 자선 사업으로 일생을 마친다.

245 朱慶瀾(주경란)

절강 소흥 사람으로 字는 자교(子橋), 자목(子樵), 자교(紫橋). 중화민국의 군인, 정치가, 자선가. 아버지는 주금당(朱錦堂)이며, 흑룡강성 장군, 광동성 성장 등을 역임하였고, 대한민국 독립에 도움을 준 공로로 1968년 대한민국 건국훈장을 받았다.

淸 同治 十三年 正月 卄三日 卯時

癸 丁 丁 甲
卯 卯 卯 戌

58 48 38 28 18 8
癸 壬 辛 庚 己 戊
酉 申 未 午 巳 辰

목화통명(木火通明)격이다. 시간(時干)에 하나의 칠살(七殺)이 귀인(貴人)에 앉아 木을 이끌어 化하고 있으므로 칠살이 일주(日主)를 극하지 아니한다. 마땅히 관인상생(官印相生)으로 본다. 아깝게도 癸水가 무근(無根)이다. 만약 칠살과 인성이 둘 다 왕성하였다면 마땅히 크게 부귀(富貴)할 수 있었을 것이다. 운로가 좋은 것은 재성과 관성이 왕성한 곳이다.

246 張乃燕(장내연)

字는 군모(君謀), 장정강(長靜江)의 조카로 북경대, 절강대 교수를 지냈다.《유기염료과학》,《약용유기화합물》,《유럽전쟁 중의 군용화학》 등을 저술했으며,《세계대전전사》,《그리스사》,《로마사》 등을 저술하였다. 33세 때 제4중산대 총장을 지냈고, 1927~1930년 국립 제4중산대, 국립강소대, 중앙대 총장을 지냈다.

清光緒 二十年 八月十八日 寅時

壬 壬 癸 甲
寅 戌 酉 午

57 47 37 27 17 7
己 戊 丁 丙 乙 甲
卯 寅 丑 子 亥 戌

壬水 일주가 8월에 출생하니 가을의 수기(水氣)가 근원(根源)에 통하였다. 연간 甲木 식신이 투출하여 빼어난 설기(洩氣)를 하고 있다. 기쁘게도 지지에서 재성이 寅午戌 결국(結局)하여 빼어남이 계속 흐르고 있다. 月令 정인은 火氣에 포위되었고 戌土가 일지에 바짝 붙어서 일주를 극제(剋制)하고 있으므로 귀한 기운이 손상당함을 면할 수가 없다. 水木의 기운이 맑고 화려하여 木火 문명(文明)의 기상을 이루었다. 훌륭한 재목(材木)을 기르는 것이 즐거움이다. 후배들을 적극 이끌고 있는 교육(教育) 사업이다. 정치적 생애보다 더욱 훌륭한 것이다.

247 吳經熊(오경웅)

절강성 저파 출신으로 字는 덕생(德生). 중화민국의 저명한 법학자이다.

```
清 光緒 卄五年 二月 十七日 卯時
  己 乙 丁 己
  卯 未 卯 亥
 57 47 37 27 17  7
  辛 壬 癸 甲 乙 丙
  酉 戌 亥 子 丑 寅
```

乙木 일주가 2월에 태어나고 지지 전체가 亥卯未 木局이다. 지지에 한신(閑神)이 섞이지 않았다. 사주에 금기(金氣)가 전혀 없으니 확실히 곡직인수격(曲直仁壽格)이다. 다시 기쁜 것은 월간에 투출한 丁火가 목기(木氣)의 왕함을 빼어나게 설기(洩氣)하고 있고 연(年)과 시(時)에 두 개의 己土가 다시 빼어남을 흐르게 하고 있으니 맑고 순수하다. 하늘의 은혜를 홀로 입은 것 같은 격국(格局)이다. 최고로 기뻐하는 곳은 火運이다. 다음이 東北 水木의 고향도 역시 아름답다. 만약 金運으로 흐른다면 파격이다.

248 鄭洪年(정홍년)

광동 은번 사람으로 字는 소각(韶覺). 중화민국의 교육가. 중화민국 설립 후 경수철도 국장, 북양정부 교통부 차장 겸 철도감독, 육해군 대원수 본부 재정부 차장, 남경 국민정부 재정부 차장, 국립기남대 총장을 역임했다. 1958년 상해에서 죽었다.

```
清 光緒 元年 十二月 初 八日 戌時

戊 辛 戊 乙
戌 未 子 亥

59 49 39 29 19  9
壬 癸 甲 乙 丙 丁
午 未 申 酉 戌 亥
```

사주가 金氣는 차고 水氣는 冷하다. 식신이 月令을 담당하는데 辛金 일주는 통근(通根)이 없으니 인성을 의지하여 용신으로 한다. 월간의 戊土는 연간의 재성에 파괴되었으나 다행히 기쁘게도 시주(時柱)의 戊戌을 만나니 戌中 辛金 건록(建祿)과 戌中 戊土 인수가 함께 있는 것이다. 戌土와 未土는 모두 火를 암장(暗藏)하고 있어 추운 土氣를 따듯하게 회복시키고 있다. 일원(日元)이 의지하는 바가 매우 많다. 11월에 출생하니 金氣는 맑고 水氣는 빼어나다. 부유함과 귀함이 함께 한다. 기뻐하는 운로는 火土의 땅이다. 丙戌운을 제외하고는 당연히 癸未운 10년이 최고로 아름다운 것은 戊癸가 화합(化合)하는 것이다. 戌未는 형(刑)되어 열려있는 화고(火庫)이다. 평생 뜻을 얻는 時이다.

249 蔣百器(장백기)

제기(諸暨) 자동(紫東) 사람으로 字는 백기(百器), 백기(伯器). 청말민국초의 군사가이자 정치가로, 장지유(蔣智由)의 아들이다. 항주 구시서원(求是書院)을 졸업하고, 국비로 일본 유학을 가서 일본육군사관학교 기병과(騎兵科)를 졸업했다. 신해혁명 후 광동성도독부 군사부장, 광동도독, 절강도독, 군정장, 상해정치분회 주석, 북벌군총사령부 고등고문, 전국도로협회 부회장, 진무위원회 위원, 광주국민정부 위원 등을 역임했다.

```
清 光緒 八年 九月 十三日 子時
庚 壬 庚 壬
子 寅 戌 午

53 43 33 23 13  3
丙 乙 甲 癸 壬 辛
辰 卯 寅 丑 子 亥
```

시지(時支)에 子水 양인(陽刃)의 기운을 얻었고, 月令은 칠살(七殺)이 당령(當令)하여 칠살과 양인이 둘 다 드러났다. 마땅히 군대권을 장악하여 멀리 떨어진 외국에서 수훈을 세운다. 칠살은 왕하고 양인은 약하니 기쁜 행운은 양인의 곳이다. 아깝게도 北方 水運이 일찍이 어렸을 때 왔다. 甲運 이후에는 칠살을 극제(剋制)하는 곳으로 가니 그 뜻이 반대로 가는 것이다. 울적하고 답답한 무료한 세월이다. 뜻을 펼치지 못할 것이다.

250 張學銘(장학명)

요녕 사람으로 字는 서경(西卿). 애국 민주 인사로 장작림의 차남이자 장학량의 동생이다. 중국 국민당 육군 중장을 역임하였으며, 국민정부 동북부 장관 사령부의 참의실 참의, 동북행원 참의실 부주임, 총참의를 역임하였다. 중화인민공화국에서 천진시 건설국 부국장, 천진시 시정공사국 부국장, 고문, 민혁 제5기 중앙위원, 천진시위원회 부주임위원을 역임하였고, 문화혁명 때 박해를 받아 투옥되었고 1983년 4월 9일 베이징에서 병사했다.

清 光緒 三十四年 四月 十九日 寅時

甲 癸 丁 戊
寅 酉 巳 申

56 46 36 26 16 6
癸 壬 辛 庚 己 戊
亥 戌 酉 申 未 午

금신격(金神格)이다. 아깝게도 지지에서 火局을 이루지 못하고 운로도 火의 고향으로 흐르지 아니하니 출생은 군벌(軍閥)의 집안이나 부모와 형제의 도움을 입을 뿐, 역량이 없다. 午運이 일찍 온 것이니 어려서 무엇을 할 수 있을 것인가. 未運은 火土의 땅이니 청년 시기에 지역에서 정치를 장악하였으나 차후에는 운로가 西方으로 바뀌니 金神이 태왕하게 된 것이다. 戌土와 癸水운에 이르면 다시 뛰어난 재주를 펼칠 수 있을 것이다.

251 朱光沐(주광목)

절강 소흥 사람으로 字는 수봉(秀峰). 국립 북경대학 법과를 졸업하였고, 안국군 제3, 4방면 군단부 비서 및 군법처장, 동3성 보안총사령부 군형처장, 동택신 민방위관 교육장, 동북변방군 사령관인 공서 비서 겸 동북지역을 역임하였으며, 국민정부 육해공군 부사령관 행영총무를 역임했다.

```
淸 光緒 卄三年 五月 十一日 巳時

己 己 丙 丁
巳 亥 午 酉

52 42 32 22 12  2
庚 辛 壬 癸 甲 乙
子 丑 寅 卯 辰 巳
```

己土 日主가 己巳時를 만나니 金神이 火의 위치에 앉아 있다. 5월에 태어나니 月令의 기운(氣運)과 통하였고 丙火가 투출(透出)하여 운로가 이르는 곳이 火의 고장(庫藏)이니 필히 병력의 권한을 잡아 귀함이 드러나는 것을 의심하지 않아도 된다. 東方 寅卯운도 아름다우나 火運에 힘을 얻음에는 미치지 못한다. 그것은 壬癸水가 천간에 있기 때문이다. 질적으로 부족함을 면하지 못한다.

252 袁良(원량)

절강 항현 사람으로 字는 문흠(文欽). 젊었을 때 일본에서 유학했고, 귀국 후 창투 경찰총판 겸 교섭원을 지냈고, 그 후 선양 교섭서 비서장이 되었다. 북양정부 국무원 참의, 전국 수리국 총재, 외교부 제2국장, 상해시 공안국장, 중화민국 제4대 북평시장을 역임했다.

```
清 光緖 九年 十月初 十日 午時
 丙 丁 癸 癸
 午 巳 亥 未

 60 50 40 30 20 10
 丁 戊 己 庚 辛 壬
 巳 午 未 申 酉 戌
```

水火가 서로 대립하고 있다. 기쁜 것은 亥未가 木으로 合하는 것이다. 소양(小陽) 춘(春)시절에 태어나니 木氣의 나무를 싸안고 있다. 亥中 壬水는 다시 丁火와 합하니 水火의 정(情)이 통하여 기제(旣濟)의 공을 이루었다. 月令이 천을(天乙)이고 역마(驛馬)가 沖을 만났으니 다른 지역에서 공훈(功勳)을 세움이 틀림없다. 40전에 재성이 왕하여 인성을 파하니 뜻하는 바를 펼치기 어려웠고 未運에 合하여 木의 묘고(墓庫)를 이루니 작은 일에 소 잡는 칼을 쓴 격이다. 아깝다. 東方운이 너무 늦게 오고 있다. 火運이 비록 아름다우나 인성만 못한 것이다.

253 傅宗耀(부종요)

절강성 진해(鎭海) 사람으로 字는 소암(筱庵). 근대 상인으로 1916년 엄자균(嚴子鈞), 우흡경(虞洽卿), 주보(朱葆) 등과 더불어 출자금을 만들어 상대원오금호(祥大源五金號)를 창립하여 총경리를 지냈다. 1926년 군벌 세력에 의지하여 상해상회 회장이 되었고, 1938년 상해특별시 시장이 되었다.

清 同治 十一年 十二月 初一日 巳時

癸 辛 壬 壬
巳 亥 子 申

52 42 32 22 12 2
戊 丁 丙 乙 甲 癸
午 巳 辰 卯 寅 丑

金氣는 차갑고 水는 냉(冷)하다. 반드시 丙火가 온난하게 해야 묘하다. 子月은 癸水가 月令을 장악한 시기다. 癸水가 투출하면 辛金이 얼까 두렵다. 이 사주는 巳中 丙火가 사주의 중심으로 만약 투출하였다면 귀함이 드러나는 것이 틀림없다. 아깝게도 癸水가 개두(蓋頭)하였으니 丙火가 건전하지 못하다. 壬水가 너무 많고 戊土의 제함이 없으니 巳火 중의 丙火와 戊土가 건록(建祿)을 얻었다하여도 투출하지 못한 것이 흠이므로 그 역량이 감소된다. 행운은 火土의 곳에 다다르면 자연히 발복한다.

254 錢永銘(전영명)

절강 오흥 사람으로 字는 신지(新之), 만호는 북감노인(北監老人). 어릴 때 사서오경을 읽었고, 교통은행 전임을 거쳐 염업은행, 금성은행, 중남은행, 대륙은행의 4은행 저축회 부주임 그리고 4은행 연합 준비 주임을 지냈다. 1928년 9월 장효약의 초청으로 사립 남통대학의 재단 이사가 되었다.

```
清光緒 十一年 七月二十日 午時
甲 丙 甲 乙
午 辰 申 酉

57 47 37 27 17  7
戊 己 庚 辛 壬 癸
寅 卯 辰 巳 午 未
```

7월의 丙火 일주는 이른바 태양이 황혼에 가깝다 한다. 호수와 바다(세상)에 남은 빛을 비추는 것을 말한다. 아깝게도 壬水가 투출하지 않아 작용할 수가 없다. 甲乙木은 무근(無根)하여 기세가 미약하다. 일원(日元)이 의지하는 바는 시지(時支)의 午火의 기운을 얻고, 辰土와 午火가 巳火를 공협(拱挾)하니 丙火가 지지에서 건록(建祿)을 얻은 것이다. 약한 가운데 왕함으로 바뀌었으므로 족히 재성을 다룰 수 있다. 申金이 月令을 장악하니 참된 오행이 쓰임을 얻은 것이다. 운행은 土金木火의 곳이 모두 좋다.

255 周作民(주작민)

강소 회안 사람으로 본명은 유신(維新). 금성은행의 회장 겸 사장을 역임한 중화민국의 은행가. 항일전쟁 당시 상해에서 금성은행 각지의 지점 업무를 지휘하였고, 1948년 국민당 정부의 협박에 못 이겨 홍콩으로 떠났다가, 1951년 북경으로 돌아와 전국 정협위원에 선출됐다. 1952년 공사합영은행 연합이사회 부회장을 역임했다.

```
清 光緒 十年 正月十六日 寅時
  壬 壬 丙 甲
  寅 辰 寅 申

  壬 辛 庚 己 戊 丁
  申 未 午 巳 辰 卯
```

壬水 일주가 1월에 출생하니 식신생재격(食神生財格)이다. 기쁘게도 寅中 甲木과 丙火를 얻어 함께 투출하니 참된 용신을 얻었다. 재성은 투출하고 관성은 암장(暗藏)되었다. 月日時에 卯木 천을(天乙)을 두 개나 공협(拱挾)하니 진실로 재정의 권력을 장악한다. 부유한 가운데 귀함이 있다. 壬水는 비록 申金에 통근(通根)하나 봄철이라 매우 약하다. 운로가 인성과 겁재의 곳으로 달려야 일주를 돕고 보태야 정신이 활짝 깨어나서 재성과 관성의 뜻을 얻는다.

256 張嘉璈(장가오)

강소 보산 출신으로 字는 공권(公權). 북경고등공업학당을 다녔고, 1906년 일본 게이오대에서 경제학을 전공하며 금융계 진출의 발판을 마련했다. 주요 작품으로는 《옛 중국의 인플레이션에 대하여》, 《옛 중국의 철도 건설에 대하여》 등이 있다.

```
清光緒 十五年 十月 二十一日 申時
庚 癸 乙 己
申 巳 亥 丑

52 42 32 22 12  2
己 庚 辛 壬 癸 甲
巳 午 未 申 酉 戌
```

10월의 癸水 일주는 왕한 가운데 약하다. 甲木이 움직여 싹이 자라기 때문이고 水氣의 원신(元神)을 설기하여 흩뿌리기 때문이다. 다행히 시주(時柱)에서 庚申을 만나 오로지 인수가 건록(建祿)을 합하였다. 다시 기쁜 것은 巳火가 亥水의 沖을 만나 재성 巳火가 인성 申金을 손상하지 않은 것이다. 당연히 인수를 용신으로 한다. 운로가 金水의 곳으로 달리니 근본(根本)과 쓰임이 함께 마땅하다.

257 虞和德(우화덕)

절강(浙江) 자계(慈溪) 사람으로 본명은 우흡경(虞洽卿), 字는 화덕(和德). 실업가이자 정치활동가. 1920년 동료들과 더불어 상해증권물품교역소를 창립하고, 이사장이 되었다. 1923년 상해총상회 회장에 당선되었고, 항전 시기에 항일애국 투쟁을 했다.

清同治六年 五月十八日 卯時

己庚丙丁
卯午午卯

54 44 34 24 14 4
庚辛壬癸甲乙
子丑寅卯辰巳

5월 丁火는 왕하고 뜨겁다. 庚金 일주가 午火 패지(敗地)에 있다. 사주가 (庚金일주) 통근(通根)이 없다. 木氣가 도우니 火氣는 왕하다. 마치 당연히 종살격(從殺格)을 이루는 것처럼 보인다. 시지에 있는 卯木은 이미 乙木의 전록(專祿)이다. 능히 庚金과 암합(暗合)하고 있다. 연지 卯木과 같은 기운이 상응하며 己土 정인이 상생(相生)하여 五陽干은 기(氣)를 따르되 세(勢)를 따르지 않는다. 종(從)할 수가 없다. 火金이 서로를 이루니 이른바 인성에 의해서 만들어진 격을 말함이다. 운로가 金水의 곳으로 달리면 길하다.

258 榮宗敬(영종경)

강소성 무석(無錫) 영항(榮巷) 사람으로 이름은 종금(宗錦), 字는 종경(宗敬). 중국 근대의 민족자본가이자 자선가, 애국지사로 전장업(錢莊業: 금융업)을 경영하다 1901년부터 영덕생 등과 보흥면분창과 복흥면분공사, 신신방직창을 창립했다. 아우 영덕생과 더불어 중국 '밀가루 대왕', '면사대왕(棉紗大王)'으로 일컬어진다.

```
淸 同治 六年 五月十八日 卯時 21)

    甲 戊 庚 癸
    寅 午 申 酉

 59 49 39 29 19  9
  甲 乙 丙 丁 戊 己
  寅 卯 辰 巳 午 未
```

연월(年月)은 金水이고 일시(日時)는 木火土이다. 각기 문호(門戶)를 담당하고 있어 서로 상극하는 장애가 없다. 식신생재격(食神生財格)으로 사용한다. 사주에서 庚金을 원두(源頭)로 하여 비록 생하더라도 쉬는 곳이 없다. 차례와 순서가 순조롭지 않으나 水木이 처음과 끝으로 서로 이어져 있지 않아 이른바 장애가 있는 마디이다. 戊土는 寅木에서 장생(長生)하고 역시 申金에서도 장생(長生)하므로 중화(中和)의 기운을 얻었다. 木運에서 통관(通關)함을 얻으면 마땅히 실업계에서 우두머리가 된다.

---

21) 원본에는 이렇게 표시되어 있으나 생시와 사주가 맞지 않는다. (淸 同治 十二年 十月 十二日)

259 黃金榮(황금영)

강소 소주 사람으로, 그의 가문은 절강 여요, 옛 상해의 청방 우두머리 집안이었다. 1920년대, 30년대에 두월생과 함께 '상해 3대형'이라고 불렸는데, 상해 사람들은 '황금영 애전, 장소임 선타, 두월생 회주'라고 이야기했다. 황금영은 중국 공산당의 반혁명 진압 운동의 유명한 인물이기도 했다.

清 同治 七年 十一月 初 一日 子時

甲 甲 甲 戊
子 戌 子 辰

58 48 38 28 18 8

庚 己 戊 丁 丙 乙
午 巳 辰 卯 寅 丑

子水와 辰土가 申金을 공협(拱挾)하고 子水와 戌土가 亥水를 공협하니 亥水와 申金은 건곤(乾坤)의 宮이다. 지지에서 모르게 모이는 길한 기운이다. 이름하기를 공협하여 천관지축격(天關地軸格)이라 한다. 마땅히 극도로 출세한다. 애석하게도 申金과 亥水가 함께 공망(空亡)에 떨어져 완전하지 않아 허망하다. 이열균 사주와 자못 비슷하다. 천하를 태평하게 다스리고자 하나 하늘이 위험하다고 말린다.

260 杜月笙(두월생)

장개석(蔣介石)의 후원자로, 별명은 아편대왕이다. 상해의 아편매매 총본사인 동흥공사(同興公司)를 경영하였다. 공산당을 토벌함으로써 장개석의 반공 쿠데타에 협력하여 그 공로로 육해공군 총사령부 참의가 되었다.

清 光緒 十四年 七月十五日 午時

壬 乙 庚 戊
午 丑 申 子

55 45 35 25 15 5
丙 乙 甲 癸 壬 辛
寅 丑 子 亥 戌 酉

재성과 관성 인성이 申金에서 나란히 투출하였으니 삼기격(三奇格)이다. 月令에서 세 가지 바른 기운을 얻었고 일지 좌하(座下) 丑土에서는 三福(편재, 편관, 편인)을 얻고 천을(天乙)이 비추니 음양(陰陽)을 모두 귀하게 갖추었다. 이 격은 귀한 징조가 있으나 얻는 것은 매우 곤란하겠다. 삼기(三奇)를 갖추었으나 바깥의 양(陽)이 안의 음(陰)을 쌓았으니 매사에 생각을 정한 후에 움직였다. 성정은 곧고 명백한 가운데 시간을 나누어 뜻하는 소원을 이루니 능히 목적을 달성한다. 이것이 영웅호걸의 본색이다. 전하기를 모든 호걸(豪傑)들이 그를 보고 부끄러움을 감추지 못하였다 한다.

261 張嘯林(장소림)

중화민국 초기에 잘 알려진 흑도(黑道)의 인물, 절강 저파 사람으로 상해 청방의 두목이었다. 명(名)은 장인(張寅), 字는 호명(虎鳴), 호는 소림(嘯林), 본명은 소림(小林)이었으나 후에 장인이라고 개명하였다. 청방에 합류하여 황금영, 두월생과 함께 '상해 청방', '상해 3대형'으로 불리며, 상해 사람들은 '황금영 애전, 장소임 선타, 두월생 회주'라고 이야기했다.

```
淸 光緖 三年 五月 十四日 寅時
甲 戊 丙 丁
寅 寅 午 丑

60 50 40 30 20 10
庚 辛 壬 癸 甲 乙
子 丑 寅 卯 辰 巳
```

월령 午火 양인이 당령하고, 時干 甲木 칠살이 녹을 얻었다. 칠살과 양인이 둘다 드러나 마땅히 병부를 장악하여 유명한 장수가 되었다. 寅午가 合이 되고 丙火가 투출되어 인수가 지나치나 칠살과 양인의 기운이 서로 관계를 맺어 中和 되니 복택이 두터웠다.

262　章炳麟(장병린)

절강성 여항(餘杭) 사람으로 본명은 학승(學乘), 字는 매숙(枚叔), 다른 이름은 장태염(章太炎), 호는 태염(太炎), 고란실주인(膏蘭室主人), 유자준사숙제자(劉子駿私淑弟子), 민국유민(民國遺民)이다. 근대의 민주혁명가이자 학자, 사상가이다. 채원배 등과 합작으로 광복회(光複會)를 발기시키고, 동맹회(同盟會)의 기관지《민보(民報)》의 주편(主編)을 맡았다. 뒤에 손중산(孫中山) 총통부의 추밀고문을 지냈다.

```
淸 同治 七年 十一月 三十日 申時

庚 癸 乙 戊
申 卯 丑 辰

58 48 38 28 18  8
辛 庚 己 戊 丁 丙
未 午 巳 辰 卯 寅
```

12월의 癸水 일주이니 추위가 매섭고 물이 얼었다. 사주에 丙火가 없으니 언 것을 해결할 수가 없다. 시간(時干)에 투출한 庚金이 지지에서 전록(專祿)을 만나니 金氣는 있으나 火가 없어 문장(文章)은 세상을 놀라게 하나 출세하기는 어렵다. (궁통보감(窮通寶鑑)을 보라.) 그러나 水木이 맑고 아름다워 식신의 빼어남이 드러난다. 한때의 쓰임을 얻으면 그의 모습이 비범하다. 문장으로 유명하여 스스로 이름을 천추에(오랜 세월) 날린다. 기필코 한때 이름을 드날린 사람이다.

263 袁伯夔(원백기)

〈근대 명인 명감〉에 수록된 것으로 미루어 중국 근대사의 중요인물 중 하나로 추정되나, 여러 사료를 면밀히 살펴보아도 어느 인물을 지칭하는지 알 수 없다.

```
清 同治 十年 五月 初七日 戌時
      戊 丙 甲 辛
      戌 申 午 未

56 46 36 26 16  6
 戊 己 庚 辛 壬 癸
 子 丑 寅 卯 辰 巳
```

5월 丙火 일주가 매우 뜨겁다. 기쁘게도 일지 좌하(座下)에 申金이 있어 장생(長生)의 水를 얻었고 庚金을 원두(源頭)로 하니 필히 사림(詞林)에서 명예를 떨치고 문원(文苑)에서 명성이 대단하다. 단 시상에 戊土가 戊土에 앉아 투출하여 화기(火氣)를 설기(洩氣)하니 刑되고 극제(剋制)됨이 무겁다. 火는 뜨겁고 土는 건조한 것이다. 엇비슷하게 수기(水氣)의 윤택함을 기뻐할 것 같다. 그러나 北方 운로에서 아름답지 못할 것이다. 대체로 火氣의 세력이 너무 조열(燥熱)하면 水氣가 격하게 작용하더라도 火가 그를 용서하지 않기 때문이다. 오히려 火를 생하지 않을까 두렵다.

264 胡適(호적)

중국의 철학자. 미국에서 듀이(John Dewey)에게 사사하여 그 흐름을 따른 실용주의자이다. 미국 유학 중 1917년에 『문학개량추의(文學改良芻議)』에서 구어문을 제창, 유교 비판과 함께 문학 혁명의 일익을 담당하였으나 문화 혁명 중 마르크스주의가 나타나면서 이에 강하게 대립, 정치적으로는 개량적인 호인정부론(好人政府論)을 제창, 사상적으로는 봉건적 전통 문화와 타협하기에 이른다. 1948년 중국에 공산당 정부가 수립되자 미국으로 망명하였다가 그 후 다시 대만으로 돌아가 국민당 정부의 부총통을 역임하는 등 요직을 거쳤다.

```
清 光緖 十七年 十一月 十七日 未時

丁 丁 庚 辛
未 丑 子 卯

53 43 33 23 13  3
甲 乙 丙 丁 戊 己
午 未 申 酉 戌 亥
```

　　11월의 丁火 일주는 기운이 약하고 매우 춥다. 연(年)에 인성과 시(時)에 비겁이 있어 종살(從殺)할 수가 없다. 庚金이 水氣의 근원(根源)을 발하여 재성이 七殺을 생하여 왕하게 한다. 비록 맑고 높은 이상으로 세속을 끊는다 하니 더불어 육친(六親)도 흐르는 물처럼, 골육(骨肉)도 뜬 구름처럼, 乙未 대운 이후에는 木火가 왕한 곳이니 혹 문자(文字)를 버리고 정치계에 생애를 바칠 것인가?

265　徐謙(서겸)

중국의 정치가. 친소용공적 노선을 취하였고, 국민정부를 우한으로 옮김과 동시에 배영운동을 지도, 한구(漢口)와 구강(九江)의 영국 조계 회수에 성공했다.

```
甲 甲 丙 壬
戌 午 午 申

壬 辛 庚 己 戊 丁
子 亥 戌 酉 申 未
```

火는 뜨겁고 木은 메말랐다. 水氣가 극히 필수적으로 요구된다. 壬水가 투출(透出)하여 申金에 통근(通根)하였으니 본래 용신을 얻음이 매우 좋다. 중간에 丙午가 있어 일주와 기(氣)를 통하지 못하고 있다. 甲木이 壬水의 윤택하게 함과 도움을 얻지 못하고 도리어 水氣가 바짝 메말라져서 이롭게 구제하는 작용을 못한다. 적천수(滴天髓)에서 말하기를, "유정(有情)하나 사람에 이간질로 인하여 은혜로움 중에 원망이 일어나 죽어서도 못 잊는다." 甲木이 무근(無根)하고 용신도 장애를 입었으니 이미 기운이 木火를 좇기도 불가능하고 또한 인성에 전적으로 의지하기도 불가능하니 의지를 결정할 수 없기 때문에 빈번히 장애가 있다. 비록 水運으로 가더라도 역시 힘을 얻기 어려운 것이다. 이 사주는 壬水가 월간(月干)에 투출하던가, 혹 7월에 생하였던가, 혹 壬申시에 출생하였다면 결단코 무료하고 적막하지 않았을 것이다.

266　日本 昭和天皇(일본 소화천황)

히로히토[裕仁]. 일본의 124대 천황으로 연호는 쇼와(昭和)이다. 즉위 이후 제2차 세계대전을 일으켰고 1945년 8월 15일 항복하였다.

```
乙 癸 甲 癸
卯 亥 子 酉
戊 己 庚 辛 壬 癸
午 未 申 酉 戌 亥
```

水木이 맑고 기이(奇異)하여 순수의 극치를 이루었다. 묘한 것은 酉金을 시작으로 위로 천간을 생하며 水木이 차례로 상생(相生)하여 아래로 내려가서 지지도 역시 水木으로 차례로 생하니 천지(天地)가 같은 흐름이다. 적천수(滴天髓)에서, "시작하는 곳에서 시작하며 끝나는 곳에서 끝난다."라고 이른다. 亥卯가 木局을 이루고 甲乙 원신(元神)이 투출하여 흐르니 식신의 빼어남이 두드러진다. 아까운 것은 사주에 재성이 없어 결점을 면할 수가 없다. 적천수에서, "독상(獨象)은 화지(化地)로 가는 것을 기뻐하니 化神이 창성함을 요청한다. 전상(全象)은 재성의 곳으로 가는 것을 기뻐하니 재성이 왕한 것을 요한다." 다만 그럼에도 사주에서 재성이 필요하다면 행운(行運) 역시 최고로 희망하는 곳은 재성의 곳이다. 戌運은 아름답지 않다. 金運은 水가 있어 생화(生化)하여 卯木을 다치지 아니한다. 己巳 대운 이후는 왕한 기운을 거역하여 오히려 과격한 재난이 일어날까 두렵다.

267 鄭孝胥(정효서)

복건 민후(閩候) 사람으로 字는 소감(蘇戡). 청나라 말의 관리, 정치인, 서법가로 서변방대신, 광동안찰사, 호남포정사 등을 역임했다. 신해혁명 후 칩거했다가 1932년에 만주국 총리대신 겸 문교총자가 되었다. 해서(楷書)에 조예가 깊었다.

```
清 咸豊 十年 閏三月 十二日 戌時

戊 丙 庚 庚
戌 午 辰 申

71 61 51 41 31 21 11  1
戊 丁 丙 乙 甲 癸 壬 辛
子 亥 戌 酉 申 未 午 巳
```

丙火와 庚金이 서로 마주보고 각기 문호(門戶)를 담임한다. 단 3월 丙火 일주이니 壬水와 甲木이 정당한 용신이다. 이제 水木을 보지 못하고 연월(年月)에 土金이 상생하니 식신이 재성을 생하는 격국이다. 申金과 辰土가 子水를 공협(拱挾)하여 관성이 되니, 午火와 戌土가 寅木을 공협하여 인성이 된다. 암장(暗藏)의 관성과 암장의 인성이 서로 생하며, 辰土와 午火가 巳火를 공협하니 일원(日元)이 건록(建祿)을 얻었으므로 귀함이 드러나는 것이 마땅하다. 3월의 火는 바야흐로 진기(進氣)의 때라. 土가 많아 설기(洩氣)하는 것도 무겁다. 스스로 재성과 인성을 같이 사용한다. 亥運에는 천을(天乙)이 인성을 만나니 늙어서도 형통(亨通)하다. 거짓됨에 빠지지 않아 어찌 한때에 드러남이 불가능하랴! 늙어서도 죽지 않는다는 것은 무리들에게 좋은 영향을 끼칠 따름이다.

268 陳寶琛(진보침)

복건성 민현(閩縣) 사람으로 字는 백잠(伯潛), 호는 도암(弢庵), 도암(陶庵), 귤은(橘隱). 청나라 말 진사(進士) 출신으로 강서학정, 내각학사, 예부시랑, 예학관총재 등을 역임했다. 장패륜, 황체방, 보정과 더불어 '청류사간(淸流四諫)'으로 일컬어진다.

清 道光二十八年 九月 廿三日 卯時

乙 癸 壬 戊
卯 巳 戌 申

76 66 56 46 36 26 16 6
庚 己 戊 丁 丙 乙 甲 癸
午 巳 辰 卯 寅 丑 子 亥

　9월의 水는 바야흐로 진기(進氣)이다. 일시에 천을귀인(天乙貴人)이 자리 잡고 申金과 戌土가 酉金을 공협(拱挾)하고, 巳火와 卯木이 辰土를 공협하며 辰酉가 암합(暗合)하여 일원(日元)의 인성이 되어 가지런히 정돈되어 순수하여 복택(福澤)과 장수의 징조이다. 비록 시절(時節)이 말세를 만나 맹렬한 기세의 조류(시대의 흐름)가 성명을 보전하고 절개가 온전하여 몸과 마음이 모두 편안하다. 바깥세상에서의 시끄러움의 타격을 입지 않는다. 천하에 홀로 후덕함을 얻지 못할지언정 연(年)에 戊土 정관이 月令에 있고 시(時)에 만난 乙卯는 식신 전록(專祿)이다. 이익과 권력이 비록 없을지라도 벼슬길에는 풍파가 없어 난초와 옥처럼 무성하다. 명성(名聲)은 맑고 봉황의 새끼처럼 훌륭했으나 애석하게도 평생에 辰土운을 만나지 못하니 아름다운 구슬이 깜깜한 곳에 던져지는 한탄을 면하지 못한다.

269 張作相(장작상)

직예 심현 사람으로 字는 보심(輔諶). 애국 민주 인사로 중국공산당의 친밀붕우, 장작림의 의형제, 장학량의 보좌관이다. 국민정부 국책 고문, 동북 행영 정치위원회 위원, 동북 토벌공 부총사령관, 주길 동북변방 부사령관 장관 겸 길림성 주석 및 동북 정무위원회 위원, 국민당 길림성 당무지도위원회 주위원회 위원을 역임했다.

清 光緖 七年二月初九日 卯時

辛 辛 辛 辛
卯 丑 卯 巳

52 42 32 22 12 2
乙 丙 丁 戊 己 庚
酉 戌 亥 子 丑 寅

천간이 辛金 하나의 기운이다. 연(年)과 일(日)에 巳火와 丑土가 지지에서 酉金의 건록(建祿)을 공협(拱挾)하니 천지가 교류되어 태평하다. 신왕하니 재성을 담임한다. 卯木 참된 신(神)이 사용함을 얻었으니 재물은 목숨을 이어가는 근원(根源)이 되겠다. 단 재성 이외에는 별로 내 것이 없다. 재물로 인하여 절개를 잃음을 면하지 못한다. 현재 乙運에 재물로 인하여 몸을 잃는다. 酉運으로 들어가면 비겁의 무리가 재성을 다투어 필히 재물로 화(禍)를 당한다.

270 梅蘭芳(매란방)

강소 태주(泰州) 사람으로 이름은 란(瀾), 학명(鶴鳴), 군자(裙姊)로 불렸다. 字는 완화(畹華), 호는 철옥헌주인(綴玉軒主人)이며, 예명은 난방(蘭芳)이다. 근대의 걸출한 경극(京劇)·곤극(崑劇) 연기자이다. 정연추, 상소운, 순혜생과 더불어 '사대명단(四大名旦)'으로 불렸다. 희곡을 바탕으로 한 매파(梅派)의 창시자이다.

```
清 光緒 二十年九月 廿四日 卯時
    癸 丁 甲 甲
    卯 酉 戌 午

    55 45 35 25 15  5
    庚 己 戊 丁 丙 乙
    辰 卯 寅 丑 子 亥
```

혹 어떤사람이 이르기를 壬寅時라고 하면 목화통명(木火通明)되었다. 재성과 관성이 맑고 순수하다. 당연히 사림(詞林)의 문인(文人)으로서 명예를 떨친다. 재관(財官)이 귀함을 두르고 있어 마땅히 문학으로 임금을 가까이 모시는 신하(臣下)이므로 약고 민첩한 무리는 아닐 것이다. 혹 말하기를 실제 태어남이 광서 17년 1월 26일 세 번 종이 울릴 때라면 그 시간은 경칩(驚蟄) 절기와 만나는 때이므로 오히려 3시 이전에 태어났다. 사주는 辛卯 庚寅 辛卯 庚寅이다. 3시 후라면 二月 절기이니 辛卯 辛卯 辛卯 辛卯이다. 끝내 어느 것이 진실일까? 증명을 기다려 본다. 3시 전후? 본인 역시 모른다는 것이 두렵다.

271 筍慧生(순혜생)

字는 혜성(慧聲), 호는 유향(留香), 예명은 백모단(白牡丹), 일명 사(詞)라고도 한다. 처음에는 병초(秉超)란 이름을 쓰다 후에 병이(秉彝)라고 개명했다. 여숙암과 호흡을 맞춰 '타어살가(打漁殺家)'를 시작한 후, 혜생(慧生)으로 이름을 바꿨다. 본관은 하북성 동광(東光)으로, 중국의 유명한 경극 공연가이자 '4대 명단' 중 한 명이다.

```
 淸 光緖 卄五年 十二月 初 五日 卯時
        乙 戊 丙 己
        卯 寅 子 亥
        60 50 40 30 20 10
        庚 辛 壬 癸 甲 乙
        午 未 申 酉 戌 亥
```

戊土가 仲秋(7월)에 태어나니 癸水가 왕성해진다. 丙火가 투출하니 언땅은 따듯함을 회복한다. 乙卯 관성이 전록(專祿)하고 寅, 亥, 卯의 기운은 木局을 결집한다. 관성이 강하여 신약하고 지지는 순하게 차례를 잇고(水生木), 천을귀인을 공협하여(丑) 도리어 귀기(貴氣)가 되었다. 이 명조가 참되다면 반드시 영관(약아 빠진 관리)으로 마치지 않았을 것이다. 국면의 변화가 먼 것은 아니다.

272 楊小樓(양소루)

안휘 부저 사람으로 이름은 삼원(三元). 경극 무생배우이며, 양파예술의 창시자이다. 매란방, 여숙암과 함께 '삼현'으로 불리며 경극계를 대표하는 인물이 되면서 '무생종사(武生宗師)'라는 명성을 얻었다.

```
淸 光緖 四年 十一月 初十日 午時

壬 乙 癸 戊
午 卯 亥 寅

51 41 31 21 11  1
己 戊 丁 丙 乙 甲
巳 辰 卯 寅 丑 子
```

乙木 일주가 10월에 태어나니 壬水가 당령(當令)하고 있어 음기(陰氣)가 지극하여 양기(陽氣)가 생하고 있다. 지지에서 寅亥卯 東方을 이루니 일주가 통근(通根)됨이 매우 잘 되었으므로 늙은 나무의 근본이 견고하다. 신왕(身旺)하여 설기(洩氣)함이 빼어나서 午中 丁火를 용신으로 한다. 묘한 것은 운로가 東南으로 달리니 木火가 왕한 곳이다. 戊辰 己巳 재성의 고장에서는 식신의 빼어남이 유행하니 늙어서도 건장함이 무르익는다. 사주에 戊癸가 상합(相合)하여 午火를 도우니 맑고 탁함 가운데 맑음을 구하는 것이 바른 이치이다. 마땅히 이름은 높았지만 관리로서는 약아빠지고 영악하였다.

273 孟小冬(맹소동) - 坤

여성, 북평 완평 사람이다. 이원세가(梨園世家) 출신으로 일찍부터 경극에서 재주가 뛰어나 여자 노년 배역을 맡았으며 '천진대풍보'로부터 '경극동황'이라는 평가를 받았고, 두월생의 다섯째 부인이 된다. 경극의 유명한 노생인 여숙암의 제자이자 여파의 훌륭한 전도인 중 한 명이다. 그녀는 위풍당당하고 의기양양하며 노래 곡조가 엄하고 중후하였다. 여성이었으나 연하고 가는 여성적 목소리는 아니었다.

```
淸 光緖 三十一年十一月十一日 卯時
         乙 戊 甲 戊
         卯 戊 子 申
        戊 己 庚 辛 壬 癸
        午 未 申 酉 戌 亥
```

戊戌 괴강(魁罡) 일주이다. 연(年)에서 비겁의 생조를 만나니 일원(日元)이 왕하다. 관살이 나란히 투출하였고 연월(年月)에 子水와 申金이 재성으로 모여 칠살(七殺)을 생한다. 시상 乙卯는 관성으로 건록(建祿)을 얻고 있어 관살이 서로 아래(지지)가 다르다. 관살(官殺)이 각기 나누어져 혼잡(混雜)하니 한 남편으로 마치는 것이 아님을 쉽게 볼 수 있다. 운로가 칠살을 제거(制去)하는 곳으로 들어가니 스스로 바른 길로 들어간다.

274 蔣驢子(장려자)

태평천국의 난이 막바지에 이르렀을 때, 태평천국의 수장인 이수성이 더이상 남경의 방어가 불가능하다는 것을 알고, 다음을 기약하며 태평천국의 모든 재물을 맡겼던 인물로 알려져 있다. 그는 나중에 장백만이라는 이름으로 남경으로 돌아왔으며, 그 때 빼돌린 재물과 사업수완으로 남경 최고의 부자가 되었다.

```
清 道光 二年七月初八日 寅時
    丙 甲 庚 癸
    寅 戌 申 未
  52 42 32 22 22  2
    甲 乙 丙 丁 戊 己
    寅 卯 辰 巳 午 未
```

홍양 다음에 남경(南京)에서 제일가는 부자이다. 서로 전하기를 장모(蔣某 = 蔣驢子)는 일찍이 당나귀를 모는 것으로 생활하였다. 증국전(曾國筌)이 남경(南京)을 파괴하자 장모(蔣某)는 역적 충왕 이수성(李秀成)의 보물을 운반하게 되었다. 이자성(李自成)이 체포되자 그 보물은 장모(蔣某)의 손으로 들어가니 이것 때문에 부자가 된 것이다. 지금 남경 사람들은 장모(蔣某)가 당나귀로 인하여 부자가 되었음을 모르는 사람이 없다. 운명을 이야기 하자면, 연월(年月)에 金水가 있고, 일시(日時)에 木火가 있어 각자 제 몫을 하고 있다. 月令에서 편관이 건록(建祿)을 얻고 시지(時支)에서 식신이 장생(長生)을 만나 재성의 고장(庫藏)을 이끌고, 甲木 일주는 좌하(座下)가 戌土이니 재성이 스스로 나에게 다가오는 것이다. 태어나기는 입추(立秋) 후 5일이다. 뜨거움이 아직 있으나 甲木 일주는 寅木의 건록을 얻었으나 극제(剋制)되고 설기(洩氣)되어 서로를 보태는 것이 불만스럽다. 甲運에 이르러 일주를 돕는데 편관과 식신이 본래 왕성하여 모두가 나에게 쓰이는 바가 되었다. 사주가 진실로 무너지지 않았으니 운로가 특별히 아름답다. 난세에 마땅히 행운아는 있을 수 있다.

275 樂吾自造(낙오자조)

이 책〈고금명인명감〉의 저자인 서락오 본인의 사주다. 서락오에 대해서는 이 책의 역자서문(4p)을 참고하라.

```
丙 丙 壬 丙
申 申 辰 戌

60 50 40 30 20 10
戊 丁 丙 乙 甲 癸
戌 酉 申 未 午 巳
```

종전에 명리(命理)를 이해하지 못하였을 때, 술사가 추산하기를 혹 천간에 투출한 세 개의 丙火와 하나의 칠살(七殺)이 투출하여 맑다고 하였는데 잘못된 것이다. 혹은 丙火 일주가 좌한 곳이 申金이고 壬水를 만나 요절의 징조라 한다. 위험한 헛소리로 들었다. 나는 그들의 말이 만족스럽지 못하여 스스로 연구하기로 발심(發心)하였다. 비로소 술가들의 말이 모두 천간을 관찰하지 않았음을 알았다.

천간에 세 개의 丙火가 戌土 묘고(墓庫)에 통근(通根)하니 약한 가운데 왕하다. 3월의 火氣는 일어나고 있으니 필히 壬水와 甲木이 나란히 투출하여야 한다. 丙火는 태양의 불이다. 水가 극함을 두려워하지 않으며 반대로 그 윤택함을 일으키기를 바라는 것이다. 만약 壬水가 투출하지 않았다면 필히 어리석은 벌레처럼 하천(下賤)할 것이므로 현재의 지위가 분명 아닐 것이다. 단 칠살(七殺)을 사용함에 제하는 것이 불가하다고 말하나, 壬水는 申金에 통근(通根)하고 다시 辰土와 申金이 서로 공협(拱挾)하여 하나의 칠살이 자못 강하다. 丙火 일주가 좌하(座下) 申金 절지(絶地)에 있으니 비록 戌土 묘고(墓庫)에 통근하고 천간 비견의 도움을 얻었다 하나 결단코 그 적수가 될 수가 없다. 필수적으로 인성을 용하여 변화시켜야 한다.

사주에 甲乙을 볼 수 없으니 이러한 바는 사용할 수가 없다. 늙도록 무능하다. 연상(年上) 천간 비견은 지지가 묘고(墓庫)라 말하기를 출생할 적에 집안이 알려져 있었으나 부모의 은혜를 일찍 잃게 되었으니 인성이 없는 것이며 음덕(陰德)이 항상(恒常)하지 않은 것이다.

세 개의 비견이 도우므로 형제가 3인이다. 자못 서로 도와 이익됨이 있다. 재성이 칠살을 생함이 나쁘고 土는 火를 어둡게 하여 좋은 것이 아니다. 그러므로 처자(妻子) 모두에게서 힘을 얻을 수 없다.

丙火는 태양의 불이다. 사주가 모두 양기라 성정이 조급하고 혼자 거만하다. 合하기 어려워 쓸쓸하다. 행운(行運)은 癸水가 칠살을 도우니 큰 병(病)으로 수차 위태로웠으나 다행히 巳火운이라 위험이 바뀌어 편안해졌다.

14세에 어수선하고 실망스러운 가정사가 많았다. 巳運에 丙火가 건록(建祿)을 얻으니 공부를 하여 시험에 이로움이 있어 학교에 들어갔다. 甲運에 편인이 화살(化殺)하나 애석하다. 사주에 木氣가 무근(無根)이라 시험에 매우 이로워 몸은 정치계에 두었으나 이루어짐이 없었다. 午運

에 丙火가 건록이 되어 왕하니 나라 광복을 이루게 되어 모든 일이 아름다웠다.

乙運 甲寅 乙卯년에 운세가 모두 길하여 다시 정치계에 들어서 봉우리 위로 집중하고자 하나 전도가 희망이 있는 듯 없었다. 역시 사주에 통근이 없었기 때문이다. 헛꿈이다.

未運에 조토(燥土)가 火를 어둡게 한다. 丙火는 水의 극제(剋制)는 두렵지 않으나 유독 土가 설기하여 빛의 가림을 꺼린다. 질병(疾病)으로 수년간 고통스러워 정신(精神)은 위축되었다.

丙運으로 바뀌자 약이 없어도 치유되었으나 비견이 재물을 나누니 큰 이익이 없겠다. 그러나 나를 돕는 것은 길한 것이다.

申運에 재성이 와서 칠살을 도우니 유년 壬申 癸酉에 일본군이 침략하는 1차 上海의 변란을 만나 집안은 기울고 재산은 없어졌으나 다행히 丙火가 개두(蓋頭)하여 넘어지지는 않았으나 일어설 곳도 없다.

현재 申運에 비록 流年이 이익되더라도 망동을 하지 말아야지. 장래 丁運에 壬水를 합하여 화살(化殺)하면 운로는 아름답다. 그러하여 나이 50이 넘으니 늙어 무능하겠지? 혹자는 의식의 염려는 없을 거라고 한다. 酉運은 申運과 같으니 세력을 비교하면 조금 완만하니 혹 다시 上海 변란 같은 것은 만나지 않겠지. 戊運은 조토(燥土)가 빛을 가리어 목숨도 이에 그칠 것이다. 61에 죽지 않으면 당연히 63, 4이겠지.

아무것도 이루지 못한 소년시절을 마음에 두지 않으려니 헛되고, 슬프고 절실하구나!

제6부

부. 왕희문 평 명리

附. 汪希文評命理

276 康有爲(강유위)

청나라 말의 공양학자, 정치가. 字는 광하(廣夏), 호는 남해(南海) 또는 장소(長素). 광동성 남해의 명문에서 출생하였으며, 소년기에 성인(聖人)을 이상으로 하여 엄격한 주자학의 교육을 받았다. 청년기에는 양명학에 전심, 정통파 유교에 대립하고 있던 금문학파 및 춘추공양학파의 영향을 크게 받고 중국사 및 불교서를 섭렵했다. 광서제의 신임을 얻고, 소위 무술변법을 시작하게 되어 헌법 개정, 극회 개설, 관리등용법 이하 여러 가지의 개혁 상유(上諭)가 내려졌는데 원세개의 배신에 의한 서태후 등 수구파의 쿠데타에 의해 실패하여 광서제는 유폐되고 그는 일본에 망명했다. 그 후 보황회(保皇會)를 조직하여 광서제를 옹립하려 한다. 제1혁명 후 복벽 운동, 존공(尊功) 운동에 관계했으나 실패하였고, 신중국 탄생의 전야에 천도에서 병사했다.

강씨(강유위)는 이전의 청대 함풍 8년 2월 초 6일 子時에 태어났다. 즉 1858년 3월 20일이며, 그 팔자는 다음과 같다.

```
庚 壬 乙 戊
子 子 卯 午
```

원래 이름은 조이(祖詒)이며, 자(字)는 장소(長素), 호(號)는 갱생(更生)이다. 남해현 사람이며 영남의 선비 주구강(朱九江 - 차기(次琦))의 뛰어난 제자이다.

광서 乙未년에 진사(進士)가 되었고, 관직은 궁부(工部) 주사(主事)로서 변법 유신의 의견을 솔선하여 부르짖었다. 광서 戊戌 변법(變法)이 세상을 놀라게 하였으나 결과는 실패하였다. 그러나 강유위는 (이 일로 인해) 일거에 그 이름을 세상에 알리게 되었다. 그가 처음 조직한 것은 보황당(保皇黨:황제를 보호하는)이며, 민국 후에는 진보당을 조직하고 정치계에서 국민당과 다툼을 벌였다. 지금은 바뀌어 민사당(民社黨)이라 한다.

그의 정치적 영향력은 대단하다. 만약 강유위가 위대한 인물이 아니라면 그의 일생의 삶과 업적을 모든 국민이 어찌 알겠는가? (그 업적에 대해서는) 따로 언급하지 않겠다.

손중산(손문) 선생은 청나라가 혁명으로 분주할 때 누차 사람들에게 말하곤 했다. 그는 강유위와의 연합을 원하였고, 또한 강유위의 사람들 중 으뜸인 양임공(梁任公:梁啓超)이 연합을 주장하였으나 강유위는 동의하지 않았다. 손중산 선생은 시종일관 함께 하자고 하였으나 결국 되지 못하였다.

손중산, 강유위 두 사람은 해외로 나가 국사를 펼치고자 노력하였다. 중산 선생은 영어를 배우고 일찍이 머리를 잘랐고 의복도 서양식이고 일체의 행동도 모두 서구화하였다. 강유위는 그런 것에 저항하며 의복도 긴 두루마기를 걸치고 서양의 복식을 하지 않았으며, 전통을 지키는 동방 선비의 풍모였다. 두 사람의 성격이 다른 것이다. 중산 선생은 성품이 활달하나 강유위는 집요하였으니 어찌 함께 할 수가 있겠는가.

사주를 보자면 입명은 寅宮이요. 태원은 丙子이다. 壬水 日主와 乙木이 고루 왕하여 水木 진상관격(眞傷官格)이다. 그러므로 이름을 성대히 떨친다. 연간(年干) 칠살(七殺)이 극제(剋制)됨이 태과하다. 그러므로 벼슬길에서 누차 뜻을 얻지 못하고 정권을 장악하려 하나 여의치 않다.

41세 戊戌년은 未運이라. 상관이 묘고(墓庫)에 들어가니 몇 번의 어려움이 있었으나 다행히 戌未가 刑하여 열렸으니 면함을 얻어 먼저 흉하나 나중에 길하다. 47세 이후는 庚申 辛酉운으로 20년이 金運이니 金剋木하여 상관을 극거(剋去)하여 칠살이 남으니 이름이 드날리고 재물도 많았다.

민국 6년 丁巳년에 장훈(張勳)의 복벽(황제 복위)을 찬동하나 일장춘몽이다. 민국 16년 丁卯년(70세) 그때는 이미 부의(溥儀)는 황제 자리에서 쫓겨나 북경을 떠나 천진에 거주하고 있었고 (강유위는 항상 황제가) 오래 사시기를 빌었다.

익년 戊辰은 壬戌운이다. 세운과 대운이 상충(相沖)하니 목숨을 마친다. 향년 71세이다.

듣기로는 폐위된 부의(溥儀) 황제가 당시에 시호(諡號)를 하사하려 하였으니, 청조에서 자주 사용되었던 문정공 같은 흔한 시호였다. 그런데 갑자기 (자희태후는) 강유위의 죽은 시체를 궐내로 끌고 와서 자희태후가 크게 꾸짖었다. 부의의 좌우 신하들은 크게 불경(不敬)을 저지른 것이라고 지적하며 책망하였다. 결국은 하사한 시호를 거두었다.

277 梁任公(양임공)

광동성 출신으로, 본명은 계초(啓超), 字는 탁여(卓如), 임보(任甫)이고, 호는 임공(任公), 음빙실주인(飮冰室主人), 음빙자(飮冰子), 애시객(哀時客), 중국지신민(中國之新民), 자유재주인(自由齋主人) 등이다. 청말민국초의 언론인, 정치가, 저술가이다. 강유위의 뒤를 따라 나라를 위해 활동하고 변법을 선동한 혁명가, 사상가이자 애국자였다. 뿐만 아니라 학식이 깊고 넓은 학자로서 교육으로 나라를 구하고 '새로운 국민'을 배양하기 위해 노력하여 명성이 높았다.

조사해 보니 양임공은 청대 동치 12년 정월 26일 巳時에 태어났다. 그 팔자는 다음과 같다.

癸 丙 甲 癸
巳 午 寅 酉

신회(新會) 양계초(梁啓超)는 14세에 읍내 학교에 입학하였다. 광서 己丑년 과거에 합격하니 나이 겨우 16세였다. 선군자(先君子 : 아버지)와 동년(同年) 戊戌 변법의 시기에 예기치 못한 재난을 만났으나 일본으로 도망하여 청의보(淸議報)와 신민총보(新民叢報)라는 신문을 차례로 만들어 통속적인 문체로 쉽게 글을 인도하니 道를 지키는 자들은 그를 일컬어 문장을 어지럽히는 자라 하였다.

민국 2년 북경정부에서 사법부 총장을 잠시 하다기 폐제국(幣制局 : 화폐를 만드는 기관) 총재를 맡고 민국 4년 원세개(袁世凱)가 황제를 칭할 때 양임공은 채악(蔡鍔)과 무리를 지어 전(滇) 지방에서 돌아와 군대를 일으켜 원세개를 토벌하였다. 민국 5년 잠춘훤(岑春煊)이 조경(肇慶)지역에서 조직한 양광(兩廣)사령부에서 참모로 있었다. 당시 나 역시 조경 군사기구에 재직하고 있었다. 양임공 선생과 항상 마음을 터놓으면서 많은 가르침을 입었다.

민국 6년 장훈(張勳)이 복벽(復辟)[22]을 일으키니 그의 스승 강씨도 그 모의를 함께 했다. 양임공은 단 합비(合肥:이홍장 측)를 보좌하여 병력을 일으켜 평안하고자 하고, 재정총장을 맡았으나 단 합비가 하야하자 북평 연경대학에서 학생들을 가르치니 그 환영하는 바가 극진하였다. 소변에서 피를 흘리는 병(病)을 앓아 고치지 못하고 죽었다.

입명은 酉宮이다. 우수 후에 출생하니 木이 왕하고 丙火 일주는 장생(長生)이다. 일원(日元) 좌하(座下)에 양인(陽刃)이 있고, 시주에 귀록하니 원신(元神)이 매우 치열하다. 목화통명(木火通明)이다. 자기의 문장(文章)이 천하를 드러냄을 당연하다 하였다.

金을 보는 것이 기쁜 것은 癸水 관성을 생조(生助)하는 것이다. 일찍이 丑運에 金局을 이루었기 때문에 어린나이에 이름을 떨쳤다. 광서 戊戌변법 때에는 양임공의 나이가 25이며 子運에 있었다. 子午가 상충(相沖)하니 양인(陽刃)은 冲을 최고로 싫어한다. 그러므로 망명하여 출국한다.

중년 운로가 辛亥 庚戌운이라. 庚辛금이 스스로 희신이다. 亥運은 일

---

22) 복벽(復辟): 퇴위(退位)한 천자(天子)가 다시 즉위함.

주의 건록(建祿) 巳火을 沖하여 싫고, 戌運은 火局으로 모여 아름다운 옥(玉)에 흠이 생기니 승진하고 떨어지는 것이 일정할 수가 없었다. 단 연구하여 보면 庚辛金이 개두(蓋頭)하여 두 번 씩이나 총장을 맡아 아름다운 보상을 받았다.

민국 8년(己未년) 己土운으로 바뀌자 상관이 관성을 보게 되니 한 번 넘어지자 다시 일어설 수가 없었고 오로지 학문을 가르칠 뿐 다시 벼슬에 나아갈 수 없다.

민국 18년, 己巳년에 소변에서 피를 흘리는 병(病)이 들자, 친우들이 중국의 의사에게 갈 것인지, 서양의사에게 갈 것인지를 두고 서로 주장을 펼쳤다. 이에 양임공이 결정을 내리지 못하자 집안 회의를 소집하니 다수가 서양의사에게 진료를 받고자 하여 北平 협화의원에 머물러 치료하였다.

그때 의사가 진단하기를 이 병(病)은 왼쪽 불알을 째야 병이 낳는다 하였고, 또 말하기를 병(病)의 실재는 오른쪽 불알이라 하여 그것을 제거하였으나 낫지 아니하였다. (그러자 의사가) 다시 말하기를 그 병은 치아에 있다 하여 (치아를) 모두 뽑았으나 소변에서 피가 그치지 아니하니 죽게 되었다.

나이 겨우 50이라. 세상 사람들은 애석하다 하였다.

278 朱啓鈐(주계검)

귀주성 개양(開陽) 사람으로 字는 계신(桂辛) 혹은 계신(桂莘), 호는 확공(蠖公) 혹은 확원(蠖園). 근대 시기의 정치가이자 북양정부 관리, 애국지사, 실업가, 고건축학자, 공예예술가이다.

주계검은 청대 동치 11년 10월 22일 진시에 태어났다. 그 팔자는 다음과 같다.

```
丙 癸 辛 壬
辰 酉 亥 申
```

주계검의 자(字)는 규신(桂莘)이며, 귀주성(貴州省) 자강현(紫江縣) 사람이다. 민국 초에는 내무총장과 교통총장, 국무총리 등의 직책을 역임했다. 주계검은 양사이(梁士詒) 영도 하의 교통 계열 인물이다. 역시 마군(馬君)의 강한 필력에서 묘사한 朱 5소저(小姐)의 아버지이다.

주계검은 청나라에서 일찍이 과거에 급제하여 북경에서 재물을 바치고 관리가 되었다. 벼슬을 옮겨 가면서 4품(四品) 경당(京堂)이 되었으며, 민국 초에 교통 계열에서 두각을 나타냈다. 사람됨은 화평한 기운이 있으며 태도가 얌전하고 꼼꼼하였으며 침착하고 사람 됨됨이가 진중하였다.

출생은 옛날 가정이었으나 풍속은 앞서 가서 아녀자들의 사회적 행동을 자연스럽게 여기어 간섭을 하지 않았다. (그러한 모습에) 민국 초에 道를 지키는 사람들은 전체적으로 지나쳤다고 주계검을 공격하였으나 그는 다른 사람들을 설득하면서 아녀자를 돌보았다. 그러자 사람들이 시구(詩句)를 지어서 신문에 실어 풍자하였다. "동아시아가 변하여 서구가 되니 도처에서 사람들이 자유를 말하는구나. 한 기차에 타서 등을 밝히어 시내를 가는구나. 풍속이 앞서오는구나." 그러나 주계검은 일소에 부치면서 개의치 않았다.

민국 5년에 홍헌제(洪憲帝)의 제도가 실패하자 지명수배를 당하여 정치계에서 떠나 천진에 머물다가 상해로 옮겨갔다. 다른 사람들은 엽공작(葉恭綽)[23]에게 열중하여 지명수배를 당한 이후를 모르고 하는 소리였다. 모은 책을 지니고 다시는 세상에 물음에 응하지 않고 문을 닫아걸고 학문에 열중하였다.

그의 최대 공헌은 《李明仲 집짓는 건축 방식》을 간행한 것이다. 이 책을 출간하자 중국 건축가들은 모범이라 받들었으며 그 영향은 심대하였다. 30년 전의 일이다.

또한 《존소당(存素堂)》이 지은 사수록(絲繡錄)》과 《여홍전(女紅傳)》 모두 문헌으로서의 공헌이 지대하다.

1956년 주계검이 85세일 때 사람들이 바다를 건너 홍콩에 와서 말하기를 "항상 편안하시고 건강하시어 편안하게 거처하십시오."라고 하

---

23) 광동 번우 사람으로, 근대 불교 부흥에 필요했던 현실적인 여건을 만들어 냈고, 중국 문화의 보존과 선양이 주된 활동이었으며, 문화와 문물을 보호하는 데 힘썼다

였다. 그러나 근년에는 그의 정황을 알지 못하겠다.

입명(立命)은 寅宮이고, 태원(胎元)은 壬寅이다. 납음(納音)은 두 개의 土와 세 개의 金이다. 土金이 상생하니 아름다운 격국이다. 癸水 일원(日元)이 亥月에 득령(得令)하고 亥中 甲木과 辰宮 乙木이 있어 빼어난 기운이 모였다. 水木 상관으로 논한다.

45세 이전은 甲寅 乙卯운이니 아름다운 기운이 드러나서 귀함이 드러나 자리를 잡았다. 丙運 정재로 바뀌자 원국 壬水 겁재를 만나니 홍헌제(洪憲帝)의 패착이 있었고, 결국은 달아났다. 이후에는 다시 木運이 없으니 다시 재기가 힘들겠다. 태어나기를 辰時이지 水의 묘고(墓庫)다. 만년에는 평안하다. 현재 이미 庚운으로 바뀌고 명년 庚子에는 세운과 대운이 함께 하니 생각하기에 목숨이 그치겠다. 그러나 이미 89세에 이르렀다.

279　張宗昌(장종창)　*[164]와 同

중국 청대의 문인화가. 字는 묵존(墨存), 호는 황촌(篁村). 가오성 소주 황촌 사람으로 황정의 문하생, 담묵건찰에 의한 산수화가 훌륭했다. 건륭 16년(1751) 건륭제 남순 때 화책을 진정하여 그 은상으로 내정 공봉이 되었다. 건륭 19년(1754) 호부주사를 받았으나 노년으로 사퇴하고 귀향했다. 아들 장합도 화가였다.

장종창은 청대 광서 8년 정월 15일 인시에 태어났다. 그 팔자는 다음과 같다.

```
壬 壬 壬 壬
寅 寅 寅 午
```

중국의 옛 관습은 오랜 가뭄에 비가 오지 않으면 오로지 기우제를 지내는 방법뿐이었다. 혹 법단(法緞)을 설치하여 경전을 읽거나 혹 용왕묘에서 영험함을 비는 것이다. 효험이 있는지 없는지는 사람으로서 감히 할 소리가 아니다. 그러나 관리들이 오래 가뭄에도 비를 구하는 행위를 하지 않는다면 농민들로부터 필연코 원망을 들었다.

명성이 높은 개고기 장군[狗肉將軍] 장종창은 동북 군벌 장작림의 부하였다. 민국 14, 5년에 산동독군으로서 큰 가뭄을 만나자 민중들이 기우제를 지내기를 요청하였고, 장종창은 본래 이를 불신했으나 고사(故

事)를 들면서 사정하니 하지 않을 수가 없었다.

용왕묘 앞에 법단을 설치할 것을 명하고 경전을 염송하는데 장군이 친히 와서 기도를 한다고 하자 농민들이 이를 듣고 크게 기뻐하였다. 장종창은 용왕묘에 이르자 향을 피우지 않고, 기도하는 예의도 차리지 않고 직접 용왕 앞에 서서 손으로 신상(神像)의 뺨을 비비면서 큰 소리로 야단치기를 "이놈아, 너는 어째 비를 안 내리냐. 늙은 백성들이 얼마나 고통스럽고 힘들겠느냐. 다시 비를 안 내려!! 늙은 것아 답을 줘." 하고 난리를 치고 차를 타고 가버렸다.

민중들이 보기에 등골이 서늘할 지경이다. 그럼에도 말은 못하고 3일이 지나도 비 오는 소식이 없자, 장종창은 제남 천불산에 있는 포병단에게 산을 지나쳐 포 19문을 벌려서 실탄을 하늘을 향해 쏘라고 명했다. "쾅! 쾅쾅!!" 그 일이 효과가 있어 다음날에 물동이를 기울여 뒤집어엎을 만큼 큰 비가 쏟아졌다. 당시 상해신문에서는 '전에 듣지 못했던' 기우제라 하였다.

장종창에게는 '세 가지 모르는 것'이 있다. 첫째는 (자신의) 군부대 인원의 많고 적음을 모르고, 둘째는 마누라가 몇이 있는 줄 모르고, 셋째는 재산이 얼마인지 모르는 것이었다.

이상한 소문들은 늘상 듣는 소리라 다 적을 수가 없다. 그 팔자에서 한 가지만 말한 것이다.

천간에 네 개의 壬水는 이른바 천원일기격이다. 애석하게도 壬水가 지지에서 통근(通根)이 없다. 연월에 寅午 화국(火局)이 半局으로 모여 자못 수화기제(水火旣濟)의 상이다. 묘한 것은 경칩(驚蟄) 전 1일에 태어나니 甲木이 왕성하다. 木神이 水火를 통하게 하니 水木火 상생을 이루고 상하(上下)의 기운이 서로 교류하니 기제를 이루었다. 이른바 '감리(坎離)가 천지 가운데 기운을 주재하고 있으며' 서로 이루어진 것이다. 壬水를 근원의 시작으로 하여 火氣가 혈처(穴處)를 맺은 것이다. 관살(官殺)을 보게 되면 水의 근원(根源)이 파괴되고 火氣 역시 설기된다. 격국론으로 말하자면 '육임추간격'이다.

본래 부자이고 귀한 명이 아니다. 단 난세에는 관직(官職)이라도 귀함이 적은 것이다. 그러나 치부를 하려면 관(官)이 필요하다. 장종창의 운로는 巳火 丙午 丁火운 20년에 일개 촌놈으로서 일약 중심부를 장악하여 재빠르게 적응하는 호협함이 있어 재물은 무지무지하게 많았다. 즉 돈으로 귀함을 이루었다. 난세에서는 당연한 것이다. 마누라가 열둘임에도 그치지 않았으니 역시 재성이 왕한 징조이다.

未運으로 바뀌니 정관운이라. 권력과 직위를 잃으니 51세 후이다. 戊土가 일주를 극하고 재성을 설기(洩氣)하니 갑자기 원수에게 살해되어 비명에 죽었다. 다 명리(命理)의 뜻이다.

민간에서 말하기를 첫째는 명(命)이요. 둘째는 운(運)이고, 셋째는 풍수(風水)요. 넷째는 음덕(陰德)이고, 다섯째는 독서(讀書)라 한다. 이 다섯 가지로 그 사람의 잘잘못을 결정한다.

장종창은 배움이 없고 술수(術數)가 없어 행동이 괴팍스러웠으나 팔자가 좋아 부귀(富貴)를 얻은 것이다. 좋은 운이 지나고 나니 아름답지 않게 죽는구나. 아! 당연한 일이다.

280 孫傳芳與施劍翹(손전방과 시검교)

중국의 군인, 직계파의 군벌. 호북독군 왕점원에게서 오패부에게로 옮겨 강소독판 양수정을 내몰고 봉천파를 중국 남동부에서 일소한 뒤 자립화를 꾀했다. 남동 5성의 자치를 표방하고 혁명운동을 탄압했으나 북벌군에 패해 안국군에 참가했다.

조사해 보니 손전방은 광서 11년 3월초 3일 申時에 태어났다. 그 팔자는 다음과 같다.

```
戊 壬 庚 乙
申 寅 辰 酉
```

손전방의 字는 형원(馨遠)이다. 일본 사관학교를 마치고 본래 직계 군벌 하에 있었다. 민국 14, 5년간 점차 지반을 확대하니 소, 절, 민, 환, 공 오성(五省) 연합군의 총사령이다. 봉천파와 직계파가 2차 전쟁을 할 때 오패부(吳佩孚)를 패퇴시킨 후 손전방의 세력은 오패부를 능가하는 위치가 되었다.

손전방과 같이 배우던 학우 중에 시중빈(施仲濱)이 있었는데 그는 시검교(施劍翹) 여사의 아버지이며 손전방의 부하다. 공훈을 세워 발탁되어 독립여단장이 되었다. 시중빈은 성품이 곧고 명백하여 손전방을 대할 때마다 얼굴을 쳐다보며 곧바로 간언하였으며 다른 곳에서는 감회를 나누는 친구로 지냈다.

충성을 다하여 간쟁을 하다가 뜻하지 않게 손전방의 의심을 사게 되는데 주위 사람들이 거듭하여 속이는 말로 이간질을 하자, 손정방은 자신의 욕망을 감추고 즐거운 듯하였다.

어느 저녁에 연회를 베풀고 시중빈을 불렀는데, 그가 자리에 앉자 구금하여 다음 새벽이 되지도 않은 시각에 죄명을 들이대며 창검으로 (사형을) 집행하였다. 형을 집행하기 전에 시중빈은 자신을 따르는 측근에게 부탁하기를 사랑하는 여식 검교(劍翹)에게 "나는 무고하게 죽음을 당하였다"고 전해달라 말했다. 마음 가득히 쓴 맛이다. 여아에게 응당히 원수를 갚기를 다짐하며 못 갚으면 죽어서도 눈을 감지 못하리라 한 것이다.

시검교는 어려서부터 가정교육을 받아 문학의 근본되는 기운이 어둡지 않았고, 공격하는 기술을 또한 공부하고 훈련하였다. 그녀는 그의 아버지가 억울하게 죽었다는 것을 알고 "기회를 엿보아 아버지의 원수를 갚으리라."고 맹세하였다.

처음 손전방의 군대는 남경에 웅거하여 중앙에 출입하며 호응하였다. 시검교는 원수를 갚으려는 마음이 간절하였으나 급하게 서두르는 것은 하수에 지나지 않는다 생각하였다.

이어 민국 17년 후에 손전방의 병력이 패주하여 뒤로 물러나게 되었고, 손전방은 천진 조계에 머물면서 평시에는 거처에 깊이 있으며 책이나 보고 있었다. 그 후의 자세한 상황은 알지 못하나 불교를 믿는 손전방은 때때로 불당에서 불경을 듣곤 하였다. 시검교는 이런 소식을 듣고 기회를 보아 실수 없이 복수하겠다 작심하고 역시 (불당에) 왕래하면서 손전방과 경전 말씀을 같이 들었다.

어느 날 손전방을 발꿈치처럼 수행하는 수하가 없자 시검교는 즉시 손전방의 뒤로 가서 그의 뒤통수를 창으로 찔렀고, 손전방은 즉시 엎어지면서 죽고 말았다. 불당 안은 몹시 혼란스러운 상황이 되었고, 이에 시검교가 큰 소리로 말하기를 "나는 돌아가신 아버지의 원수를 갚았습니다. 여러분과는 관계가 없습니다."하고는 스스로 관청에 자수하였다.

후에 법원에서 조사를 받을 때에 시검교는 강개한 목소리로 스스로 적은 공소장을 읽었다. 시 한 편을 지어 "눈썹에 한을 머금은 것은 하루가 1년 같다. 아버지를 죽인 원수와는 같은 하늘아래 살 수 없다. 이러한 뜻으로 삼척이 모자라는 검으로 일편단심 구천에 계신 아버님을 위로한다."라는 애끓는 정을 표하면서 격앙하였다.

그것은 법관들과 심리에 참여한 모두를 놀라게 하였다. 이러한 사실이 발생한 후에 전국의 신문들이 머리기사로 전하니 여론은 그녀를 동정하고 성원하는 마음으로 일치하였다. 이에 국민정부에서는 사람들의 호소를 듣고 명령하기를 마땅히 특사하라 하였다.

차후 시검교는 교육계에 헌신하며 일본과 싸우는 항전 시기에는 국민정부 참정원으로 임명되었으나 완곡히 사양하고 취임하지 않고 전력을 다하여 사회 교육에 매진하였다.

대륙이 공산화 된 후 세상일이 아득하구나! 일대의 영웅을 모르는가. 금일에도 건재하신지? (편집자 : 1960년 5월에 홍콩 신문이 전하기를 시검교 여사는 오대산에서 수행한다 하였다.)

손전방은 청명절 10일에 태어나니 봄의 壬水가 月令을 얻으며 인수가 세 개나 있고 申辰 半水局이니 스스로 왕함이 의심없다. 辰宮에서 七殺이 투출하여 時干에 있고, 寅申 역마(驛馬)가 충동(沖動)하니 자기 스스로 강토(疆土)를 지키는 장수의 명(命)이라 하였다.

민국 8년 己未년(35세) 丙運으로 바뀌자 편인을 제거하고 칠살을 도와 곧바로 지위가 오른다. 민국 11년 壬戌에 칠살 辰 묘고(墓庫)가 沖이 되어 열리어 뜻한 바대로 長江 총사령이 되었다. 민국 12년 癸亥는 戊癸가 합하여 火가 되니 민 지역의 도독(都督)이 되고 민국 13년 甲子는 木火가 상생(相生)하니 응당 승리하고 이어서 乙丑 丙寅에는 다섯 지역 연합군의 통수로 임명된다. 주춤대지 않는 운명이도다!

40 후에 子運으로 바뀌자 申子辰 수국(水局)을 형성하니 丙火 대운과 배치된 것이다. 한 번 패함에 그대로 쓰러졌다. 민국 17년 戊辰에 子辰이 다시 수국(水局)으로 모이니 죽음이로구나. 인과응보가 당연하다. 팔자에 의하면 일시(日時)가 천극지충(天剋地沖)을 범한 것이다. 戊土가 壬水를 극하고 申金이 寅木을 沖한 것이다. 편안하게 죽기는 어렵겠다.

281 熊希齡(웅희령) *[230]과 同

호남(湖南) 봉황고성(鳳凰古城) 사람으로 字는 병삼(秉三)이고, 호는 명지각주인(明志閣主人), 쌍청거사(雙淸居士). 청말민국초의 정치가이자 교육가, 자선가이다. 천부적으로 총명하고 지혜로워 일찍이 '호남신동(湖南神童)'으로 일컬어진다. 1894년에 진사(進士)에 급제하여 한림원서길사(翰林院庶吉士)로 낙점되었다. 1913년에 민국(民國) 제1대 총리에 선출되었고, 원세개(袁世凱)가 다시 봉건 황제제도로 회귀하는 것에 반대하고 사직했다. 그 후에 자선(慈善)과 교육사업에 매진하여 1920년에 향산자유원(香山慈幼院)을 창설했다.

조사해 보니 웅희령은 청대 동치 9년 6월 25일 亥時에 태어났다. 그 팔자는 다음과 같다.

```
丁 庚 癸 庚
亥 申 未 午
```

웅희령의 자(字)는 병삼(秉三)으로, 호남 봉황현 사람이다. 청조에서 한림을 지내고 양임공이 상(湘) 지역에서 가르칠 때 그도 동정을 표하여 이로써 동지가 되었고, 광서 戊戌 변법에 웅희령도 연루되어 명성을 잃고 잠적하였다가 광서 30년에 다시 출사하였다.

민국 원년 원세개(袁世凱)가 웅희령을 재정총장에 임용하고 민국 2년에 진보당과 원세개가 합작하여 국민당을 무너뜨렸으며, 웅희령은 국무총리가 되었다. 양계초(梁啓超)와 장건(張謇) 등 명류 인사들을 입각시켰기에 일류 내각이라 이르고, 그때의 사람들은 웅희령을 봉황이라 칭하였다. 웅희령은 다음 해에 하야하고 그 후에는 화북지역에서 각종 사회단체를 아울러 자선사업을 행하였으니 사회에서 어진 사람이었다.

민국 24년에 웅희령은 이미 66세의 고령이었고, 일찍이 아내와 사별하였다. 새로 부인을 얻으니 당시 33세의 모언문 여사다. 금릉여대를 졸업하였는데, 구애 끝에 뜻밖에도 결혼에 성공하였다. 신랑의 나이는 신부보다 배나 많았고, 결혼을 약속하면서 두 사람 사이에 다른 조건 없이 모 여사가 유일하게 요구한 것은 수염을 깎으라는 것이었다. (그런 이유로) 20년 동안 기른 수염을 깎았다.

당시에 한 늙은 친구가 웅희령에게 말하기를 "너는 이미 66세가 넘었고 나이가 적지 않은데 구태여 이런 일을 많이 할 필요가 있겠는가?" 하자, 웅희령이 대답하여 답하기를 "나는 지금 이 하나만은 분명히 하는데 저 사람이 아니면 안 된다." 두 사람의 말이 모두 명확하였다. 멀고 가까운 곳에서 아름다운 말이라 전해진다.

민국 26년 노구교 七七 사건의 변란이 벌어지자 웅희령은 애처를 상해로 피난시키고 제2차 일본군이 침략한 8.13 상해 사변이 나자 다시 홍콩으로 피난시켰고, 민국 30년 일제가 홍콩을 함락하기 전에 병으로 죽었다.

웅희령의 입명(立命)은 戌宮, 태원(胎元)은 甲戌. 납음(納音)은 두 개의 木과 두 개의 土이니 제방의 언덕을 고치어 완성한 것이다. 시간 丁火 관성은 건록을 언지 午宮에서 얻고 庚申 일주는 전록(專祿)이다. 未月에 태어나니 본래 庚金은 火가 뜨겁고 土는 메마른 것을 기뻐하지 않는다. 다행히 癸水가 未土궁 위에 앉았으나 습토(濕土)라 할 만하니 이로써 윤택함을 얻었다. 未土는 스스로 金을 생하는 효과가 있다. 신왕한 것이다. 묘한 것은 亥未가 반회(半會) 재성의 局이 되어 관성을 생하고 있다. 관성은 자연히 드러나 출세한다.

민국 2년 癸丑년(44세)에 귀인을 갖추며 亥運에서는 식신이 생재(生財)하니 직위가 우두머리이다. 이후에는 재기할 수가 없다. 사회에서 이름난 사람일 뿐이다.

민국 24년 乙亥(66세) 丑運이니 재성이고, 丑未가 재성의 고장(庫藏)을 沖하여 개고(開庫)하니 논명하기를 재성은 처(妻)성이라. 그 해에 숙녀를 배우로 얻으니 적확하구나! 운명의 그러함이여.

민국 30년 辛巳년에 이미 寅運으로 바뀌어 寅申巳亥 사맹(四孟)이 전체가 沖하므로 홍콩 우거에서 72세로 죽는다.

282 章太炎(장태염) *[262]와 同

본명은 장병린, 절강(浙江) 여항(餘杭) 사람으로 본명은 학승(學乘)이고, 字는 매숙(枚叔), 호는 태염(太炎), 고란실주인(膏蘭室主人), 유자준사숙제자(劉子駿私淑弟子), 민국유민(民國遺民)이다. 근대 시기의 민주혁명가이자 학자, 사상가이다. 채원배(蔡元培) 등과 합작으로 광복회(光複會)를 발기시키고, 동맹회(同盟會)의 기관지《민보(民報)》의 주편(主編)을 맡았다. 뒤에 손중산(孫中山) 총통부(總統府)의 추밀고문(樞密顧問)을 지냈다. 저서로《장씨총서(章氏叢書)》,《장태염연부장편(章太炎年譜長編)》,《장태염의론(章太炎醫論)》등이 있다.

장태염은 청대 동치 7년 11월 30일에 태어났다. 그 팔자는 다음과 같다.

```
庚 癸 乙 戊
申 卯 丑 辰
```

장태염(章太炎)은 이름이 병린(炳麟)이며 절강성 여요현 사람이다. 근대의 훌륭한 스승이다. 성명이 천하에 넘치고 영예로움이 수십 년이나 쇠약하지 않았다.

민국 이전에 중국에는 양대 정당이 활동하였는데, 하나는 국부 손문이 이끄는 혁명당이고, 또 하나는 강유위(康有爲)가 이끄는 보황당이었는데 강유위는 옛날 문헌에 뛰어났다. 혁명당에서 옛날 문헌에 뛰어나 사람이 장태염이다. 장태염, 강유위 두 사람은 근대 문단의 제주(祭酒:우두머리)이다. 두 사람의 수준이 엇비슷하여 서로 우열을 다툴만 하였다.

민국 초에 장태염은 북경에 거주하였는데, 원세개(袁世凱)가 심히 힘이 있음에도 불구하고 그에 반대하여 직접 원세개에게 나쁘다 호통을 치니, 원세개가 그를 연금시켰으나 해를 끼치지는 않았다. 그의 빼어남을 세상 사람들은 다 아니 번거롭게 언급하지 않겠다. 다만 오직 하나 둘의 숨겨진 일이 있으니 세상 사람들은 알지 못한다.

민국 18년에 국민정부는 국부 손문의 유해를 남경 자금산에 봉안하였고, 국민당 중앙상무위원회가 호한민(胡漢民)에게 신도비(神道碑)를 쓰게 하였는데 호한민이 스스로 말하기를 "나의 문장은 태염에게 미치지 못한다"라고 하였다. 당시 태염은 소주에 머물면서 학생들을 가르치고 있었다.

국민당 정부에서는 사람을 보내 1만원을 주며 장태염에게 신도비를 써 주기를 요청하니 태염이 흔쾌히 응하며 칭송하기를 "국부께서는 만주족의 청나라를 뒤엎고, 군벌들을 타도하는 등 큰일을 하셨다."라고 하였고, 마지막으로 지적하여 규명하기를 "국부 선생께서 먼저 공산주의를 용납하는 것이 자질구레 일이라고 하신 것을 말한다."라고 하였다.

당시 국민정부는 온 힘을 다하여 공산당을 박멸하고자 할 때였다. 장개석의 공산주의를 대하는 태도를 마땅치 않게 생각하는 듯하자 장개석은 원고(原稿)를 사람을 시켜 소주로 되돌려 보내 태염에게 수정해 달라고 하나, 장태염은 뜻을 견지하여 한 글자도 고칠 수 없다 하였고, 그 글은 끝내 물리쳐 버려지니 쓰이지 않았다. (일 만원의 글 값은 자루포대에 그대로 있었다.) 그런 이유로 자금산 국부 능묘에는 지금도 묘지의 글씨가 없다. 서운한 일이다.

민국 4년 장태염은 원세개(袁世凱)에게 이끌려 연금당하고 있으면서 3차에 걸쳐 음식을 끊었다. 마지막 절식을 하고 삼일 째 되던 날 교육부장인 마서륜(馬叙倫 - 절강사람, 북경대 교수. 태염을 스승으로 존경했다.)이 음식을 드시기를 다시 권하면서 여러 가지 방법을 써보았으나 모두 다 가을바람이 귀를 스치는 것처럼 하였고, 마서륜이 재차 부드럽게 비유를 들어도 반응이 없었다. 늦도록 곁에 있으면서 말하기를 이학(理學) 학언(學言)에 지치고 힘들게 이야기를 했으면 움직이는 법이다 하였다. 그에 장태염은 그럴듯하게 여겨 마음을 돌렸다. 초경에 이르자 마서륜을 불러 "음식을 다시 먹고자 한다."라고 하면서 "나는 하늘이 올 것을 안다. 음식을 갖다 주겠느냐. 현재 너무 배고프다."라고 하였다. 마서륜이 "청컨대 장(章)선생님에게 적은 음식을 올리셔도 괜찮겠습니까?"라고 하자 태염이 수긍하였다. 계속해서 두 주발에 잘 익은 닭고기와 계란을 들었고, 다음날에도 음식을 들었다. - 이것은 마서륜의 친구가 한 말이다.

장태염의 입명(立命)은 申宮이고, 태원(胎元)은 丙辰이다. 일원(日元) 좌하(座下)에 장생(長生), 문창귀인이다. 식신이 투출하니 당연히 천주(天廚) 식신으로 논한다. 그러므로 문명이 제형(祭享:우두머리)된다. 사주에 火가 없으니 관성이 있으나 재성이 생하지 않는 것이다. 그러므로 많은 어려움이 있다.

납음은 두 개의 金이 두 개의 木을 극하나 더욱 숫자의 기이(奇異)함이 미묘하다. 겨울의 乙木은 매우 어리다. 庚申 金의 극함을 이기지 못한다. 44-48 巳運이다. 火에 속하나 보충하는 것이 부족하다. 다시 귀인(貴人)운이며 재성과 관성이 왕(旺)하므로 훈장 이등급을 받았다. 특별히 임명됨이 주변사(籌邊使)이며 국사관장(國史館長)이다. 일생에서 가장 좋은 운이다. 49 이후에는 모두 비가 오는 격이니 마땅치 않다. 庚 金운에 식신이 극제(剋制)를 당하는 것이다.

민국 5년 丙辰에 원세개(袁世凱)가 죽으니 태염은 자유를 회복하고 북경을 떠나 남쪽에 이르러 조경 지역 잠춘훤(岑春煊)에게 마음을 터놓았다. 나도 조경에 있으면서 몇 번 얼굴을 보았다. 모습이 기괴하고 추한 것 같으나 학문은 깊고 박식하여 나 역시 학문을 구하였으나 발꿈치에 이르는 것 같았다. 일일이 응해 주셨다. 몇 순이 지나자 상해[滬]로 되돌아갔다.

장태염 팔자(八字)의 병(病)은 火氣가 없는 것이다. 그러므로 일생 동안 정권을 장악하지 못하였다. 민국 25년 丙子년은 辛未운 끝이다. 月令을 충파(沖破)하며 子卯 상형(相刑)하고, 子未 서로 해(害)하니 소주에서 여행 중 숙박지에서 생을 마쳤다.(향년 69세.) 남은 저술이 매우 많았고 모두 간행되었다.

283 徐樹錚(서수쟁) *[162]와 同

중국 근대사상 저명한 정치가, 군사가이며 북양군벌(北洋軍閥) 환계(皖系, 안휘파) 장군이다. 字는 우정(又錚), 호는 철산(鉄珊)이다.

조사해 보니 서수쟁은 광서 6년 10월 초9일 申時에 태어났다. 입명(立命)은 戌宮이고 태원(胎元)은 戊寅이다.

```
壬 甲 丁 庚
申 辰 亥 辰
```

서수쟁은 근대의 몇 안 되는 인재 중 하나다. 단기서(段祺瑞)가 국가를 담당하는 시기에 그의 수하 중에서 첫째가는 지혜 주머니였으니 권력의 안과 밖을 저울질하는 것이 열을 가하여 세력을 왕성하게 하는 데 비유할 정도였다. 후에 손문(孫文), 단기서(段祺瑞), 장개석(蔣介石) 삼각 동맹 시대에 국부는 어린 서수쟁을 극히 가상히 여겼다.

서수쟁(樹錚)의 재주와 식견은 넓고 웅장했다.

민국 9년 여름에 직예(直隸)와 환계(皖系) 군벌들이 싸움을 벌일 때, 환계가 패하자 조곤(曹錕), 오패부(吳佩孚) 모두 서수쟁(樹錚)을 잡으려고 혈안이 되어 이었다. 당시 직계(直系) 군대는 북경 근처에서 핍박을 하고 있었는데, 새벽에 서수쟁은 하얀 옷과 여름 두루마기 긴 적삼을 입고 기차를 타고 무문(武門) 바깥에 이르러 식변은행에 도착하여 현금을 거두고 유리창거리에 있는 서점으로 향했다. 외상대금을 받기 위해서였다. 이미 직계의 군대가 순식간에 북경으로 입성하던 때였으나 서수쟁은 마치 아무일도 없다는 듯 태연했고, 점주는 놀라지 않을 수 없었다. 그러자 수쟁이 웃으면서 말하기를 "지금 이 시각에 올 놈이 없다. 빨리 돈을 지불하라"라고 하고 유리창거리 동쪽 민항 외국 대사관으로 가서 위험을 피했다. 직계군은 이미 그 땅을 밟은 뒤였다. 그의 판단력이 이와 같다.

민국 14년 겨울에 서수쟁은 낭방(廊房)에서 풍옥상(馮玉祥)에게 해를 입을 지경에도 역시 담대하게 지나쳤다. 이 일이 일어나자 여러 친구들이 권하기를 변장하여 작은 차를 타고 나루로 가라 하였으나 서수쟁은 듣지 않고 차에 올라 당당히 나가다가 졸지에 운명하였다. (설관란 형이 일찍이 천문대보 신문에 묘사한 그 죽음의 정황이다. 군더더기를 붙이지 않는다.) 저렇게 담대한 것이다. 《건국진전(建國眞詮)》이란 일서의 책에 있는데 이해가 어렵다.

서수쟁의 명리(命理)는 庚金이 年에 七殺로 투간하여 申時에 득록(得祿)하였다. 월간에 투출한 丁火가 제살(制殺)하고 있다. 甲木 일주가 원신(元神) 亥宮에서 장생(長生)이다. 원신을 계산해 보면 약하지도 않고 역시 왕(旺)하지도 않다. 35세에서 40세는 寅運이다. 甲木의 녹원의 곳이니 최고로 뜻을 얻는 시기이다. 41세에 辛運으로 바뀌자 관살이 서로 섞이게 된다.

민국 9년 庚申년은 칠살이 세운에서 왕성하다. 더불어 관성과 혼잡(混雜)되고 있다. 상관이 관성을 보니 여러 가지 재난이 있다. 의당히 실패하여 달아나는 신세이다.

민국 13년 甲子년은 卯運으로 바뀌어 卯木은 양인(羊刃)이니 칠살과 양인이 서로 뽐낸다. 申子辰 삼합하여 水局을 이루니 조곤(曹錕)을 타도하는 데 성공한다. 다시 풍운의 인물이라.

민국 14년 乙丑년(46세) 辛卯 대운이다. 月干 丁火 상관이 辛金 정관을 마주 보고 대운의 辛金이 태세의 乙木을 보자 운로가 태세를 범한 것이다. 그러므로 비명에 죽는다. 일원 甲木이 태어난 것이 申時라. 申金은 甲木의 절지(絶地)이니 태어나는 곳이 돌아가 죽는 곳이다. 時柱가 절지에 임했다면 스스로 좋은 결과를 얻기가 곤란하다.

284 段祺瑞(단기서) – 功業與命運(공업여명운) * [155]와 同

안휘(安徽) 육안현(六安縣) 사람으로 일찍이 계단(啟瑞)이라고 불렸다. 字는 지천(芝泉)이고, 만년의 호는 정도노인(正道老人)이다. 북양지호(北洋之虎)라고 불리기도 한다. 민국(民國)의 저명한 정치가로 환(皖) 계열의 군벌(軍閥) 지도자이다. 손중산(孫中山)의 호법운동(護法運動)에 주요한 토벌 대상이었다.

조사해 보니 단기서는 청대 동치 4년 2월 초 9일 午時에 태어났다. 입명은 신궁(申宮)이고, 태원은 경오(庚午)이며, 그 팔자는 다음과 같다.

```
壬 乙 己 乙
午 亥 卯 丑
```

세상에 이르기를 단기서(段祺瑞)는 중화민국 건국에 있어 세 가지 공이 있었다. 그러나 심히 애석하게도 사상은 낙후되고 공화의 진정한 의미를 알지 못하고 장훈(張勳)의 복벽을 토벌하여 평안하고자 의연히 약법(約法)을 훼손하고 폐기하여 국회를 해산하여 조곤(曹錕)을 타도하는 일을 하였다. 손문 선생의 정치적 주장을 받아들이지 않고, 손문 선생이 처음으로 주장했던 불평등 조약을 받아들여 단씨(段氏)의 편리한 대로 각국의 조약을 존중한다고 선언해버렸다.

손문 선생은 국민회의를 소집하자고 주장하였다. 민중단체들은 이

것을 받아들여 대표를 선출하였다. 단기서는 이를 인정하지 않고 빙빙 돌려 진행이 곤란하게 하며 받아들이지 않았다. 국민당이 이로 인하여 선후(善後) 회의를 소집하여 열어야 한다 하자, 응하지 않고 참가하지 않았다. 이로 인해 국가는 남북분열의 상태에 빠지고 말았다. 그러므로 단기서는 소위 '집정'이라는 2년이 못 되는 임기 내에 좋은 결과를 얻지 못하였고, 종내 핍박을 받아 하야하였다.

이것이 공화 정치의 세 가지를 도운 것이라 할 수 있겠는가? 모두 철저하지 못하여 무리들의 귀에 스치는 말뿐이다. 단기서의 평생의 흔적을 제대로 못 적겠다.

팔자를 살펴보면, 단기서의 명리(命理)는 교록격(交祿格)이다. 乙丑이 참된 무고(武庫)라. 그러므로 문무(文武)를 겸하였다. 己土 녹원(祿元)이 午宮에 있고, 壬水 녹원은 亥宮에 있다. 乙木 녹원은 원래 卯宮에 있으니 丑土를 제외한 네 개의 천간이 서로 건록(建祿)을 함께 얻고 있다. 왕(旺)한 기운이 모인 것이다. 최고로 싫어하는 것은 충파(沖破)이다. 생부(生扶)는 두려워하지 않는다. 곡직격(曲直格) 또는 전록격(專祿格)과 같다. 행운(行運)의 희기(喜忌)도 역시 같다.

41세 후 甲戌운으로 바뀌자 甲己 合化하여 土가 되고, 丑戌 형(刑)하여 무고(武庫)가 열리니 그러므로 광서 31년 乙巳이후에 강북 제독을 출임(出任)하고 또 육군 통제로 옮기고 점차 회포를 펼쳤다. 민국 원년 48세에 육군총상에 임명되고 다음해 국무총리가 되어 즐거움이 일시에 날했다. 모두 戌運에 있었던 일이다. 卯戌이 합하여 火가 되고, 午戌이

반회(半會)하여 화국(火局)이 되니 목화통명(木火通明)이라 빼어난 기운이 유통(流通)한 것이다.

민국 4년 乙卯년(51세) 癸水운으로 바뀌니 水運은 본래 나쁘지 않으나 심히 애석하다! 효신(梟神)과 壬水 정인이 권한을 다투니 이 5년 간은 옥에 티가 서로 보인 것이다. 승진하고 물러남이 일정하지가 않았다.

민국 9년 庚申년(56세) 酉運으로 바뀌자 卯酉가 상충(相沖)하여 건록(建祿)을 손상시키니 직환(直皖)의 싸움에서 실패하니 역시 그런 것이다.

민국 13년(60세) 甲子년의 子水는 乙木의 귀인이라. 집정으로 출임하고 61세 乙丑년은 壬申운으로 바뀌자 정인이 일주를 생하니 극성한 1년이었다. 안타깝다.

이것으로 끝인가? 다음 해 62세 丙寅년은 壬申 대운과 천충지충(天沖地沖)하니 이른바 '운로가 태세를 범한 것이라' 지탱할 수가 없어 압박을 받아 그만두게 된다. 이후에는 여러 해를 은거하며 지냈다.

민국 20년 상해사변이 일어나자 일제의 왜구들이 동북지역에서 부의(溥儀)를 옹립하여 괴뢰국인 만주국을 세웠다.

민국 22년 이후에는 일제 왜구들이 화북지역으로 침입하여 단씨(段氏)를 이용하자고 생각한다. 남경 국민정부는 사람을 보내 단씨를 상해로 피신시켰다.

민국 25년 丙子년에 이르자 유년과 壬午時가 천극지충(天剋地沖)하며 辛運으로 바뀌는 중이라 역시 꺼리는 바를 범하여 72 고령으로 목숨을 마치니 상해 물가 근처의 집이었다.

285 袁世凱與康熙(원세개와 강희) – 命運合論(명운합론)
*[151]과 同

중국의 군인·정치가이며 총리교섭통상대신으로 조선에 부임하여 국정을 간섭하고 일본, 러시아를 견제했다. 청일전쟁에 패한 뒤 서양식 군대를 훈련시켜 북양군벌의 기초를 마련하고 탄쓰퉁 등 개혁파를 배반하고 변법운동을 좌절시켰다. 이후 의화단의 난을 진압했으며 신해혁명 때 청나라 조정의 실권을 잡고 임시총통이 되었고, 이어 스스로 황제라 칭하였다. 저서로《원세개전집(袁世凱全集)》이 있다.

원세개는 함풍 9년 농력 기미년 8월 20일(1859년 9월 16일) 未時에 태어났다. 그 팔자는 다음과 같다.

```
丁 丁 癸 己
未 巳 酉 未
```

원세개(袁世凱)가 죽은 것은 민국 5년이다. 지금에 이르기까지 40여 년이 흘렀다. 강희제(康熙帝) 사주와 함께 살펴보자. 큰 것은 같고 작은 것은 다르다. 그러므로 비록 두 사람이 모두 일국의 원수였으나 결과적으로 차이 나는 곳을 보면, 원세개의 명리(命理)는 입명(立命)은 丑宮이고, 나의 부족한 견해이겠지만 하나의 七殺이 귀함을 알 수 있다. 혹 아름다운 깃은 식신이 앞에 있어 시신이 제살하는 것일까? 혹 칭하기를 未巳

가 午火를 공협(拱挾)하여 건록(建祿)이기 때문일까?

　내가 자세히 살펴보니 팔자의 특별한 점을 알 것 같다. 혹 하나의 칠살을 취하여 극제(剋制)하는 격이고 혹 건록을 공협하는 격이다. 한 나라의 원수가 될 명이다. 묘한 것은 사주 외에 감추어진 보이지 않는 귀함이 있다. 未土와 酉金이 申金 역마(驛馬)를 공협하고 (정재를 馬라고 한다.) 巳火와 未土 中에 午火 건록을 공협하니 이름하기를 협공(挾拱)한 녹마격이다. 그것이 첫 번째 귀한 것이다. 未年 生의 사람은 丑土가 황제의 궁궐이라. 팔자 중에 巳酉는 보이고 丑土는 안 보인다. 巳酉가 丑字를 맞이하는 것이다. 이른바 지지에서 제궐을 불러 온 것이다. 두 번째 귀함이다. 이러한 두 가지 아름다움으로 스스로 나라의 원수가 된 것이다.

康熙帝(강희제)[24]　*袁世凱의 사주와 비교

戊　戊　戊　甲
午　申　辰　午

　연월의 午火와 辰土가 巳火 녹원(祿元)을 협공(挾拱)하고 일시(日時)에 申金과 午火가 未土 천을귀인을 협공하고 있어 강희제는 협공녹귀격이다. 午年에 태어나니 子字가 제궐(帝闕)이다. 申金과 辰土가 역시 子字 제궐을 불러 맞이하는 것이다. 戊申旬에서는 子字가 공망(空亡)되지 않

---
24) 이 책 35p [016] 강희제의 명조는 丁巳時로 원문에 오류가 있는 것으로 보인다.

앉다. 그러므로 강희제는 65년 간이나 국가를 능히 지닐 수 있었다. 원세개(袁世凱)는 태어나기를 丁巳旬이니 丑子 제궐이 공망되어 겨우 83일의 헛된 황제의 꿈을 이루었다. 丙辰년에 丙火가 丁火의 빛을 빼앗아 죽었다.

오히려 1점(丙火)를 얻는 것보다 강희제의 사주는 전체가 양기(陽氣)라 실책이 없는 어진 임금이고 원세개(袁世凱)의 사주는 전부가 음기(陰氣)라 종신토록 권모술수(權謀術數)와 음모(陰謀)를 사용했다. 곤궁할 때에는 술책을 몰라 비수같은 견해로 궁박함을 벗어나고자 했으니 편안함을 얻어야 패하지를 않는다.

286 徐世昌(서세창) *[154]와 同

중국의 정치가. 원세개의 천거로 동삼성 총독, 참모총장, 청정 최고 고문을 역임했다. 신해혁명 뒤 청나라 유로로서 퇴위 후의 선통제(宣統帝)의 사부가 되었다. 원세개의 추천으로 국무총리가 되었으나, 이듬해 원세개의 제정 계획에 반대하여 사직했다. 저서로는《청유학안(淸儒學案)》,《퇴경당집(退耕堂集)》,《수죽촌인집(水竹村人集)》 등이 있다.

서세창은 청대 함풍 5년 9월 13일 辰時에 태어났다. 그 팔자는 다음과 같다.

```
丙 癸 丙 乙
辰 酉 戌 卯
```

민국 초기에 풍국장(馮國璋)을 계승한 후 북경에서 대총통에 취임했다. 동해 서세창(徐世昌)은 새로 소집된 국회에서 선출된 사람이다. 그러나 이것을 서남 호법 정부는 인정하지 않았다.

서세창은 원세개(袁世凱)와 비교하면 4세나 더 많다. 같이 청나라에서 벼슬을 하고 관리로서의 계급은 원세개보다 조금 높았다. 원세개는 직예성 총독이었고, 서세창은 동삼성 총독이었다. 무영전(武英殿) 대학사를 겸하였다. 총독은 종일품(從一品)이고 대학사는 정일품(正一品)이다.

장관이라도 등급이 다르다.

원세개의 일생은 오로지 모사와 권모술수였으나 서세창의 일생은 원만한 수단을 취하였다. 그러므로 그 자질은 원세개와 비교하면 높다 할 수 있다. 그럼에도 원세개에게 굽혀서 밑에 있었다.

민국 3년 원세개는 총통제의 잘못된 길을 가려고 국무원을 폐지하고 총통부를 정사의 중심으로 설치하였다. 그리고 서세창을 국무경에 임명하였다. 사실상 총통부의 비서장이었다. 원세개는 전국을 돌아보는 자세를 고려하였다고 말하면서 북경 중앙정부 내외의 관원들에게는 서 상국이라 칭하였으나 높이는 것은 헛된 것이었다. 이것은 전 청나라 일반 늙은 신하에게 하는 말이다. 원망조로 말하면 "늙은 노인으로 즐겨라"이다. 이것은 옛날 五代 시대에 업신여기는 풍도상(馮道相)이라는 것과 비슷하다.

민국 6, 7년 간 풍국장(馮國璋)과 단기서(段祺瑞)의 속으로는 다툼과 겉으로는 쟁론이 끊이지 않자 그들에게 서로 하야하라고 약속하게 하였다. 새로운 국회에서 선출된 서세창은 이어서 대총통에 취임하였다. 이에 민국 7년 겨울에서 민국 11년 여름까지 재위는 4년이나 되었다. 그 때에는 화남지역에서는 호법정부가 있어 시종 중앙정부를 인정하지 않았다. 또 다시 건의되어 평화스럽게 통일하자는 의견이 있었으나 쌍방의 조건이 서로 맞지 않아 결과가 없었다. 풍국장이 병으로 천진에서 죽자 직노예(直魯豫) 순열사 조곤(曹錕)이 풍국장을 대신하니 직계(直系) 군벌의 수령이 되었다. 오패부(吳佩孚)는 부사령관이었다. 민국 11년 조(曹)와 오(吳)는 구 국민회의 의장 오경렴(吳景濂)을 꼬여서 구 국회의 법통을 회복하자고 속닥거렸다. 여원홍(黎元洪)을 다시 옹립하고 서세창(徐世昌)을 하야시키려는 압박이었다. 그것은 '늙은 노인의 즐거움'은 이제 끝났다는 것이었다. 세인들이 중시하는 바는 다시 없었다. 오로지 만년에 청나라 말기에 맑은 시가를 찬집하니 백 권도 넘었다. 마땅히 청조 일대의 시인의 작품이다. 모두 찾아서 가지런히 갖추었다. 문헌으로는 공헌이 훌륭하다.

서세창의 명리(命理)는 입명(立命)이 卯宮이고, 태원(胎元)은 丁丑이다. 팔자(八字)를 추산하기가 곤란하다. 내 얕은 견해로는 沖한 가운데 合을 만나니 귀함을 취할 것인가? 이러한 격국은 복잡하여 기특함이 부족할 텐데?

정격(正格)론으로 말하면 잡기재고격이다. 丙火가 투출하고 辰戌이 沖하여 火庫가 열렸다. 천간은 木火가 상생(相生)하고 재성이 득령(得令)하였다. 癸水 일원(日元)은 약한 것이다. 평생 즐거운 것은 金水운이 개두(蓋頭)하는 것이다. 그러므로 중앙정부로 곧바로 진입한다.

64세 辰運에서 癸水 비견이 沖하여 나타나니 부귀함이 들이닥쳐 대총통에 선출되었다. 그러나 그 대운에 나쁘고 좋음을 말하자면 그 팔자 본체의 귀한 것이 있느냐가 중요하다. 그것을 찾느라고 내가 많은 생각을 할 때 비로소 흐릿하게 크게 깨달았다. 원국에 酉金과 戌土 앞뒤로 申金과 亥水 두 자가 감추어 있구나. 卯木과 辰土 앞뒤로 寅木과 巳火 두 자가 감추어져 있다. 이로써 寅申巳亥 사맹(四孟)이 되었다. 사맹이 다 갖추어지면 그 사람은 큰 부귀를 이룬다. 역시 수명이 오래갈 것이다.

서세창의 팔자는 감추어진 암장(暗藏)에 寅申巳亥 네 글자가 사주 외에 있다. 이것은 얻기 힘든 것이다. 辰運이 지나고 己運으로 바뀌는 민국 9, 10 두 해는 庚申 辛酉년이다. 土金이 상생(相生)하니 마땅하다. 68세는 壬戌년이라. 시주 丙辰과 천극지충(天剋地沖)하니 낭패하여 하야한다. 변두리에서 서성거리다 수년이 지나자 죽었다.

그 외에 서세창에게 한 가지 괴상한 일이 있으니 자기는 중화민국의 총통이었음에도 청나라 태부의 벼슬을 겸하였으니 진실로 웃기는 소리를 하는 데 이른다.

287 馮國璋(풍국장) *[153]과 同

중국의 군인·정치가. 신해혁명 때 혁명군을 공격했고 여원홍(黎元洪)이 대총통이 되자 그 밑에서 부총통이 되고 이어 대리 대총통이 되었다. 직계파를 형성하여 단기서(段祺瑞)의 안복판(安福派)와 대(對)독일 참전문제 등으로 대립했다. 왕사진(王士珍), 단기서(段祺瑞)와 더불어 '북양삼걸(北洋三杰)'로 일컬어진다.

풍국장은 이전 청대 함풍 8년 12월 초 4일 辰時에 태어났다. 그 팔자는 다음과 같다.

```
庚 乙 乙 戊
辰 巳 丑 午
```

민국 5년 원세개(袁世凱)가 죽었다. 부총통 여원홍(黎元洪)이 법에 의해 다음 대총통이 되었다. 부총통이 없게 되자 국회에서 선거를 하게 되었고 당시 국내의 실력자로 옹유할 수 있는 자는 환계(皖系)의 군벌 단기서(段祺瑞) 또는 직계 군벌 풍국장(馮國璋) 두 사람이었다.

단기서는 국무총리이며 내각제로 끌고 가서 대권을 차지하려고 부총통의 직책을 가볍게 보고 관심이 없었다. 의원들이 선거로 풍국장을 부총통에 앉혔다. 다음해 장훈(張勳)의 복벽 사건이 실패하자 여원홍(黎元洪)이 하야하니 풍국장이 부총통 자격으로 북경에 입성하여 대리 대총통이 되었다. 애초에 불간섭하던 단기서(段祺瑞)와 싸움이 벌어진 것이다.

단기서가 이미 조약이 된 법을 훼손하고 폐기하여 기강을 무너뜨리자 손중산(孫中山) 선생은 해군을 인솔하여 남하하여 호법정부를 소집하자고 호소하였다. 서남 지역 각 성에서 호응하자 단기서는 원세개(袁世凱) 법의 효력으로 무력으로 남쪽을 평정하려 하였고, 풍국장은 단기서의 마음을 읽고 갑자기 서남 지역을 평정하고자 하였다.

그는 자신이 총통으로서 보좌에 있는 데 불온하다고 여기면서, 호법정부와 은연중에 연결하여 전에 적군이었던 제3사단장 오패부(吳佩孚)에게 통지하여 싸우지 말자고 사주하며 악주(岳州)로 물러났다.

단기서는 군사 계획이 근본적으로 실패하자 잠시 하야하였고, 백족지충(지네)과 같이 죽어도 쓰러지지 않는 것처럼(다리와 몸통이 잘려도 쉽게 죽지 않기 때문) 다시 참전군을 조직하여 독일과 싸운다고 떠들어댔다.

이때에 풍국장과 단기서 두 사람의 암투가 시끄러운 싸움이 되니 두 사람의 추한 꼴이 막상막하였다. 결국 풍국장과 단기서 둘이 동시에 하야하는 것으로 약조하였다. 신 국회를 소집하여 선거로 서세창(徐世昌)이 대총통이 되었고, 화북 정국은 이로써 완충되어 잠시 편안해지니 4년 간이었다.

풍국장은 하야한 후 약 두 해만에 병으로 죽었다. 이에 조곤(曺錕)이 직계군벌의 영수가 되었고, 풍국장(馮國璋)의 일생은 탐관오리로서 이름이 낭자하게 되었다. 군사자금을 빼먹은 숫자가 천 만 가지이다.

풍국장의 명리(命理)는 입명(立命)이 子宮이고, 태원(胎元) 丙辰이다. 어떻게 보면 乙庚의 化金格이다. 태어남이 巳酉丑월은 본래 화금(化金)이 가능하다. 이제 지지에 巳丑 반회(半會) 金局하고 辰時에 태어나니 辰土는 용(龍)이라 化氣를 돕는다. 지지 巳宮에 암장(暗藏)된 庚金과 辰中에 암장된 乙木 역시 서로 합하였다. 천간지지가 모두 합이 된다. 각각 천지의 흐름이 같다. 化金格을 의심할 수 없다. 책에 "화기격(化氣格)의 참된 자는 응당 왕공대신이다."하였으니 化金格이 아니라면 빛나게 영달하지 못하였으리라.

연지에 午火와 巳宮에 암장된 戊土 또 辰宮에 암장된 癸水가 역시 합하여 화기(化氣)가 되니 보나마나 파격이 되는 것이 애석하다. 사주 전체에서 천덕(天德) 월덕(月德)이 없으니 그 사람의 인격은 천박하다. 비록 원수로서 귀하다 하나 죽은 후 이름이 사라진 것은 모두 지지에 火가 병(病)이 된 것이다. 다행히 겨울이라 火가 권리가 없어 약하다. 비록 이름이 사라지더라도 귀함은 취할 수가 있다. 45세 巳運으로 바뀌자 金氣의 장생(長生)이니 점차 두각을 나타내고, 庚午 10년 대운에 날마다 높게 출세한다. 61세 이후 辛運으로 바뀌자 乙辛이 상충(相沖)하여 乙庚의 합을 파괴하니 내려오지 않을 수 없게 된다. 未運에 乙木 일주가 묘고(墓庫)에 들며 丑未沖을 만나니 죽는다.

288 黎元洪(여원홍) *[152]와 同

호북(湖北) 황피(黃陂) 사람으로 '여황피(黎黃陂)'로도 불린다. 字는 송경(宋卿)이다. 민국(民國)시대의 정치인으로 천진북양수사학당(天津北洋水師學堂)을 졸업하고, 1906년에 육군 21군 통령(統領)이 되었다. 무창(武昌)봉기 때에 혁명군 호북군정부(湖北軍政府) 도독을 지냈다. 남경임시정부 성립 후에 부총통에 당선되었다. 원세개(袁世凱)가 죽은 후에 총통이 되었고, 그 후에 중화민국의 제1대 부총통, 제3대 대총통을 지냈다.

여원홍은 동치 3년 9월 19일 卯時에 태어났다. 그 팔자는 다음과 같다.

```
癸 丁 甲 甲
卯 巳 戌 子
```

원세개(袁世凱)가 북경에서 대총통일 때, 여원홍(黎元洪)은 시종 부총통으로 있었다. 이후 원세개가 죽자 여원홍이 뒤를 이었다. 원세개는 일대의 효웅이고, 여원홍은 여자 스님, 보살이라 불리었다.

남해 강유위(康有爲)는 원세개, 여원홍 두 사람을 비평하기를 조심스럽게 "원세개는 재주는 있으나 덕이 없고, 가버리는 놈이고, 돈에 물들고, 나라를 배반한다. 여원홍은 덕은 있으나 재주가 없어, 남의 뒤를 잇는 무리들에게 공손하여 고에 끼워 끌려 다닌다."라고 여원홍의 일생을 적확히 지적하니 그는 사람들에게 이끌리어 달아나는 형국이었다. 원세개의 재위 시절은 논하지 않겠다.

여원홍이 정식으로 대총통이 되자 국무총리인 단기서(段祺瑞)가 생각하기를 자기의 괴뢰라 간주하였다. 그러므로 국가 정치가 항상 시끄러웠다. 단기서는 독일에 선전포고하자고 하나 여원홍이 동의하지 않자 국회를 해산시키려고 하였고, 여원홍이 다시금 반대하였다. 당시 여원홍의 마음은 자기가 원세개의 독재를 계승하려 하니 단기서와의 투쟁이 격렬하였다. 의연하게 명령하기를 단기서를 국무총리에서 면직하려 했다. 그런 와중에 민국 6년 장훈(張勳)의 복벽 사건이 터져 시끄러워지자 여원홍은 하야하여 천진으로 들어가 다년간 지내게 되었다.

민국 11년 여원홍은 갑자기 조곤(曹錕), 오패부(吳佩孚)를 불러 대총통에 다시 부임하고자 한다. 이때 조곤(曹錕)은 이것은 지나치다 생각하였다 - 조곤은 뒤에 뇌물로 총통이 되려고 꾸미는 장본인이다. 아니나 다를까 일 년도 못되어 조곤은 뇌물로 선거운동을 하면서 여원홍을 압박하여 강제로 하야하게 하였다. 여원홍은 이렇게 무능한 위인이다.

여원홍의 명리(命理)는 입명(立命)이 辰宮이고, 태원(胎元)이 乙丑이다. 태어나기는 상강(霜降)절이 오기 전이다. 정확히 丁火가 사령(司令)한다. 丁火 일주 원신(元神)이 약하지 않다. 귀한 곳은 戌土와 子水 가운데 암장(暗藏) 亥水가 있고, 巳火와 卯木 중간에 암장 辰土가 있는 것이다. 亥水는 구름이고 辰土는 용(龍)이다. 이렇게 용이 구름을 만난 격이다. 구름과 용은 사주 외에 귀한 것이다. 태세(太歲)에서 亥水와 辰土를 보면 길하다. 대운에서 보면 전실의 폐단을 범하니 반대로 흉하다. 辛亥년에 무창에서 혁명이 일어났는데, 황흥(黃興)이 도착하지 못하자 용의 무리에서 머리가 없는 격이다.

여원홍은 이러한 전쟁의 혼란함을 듣자 책상 밑으로 숨어들어가는 식이다. 무리지은 군인들에게 이끌려 강제로 대도독(大都督)의 임무를 맡게 된다. 이것이 곧바로 사람들의 완력으로 부귀가 되는 것이다. 태세에서 「亥水」를 만난 공이다.

민국 5년 丙辰년에 원세개가 죽자 대총통으로 부임한다. 이것은 태세 辰土의 힘이다. 민국 6년 丁巳년은 복음을 범하니 물러난다. 민국 11년 壬戌년에 다시 총통으로 부임한다. 죽기 전에 잠시 왕성한 기운을 되찾은 것에 불과한 것이다. 다음 해는 癸亥이니 일원(日元) 丁巳와 천극지충(天剋地沖)하여 위험한 기운이 도처에 있다.

조곤(曺錕)이 뇌물로 선거를 치르니 순식간에 쫓겨나는 낭패를 당해 도망친다. 죽음에 이르지 않은 것이 다행이다. 辰運에 전실(塡實)된 것이다. 그러므로 민국 19년 진문(津門)에서 죽는다. 향년 67세이다.

남경 국민정부는 그가 무창 혁명의 첫 무리의 공로자라 하여 포양(칭찬하여 추어올림)할 것을 명령하나 오직 입법원장 호한민(胡漢民)이 그 자의 일생은 반혁명 행위를 한 것이라 반대하여 포양하자는 의견이 없어졌다. 그는 명실공히 불가피하게 부책임자일 뿐이다. 〈본서 [152] 서락오가 평한 것과 사주팔자가 다르다. 어느 것이 옳은지 알 수 없다.〉

289 張作霖(장작림) *[158]과 同

봉천(奉天) 해성(海城) 사람으로 字는 우정(雨亭)이다. 근대 시기의 군사가로 장학량(張學良)의 부친이다. 일찍이 강호를 유랑하다가 1894년에 군에 투신했다. 1906년에 봉천순방영전로(奉天巡防營前路), 중로통령(中路統領)이 되었다. 신해 무창 봉기 후에 봉천국민보안회군사부 부부장, 봉천순방영무처 총판을 지냈다. 1912년에 중앙육군 제 27사 사장을 지냈다. 그 후에 봉천독군, 동삼성순열사 등을 지내며, 실질적인 동북 지역의 실권자로 '동북왕(東北王)'으로 일컬어진다. 1928년에 일본관동군이 기차에 설치한 화약 폭발 사건으로 인해 중상을 입고 사망했다.

조사해 보니 장작림은 이전 청대 광서 원년 2월 12일 巳時에 태어났다. 그 팔자는 다음과 같다.

```
辛 庚 己 乙
巳 辰 卯 亥
```

민국 6년의 시대적 상황은 북방에서는 불법으로 국회를 해산하고, 남방에서는 호법정부를 소집하고 있었다. 이에 동북 지역의 장작림은 사단장으로 봉천성장을 겸하고 있었다. 단기서(段祺瑞 - 당시 국무총리)는 세력을 확장하려고 도모하면서 장작림을 강력히 끌어들이려고 단기서의 모사인 서수쟁(徐樹錚)을 시켜 달콤한 말로 봉천군 부사령관으로 칭하고 장작림을 힘을 다해 도와주는 척 하며 군량과 기계 물자를 충분히 공급하여 주었다. 이때 장작림은 동북 삼성을 완전히 점거하고 있었다. 동북 '왕'이라 칭한 지가 십여 년이나 되었다. 그는 화적(불한당) 출신으로 오로지 인재를 적극적으로 수용하고자 하니 전국적으로 허다한 일류 인물들이 동북 지역으로 몰려들었다. 장작림(作霖)이 모두에게 예의를 베풀고 대우해 주니 그 도량과 식견은 확실히 훌륭하였다.

장작림의 명리는, 춘분절(春分節)이 오지 않는 2월에 태어났고, 입명(立命)은 酉宮이고, 태원(胎元)은 庚午이다. 최고로 기특한 곳이다. 사주 자체가 모두 「甲戌旬」 내에 있으니, 내가 경험한 바로는 사주 중의 三柱만 同一旬이어도 이미 상당한 귀격인데, 하물며 사주 전체가 同一旬 내에서 출생하였다니 다시 볼 수 없는 것이다.

일주는 괴강이고 庚辰은 金龍이다. 卯木과 巳火 風雷를 협공함을 얻고, 연지 亥水는 天池이니 용이 뛰어오르고 천지의 풍뢰가 도우니 그 변화가 예측하기 어렵다. 가히 깨우침을 따른다. 41세는 亥運이니 亥水는 구름이고 천지의 용이 풍뢰의 보필로 구름을 좇아 위로 오르는 상이다.

민국 3년에서 민국 8년에 이르자 위세와 권력은 날로 융성해지니 이름 석자를 세상에 휘날린다. 민국 8년 이후는 45세에 甲戌운으로 바뀌자 庚辰 일주와 甲戌 대운 천극지충(天剋地冲)하는 것은 본래 괴강(魁罡)이 꺼리는 바다. 다행히 月令 己卯가 먼저 서로 합하여 같은 同一旬에 있다. 합이 참된 것이다. 그러므로 민국 9년과 민국 10년 2년은 우세함을 가히 유지한다.

민국 11 壬戌년은 두 개의 戌土가 辰土를 冲하며 두 개의 戌土와 한 개의 卯木이 쟁합(爭合)하니 봉천군대와 직예(直隷) 군대간의 전쟁이 벌어졌다. 장병(將兵)들이 많이 상하였으니 이로써 예기가 크게 꺾였다.

민국 12년에서 민국 17년은 칭하기를 관외의 영웅이라. 한 걸음으로 병력을 인솔하여 중앙에 들어가서 자칭 대원수(大元帥)라 하였다. 이것은 甲戌과 己卯가 서로 합한 공(功)이다. 소위 '오행(五行)의 구함이 있어 근심을 근심이라 하지 않는 것'이다.

민국 17년 戊辰년은 甲戌 대운은 태세(太歲)를 범하여 군대가 변방으로 출병하여 패하고(甲木과 戊土가 상극(相剋)하고 戊土가 辰土를 沖함), 황고둔에서 일본군이 저지른 기차 폭발 사고로 죽었다. 54세이다.

甲戌은 同一旬의 머리인데 명조의 태세를 범하니 不死함을 얻지 못하고 비명에 갔다.

290 曹錕(조곤)

중국의 군인·정치가. 원세개에게 발탁되어 북양군의 각지 사령관을 역임하였다. 원세개가 죽은 후 북양군이 분열되자 직예파의 우두머리가 되었고, 장훈의 복벽사건(復辟事件) 후 직예성장(直隷省長)에 임명되었다. 1923년 국회의원을 매수하여 대총통에 당선되었다.

조사해 보니 조곤은 청대 동치 9년 10월 21일 子時에 태어났다. 이미 대설의 절기로 바뀌었으니 11월로 추산하여 만들었다. 그 팔자는 다음과 같다.

```
丙 庚 壬 壬
子 子 子 戌
```

북경에서 중화민국의 원수라 함은 대총통, 또는 집정, 또는 대원수라 칭하는데 선후 7명이다. 원세개(袁世凱)는 재주는 있으나 덕이 없었고, 여원홍(黎元洪)은 덕은 있으나 재주가 없었고, 서세창(徐世昌)은 한림 출신으로 독서를 즐기어 다소의 학문은 있었고, 단기서(段祺瑞)는 기강을 문란케 하고 법을 훼손하였다. 이 세 사람은 공화국의 공은 있지만 그 죄가 족히 더 많다.

장작림(張作霖)은 화적(불한당) 출신으로 심하게 질책할 수 없다. 풍국장(馮國璋)은 스스로 나라라 하였으나 부족한 점이 많다. 오직 뇌물 선거를 한 조곤(曹錕)도 있다. 실제로 최고로 부족한 인물이다. 그 일생의 흔적을 보면 많은 사람들이 (그 사실을) 알 수 있기에 번거롭게 언급하지 않겠다.

조씨의 입명(立命)은 巳宮이고, 태원(胎元)은 癸卯이다. 혹 비천녹마격 혹 金水 진상관격(眞傷官格)이라 하나 실은 겨우 반만 아는 것이다. 사주가 水는 冷하고 金은 차가워 원신(元神) 또한 약한데 상관 식신이 너무 많아 제살태과(制殺太過)하고 있다. 좋은 것은 팔자가 모두 陽이라. 丙火만이 오직 왕하지 않다. 純陽의 기운이 있지만 돕는 것이 부족하다. 이로 인하여 작은 골짜기에 봄이 오는 상이다.

44세에 辰運이니 戌宮을 沖하여 화고(火庫)를 여니 七殺이 비로소 드러난다. 辰土 역시 일주를 생하고 돕는 功이 있어. 이미 우수함이 드러나므로 병권을 누차 장악하였다. 50세 후에는 南方운으로 바뀐다. 火旺의 고향이다. 丁運에 壬水를 합하여 木氣로 化하니 水氣를 설기(洩氣)하고 丙火를 생하여 왕(旺)하게 한다. 巳運은 庚金 일주의 장생(長生)이며 丙火의 녹원(祿元)이다. 십년지간에 중앙에서 출세하기 시작하여 걸음마다 높게 승진한다. 직예성 독군이 되고 겸하 직노예 삼성의 순열사가 되었다.

60세에 戊運으로 바뀌자 土가 水를 제하여 병신(病神)을 극거(剋去)한다. 식신이 무력해지자 丙火 칠살의 쓰임을 얻어 위세와 권력이 날로 융성해진다. 갑자기 뇌물 선거로 성공하여 나라의 원수가 된다.

민국 13년 태세는 甲子이다. 戊午 대운이라. 세운이 서로 싸우는 천극지충(天剋地沖)이라. 하반에 이미 午運으로 바뀌니 세 개의 子水가 한 개의 午火를 沖하며 비천녹마격의 전실이다. 金水 진상관격(眞傷官格)에 상관이 관성을 본 것이다. 제살태과(制殺太過)격에 관살이 권한을 다투니 일점 午火는 3점의 子水를 대적할 수 없다. 흉한 형상이 사방(四方)에 고루 있는 것이다. 그러므로 봉천군대와 직예군대의 큰 싸움에서 풍옥상(馮玉祥)이 반란을 일으키니 曹氏는 끝난다. 연경루에 갇히는 신세가 된다. 정치생명은 끝났다. 비명에 죽지 않은 것만도 다행이다.

조곤은 하야 후 도피하여 진문에 거주하여 처가 재산을 장악하니 매번 외출하여 마작이나 조금 하고, 그 처는 백은(白銀) 2원밖에 용돈을 안 주었다. 진문(津門)에 거주하다가 수년이 되자 죽었다. 늦은 나이에 가련하다.

291 吳佩孚(오패부) *[157]과 同

중화민국 북경 정부의 군벌이자 정치인이다. 산동성 출신이며, 북양군벌 중 직계군벌의 우두머리이다. 직노예순열사(直魯豫巡閱使, 직예성, 산동성, 하남성을 총괄하는 군사, 행정 책임자) 직위까지 올랐다. 중·일전쟁이 일어나 일본군이 북경을 점령한 뒤 그곳에 세운 일본의 괴뢰정부의 수정위원장(綏靖委員長)이 되었으나 이름뿐이었고, 전쟁 중에 병사하였다.

조사해 보니 오패부는 이전 청대 동치 13년 3월 초7일 辰時에 태어났다. 그 팔자는 다음과 같다.

```
戊 己 戊 甲
辰 酉 辰 戌
```

오패부(吳佩孚)는 본래 청나라에서 이름난 수재였다. 민국 후 군대에 투신하여 조곤(曺錕)을 따름으로써 집안을 일으켰다. 때는 화북지역의 직계군벌 풍국장(馮國璋)이 죽은 후, 조곤의 자격이 최고였다. 계속해서 진급하여 마침내 군벌의 수령이 되었다. 환계(皖系) 군벌 수령 단기서(段祺瑞)와 조정을 반씩 나누었다.

오패부(佩孚)는 직계(直系)에 앉은 제2인자였다. 조곤(曺錕)은 직, 노, 예 삼성의 순열사가 되니 오패부는 부사가 되어 낙양에 앉아 우뚝 올라서

서 천하를 살피고 있었다. 여러 곳에서 풍우회중주(風雨會中州)의 세력이 있었다.

남해 강유위(康有爲)는 시종 복벽을 기도하면서 분주하게 오패부를 설득하려 하였으나 오패부는 움직이지 않고 일심으로 예리하게 살피면서 병력을 훈련하여 중원의 패자를 노리고 있었다. 저 조곤(曺錕)을 올려놓고, 조곤 역시 같은 수족으로 알고 있었다. 종래 두 사람이 밀어주는 사이가 아니라 진실로 얻기가 곤란하다. 본보(천문대) 진효위 사장이 지은 《일세의 영웅 오옥수(吳玉帥)》에 그의 일생의 공업이 상세하다.

지금 그 팔자를 한 번 말해 보면, 명리(命理)의 입명(立命)은 申宮이고, 태원(胎元)은 己未이다. 태어나는 시간은 곡우(穀雨)절(節) 후이다. 酉金이 장성(將星)인데 辰土와 戌土가 협공(挾拱)한 것이 장성이니 마땅히 귀함이 드러난다. 만약 월시(月時)에 戊辰이 두 개가 아니라면 쉽게 생각하여 기타 천간과 辰도 같지 않은 것이다. 서세창(徐世昌) 팔자는 두 개의 丙火가 좌하(座下)에 辰戌하고 있어 癸酉 장성을 협공(挾拱)하고 있었다.

이 사주는 다소 같은 것 같다. 사주팔자는 겨우 甲字는 木이고, 酉字는 金이다. 그 나머지 6개는 모두 土이다. 천간에서 甲木을 취하여 무거운 土를 소통시키고, 지지에서는 酉金을 취하여 土氣를 설기한다. 그렇지 않으면 土가 너무 두텁다. 불순의 땅이다. 사주에 水가 없다. 그러므로 癸運에 하나의 癸水는 두 개의 戊土를 합할 수가 없다. 한번 사람을 놀라게 하는구나.

민국 9년 庚申년에서 민국 11년 壬戌년까지 앞뒤로 발생한 직계 규대와 환계 군대간의 전쟁에서 고루 대승을 획득하였으니 공명이 혁혁하다. 역시 맡은 바이다. 50세 후 酉運으로 바뀌자 두 개의 酉金과 두 개의 辰土, 즉 水庫가 合을 만나니 꺼리는 바다. 다시 진전하기가 어렵다.

민국 13년 甲子년은 극성함을 이어가기가 어렵다. 풍옥상(馮玉祥)의 배신을 만나서 패하게 된다. 민국 15년 丙寅년은 잔여 병력을 인솔하여 국민혁명군과 정사교 전투에서 일패도지(一敗塗地)되었다. 무한(武漢) 역시 지키지 못하고 계공산으로 퇴각하여 들어갔다. 그 후로 일어서지 못한다. 실패 후에 조계(租界)에는 들어가지 않겠다고 맹세를 했다.

만년에는 북평에 은거하였는데 일제 왜구들이 회유하고자 하나 견고하게 거절하고 괴뢰는 되지 않았다. 진실로 부끄러운 짓은 안 했으니 대장부로구나! 68세는 乙亥 대운이라. 辛巳 유년과 천극지충(天剋地沖)하니 북평에서 목숨을 마쳤다. 〈본서 [157번] 서락오가 평한 팔자와 다르다.〉

292   孫中山(손중산)   *[201]과 同

광동 향산현(香山) 사람으로 어렸을 때의 이름은 제상(帝象)이고 뒤에 문(文), 중산(中山)으로 바꿨다. 중화민국과 중국국민당의 창설자이자, 삼민주의(三民主義)의 제창자이다. 1911년 신해혁명 후에 중화민국 임시대총통이 되었다. 저서로《건국방략(建國方略)》,《건국대강(建國大綱)》,《삼민주의(三民主義)》등이 있고, 사후에 후인들이《국부전집(國父全集)》을 여러 차례 출간하였다.

국부 손중산 선생은 청대 동치 4년 농력 10월 초 6일(1865년 11월 12일) 寅時에 태어났다. 그 팔자는 다음과 같다.

```
壬 丁 丁 乙
寅 酉 亥 丑
```

중화민국 국부 손중산(孫中山) 선생. 예로부터 중화민족이 변천을 거듭한 지 4천여 년 동안 군주 전제 정체로서 1인 군주가 통치하였다.

그는 장차 아시아에서 건립될 제일의 민주공화국 주창자이다. 본래부터 숭고한 이상으로 건국의 광대한 규칙을 수립하고자 모험을 무릅쓰고 곤란함을 당하였으며, 자신을 내던져 지치고 힘들 때까지 몸이 마를 때에도 아끼지 아니하고 필생의 힘을 다하였다. 모름지기 어려움을 바로잡고자 하는 마음뿐이었다.

세상을 떠나신 지 벌써 30여 년이다. 그러나 그 시대의 위인의 팔자는 성의를 다해 연구할 가치가 있다. 추론하면 다음과 같다.

명리(命理)의 입명(立命)은 癸卯이고, 태원(胎元)은 戊寅이다. 삼명통회(三命通會)에서 말하기를 三奇局으로서 빼어난 봉황이 높이 날아가는 상이다. 곧 이 명조를 이르기를 일귀(日貴)에다 다시 월귀(月貴)를 만나니 고금의 명조에서 말하자면 아까운 명궁 癸卯와 일원 丁酉가 천극지충(天剋地沖)하여 평생의 사업이 험난하고 장애가 많고 뒤늦게 성공하는 것이다.

乙丑은 무고(武庫)의 참됨이다. 그러므로 능히 문인(文人)으로서 누차 병권(兵權)을 장악하였다. 역마성에 귀인이 좌하(座下)고 천문이니 일생동안 바쁘게 돌아다니며 힘들게 노력하여 권위를 얻는다.

47세에 壬운으로 바뀌자 2丁火와 2壬水가 슴하니 하늘이 지은 슴이다. 辛亥년은 천문성(天門星)이 귀하게 오르는 해이니 의당 제1의 총통이 되었다.

민국 2년 癸丑년은 칠살과 정관이 혼잡하여 2차 혁명은 실패로 돌아가니 癸水가 丁火를 沖하여 丁壬합을 파괴하니 역시 실패의 한 가지 요인이다.

53세 午運으로 바뀌니 녹원(祿元)의 고향이라. 다시 재기하여 칭하기를 대원수로서 비상대총통이 되셨다. 만년의 대운은 辛巳이다.

61세 乙丑년은 巳酉丑 삼회(三會) 金局되어 인성이 손상을 입으니 불치의 간암 병환을 얻었다. 간은 木에 속하니 金局의 극(剋)함이라 안타깝다. 그러나 국부께서 서거하신 후는 寅卯辰 동방(東方) 木運이니, 북벌과 대일(對日) 항전(抗戰)이 모두 성공한 것이다. 몸은 비록 죽었으나 정신은 죽은 것이 아니므로 호탕한 기운이 오래 머무른 것이었다. 〈국부 손중산 선생의 팔자는 본서 [201번] 서락오 평한 것과 완전히 다르다. 차이가 1년씩이라니? 왕희문 선생의 평에 준한다.〉

293 黃興(황흥) *[206]과 同

호남 장사(長沙) 사람으로 字는 극강(克强)이다. 무창(武昌)의 양호서원(兩湖書院)을 졸업한 후 당재당(唐才常)의 자립군(自立軍) 봉기에 가담하였다가 난을 피하여 1901년 일본에 유학하였다. 1903년 귀국하여 송교인 등과 함께 화흥회(華興會)를 조직하고, 가로회(哥老會)와 결탁, 창사에서 거병하였으나 실패하고 일본에 망명하였다. 상해·남경에 가서 혁명정부 수립에 분주, 1912년 성립된 중화민국임시정부에서는 임시 대총통 손문 밑에서 육군총장(육상)에 취임, 사실상의 수상이라 일컬어졌다. 이 무렵부터 손문파와 사이가 멀어졌고, 1913년 원세개(袁世凱)에 반대하는 제2혁명에서는 남경에서 거병하여 실패하고 미국에 망명하였다. 제3혁명(1915) 후 1916년에 귀국하여 손문과도 합작하였으나, 얼마 후 상해에서 과로로 죽었다.

황극강 선생은 청대 동치 13년(1874) 갑술년 9월 15일 戌時에 태어났다. 그 팔자는 다음과 같다.

```
甲 甲 甲 甲
戌 寅 戌 戌
```

청나라 광서 시절에 한인의 영도자로 만주족의 청나라를 뒤집어 엎으려고 한 것은 손중산(孫中山) 선생이 조직한 흥중회였다. 뒤이어 황극강(黃克强) 선생과 더불어 송교인(宋敎仁) 등이 조직한 화흥회였다. 당초에 양 파는 나뉘어져 각기 행동을 하였다. 광서 31년 乙巳에 손중산, 황극강 두 거두는 동경에서 만나서 합류하기로 하고 동맹회를 다시 조직하였다. 세력이 엄청나게 많이 늘어났다. 뒤이어 누차에 걸쳐 혁명을 하고자 깃발을 들었다. 황극강 선생은 이러한 일을 중심으로 하였다.

辛亥년 3월 29일 황화 언덕에서 혁명(革命)을 일으키는 주역이 되었다. 황극강은 부상을 입어 두 손가락을 잃고 광주의 하남으로 도피하여 겨우 몸을 피했다. 여자 동지 서종한(徐宗漢)이 도운 것이었다.

기차를 타고 홍콩에 도착해서 마려(瑪麗)의원에서 치료를 받았으나 칼로 수술하여야 하기 때문에 보증인이 필요한데 서종한이 부득이 서명할 수밖에 없어 위험을 무릅쓰고 처(妻)라고 하였다. 이렇게 절차를 밟아 병이 나아서 퇴원을 하게 되었는데, 거짓말한 것이 진짜가 되어 결혼을 하게 되었다. 참으로 혁명시대에 잊지 못할 연애사건이었다.

辛亥혁명 광복 초에는 국내나 국외에서 손중산, 황극강을 함께 칭할 정도로 신분이 높았다. 실제로 호한민(胡漢民)이나 왕조명(汪兆銘) 또 진기미(陳其美)보다 위였다. 육군부 총장을 역임하고 남경유수와 천월한 철로의 독판을 하는 등 직책이 많았다.

그 팔자(八字)는 입명(立命)이 申宮이고, 태원(胎元)이 乙丑이다. 일주가 전록(專祿)에 앉고 천간이 네 개의 甲木이니 천원일기(甲)이다. 또한 순양(純陽)의 힘을 얻으니 글쟁이로서 우뚝 일어나서 재야(在野)에서 떨치니 민족 혁명이었다. 이것으로 그의 일생은 이미 정하여졌다. 태어남의 뜻이 스스로 그렇다는 것이다. 甲木은 하늘을 뒤덮는 나무이고, 비록 가을에 대이었더라도 능히 수살의 기운이 있어 기상은 천하를 뒤덮는다. 戊

土운에 신왕하여 재성을 감당하나 세상을 놀라게 하는 것이었다. 戊土 운 초는 己酉 庚戌 유년이어서 金이 왕(旺)하여 건록(建祿)은 손상하였다.

辛亥 혁명(革命) 상반년이 이와 같다. 그러므로 누차에 걸쳐 호랑이 꼬리를 밟고 봄날의 얼음 같은 두려움이었다.

辛亥혁명 하반년(下半年)은 寅亥가 합록(合祿)하여 갑자기 신나는 일이 있었다. 민국 원년 壬子는 전록격(專祿格)에 인수를 즐겁게 만나니 영광스럽게도 1등급 훈장을 받았다.

민국 2년 癸丑 하반년(下半年)에 丑戌이 형(刑)하여 움직이므로 七殺이 출현하여 2차로 망명하게 된다. 민국 5년 丙辰년은 寅運이라. 많은 비견이 건록을 다투고 세 개의 戌土가 辰土를 沖하니 원세개(袁世凱)를 토벌하는 데 비록 성공하였으나 마침내 뜻을 마치게 되어 죽었다. 그때 나이 43세였다. 세상에 뜻을 펼치지 못하였으니 안타깝다!

전록격은 왕한 기운이 모인 것이니 최고로 두려운 것은 관살이다. 또한 비견이 건록(建祿)을 다투는 것이다. 두 가지가 같이 나타나면 다행함이 필연코 없을 것이다.

■ 譯者 註

서락오(徐樂吾)는 戊寅운에 火가 왕하니 木이 타버려 丙辰년에 피를 쏟으며 죽었다 하는데, 아닐 것이다. 상강(霜降) 후 2일에 태어나니 지나치게 건조하다. 임철초(任鐵樵)의 견해는 戌土는 서북의 陽氣가 추운 것이고, 寅木은 東方의 따뜻한 기운이다. 사주가 건조한 것이 병(病)이다. 대운은 습(濕)한 것이 좋다. 혹은 甲戌 甲戌 乙卯 丙戌이라고도 한다.

294 胡展堂(호전당)   *[205]과 同

중국의 정치가. 손문이 지도하는 동경에서의 중국혁명동맹회 창립에 참가하였으며 손문이 북상(北上)한 후 대원수의 직권을 대행하였다. 1927년 장개석과 함께 공산당 탄압의 4·12쿠데타를 발동하였으며 장개석과 쌍벽을 이루는 국민당의 중진이었으나, 의견충돌로 장개석에 의해 남경에 감금당하였다. 저서로 《박총휘보론국회지추세(駁總彙報論國會之趨勢)》, 《오호(嗚呼)! 만청소위헌법대강(滿淸所謂憲法大綱)》, 《만국지외채(亡國之外債)》, 《강유력지정부변(强有力之政府辯)》, 《민보지육대주의(民報之六大主義)》, 《고비난민생주의자(告非難民生主義者)》, 《유물사관비평지비평(唯物史觀批評之批評)》, 《삼민주의적연환성(三民主義的連環性)》 등이 있다.

호전당은 청대 광서 5년 10월 26일 酉時에 태어났다. 그 팔자는 다음과 같다.

```
丁 丙 丙 己
酉 寅 子 卯
```

호한민(胡漢民)은 국민당 내의 첫째 가는 중요 인물이다. 세칭 호걸지사라 한다. 청나라 팔고(八股) 과거시험에 합격한 사람으로 일본에 유학하여 동맹회에 가입하였다. 광서 말년에 누차 손중산(孫中山)과 황극강(黃克强) 두 선생을 따랐고, 이후에는 의로운 혁명을 일으켰다.

辛亥 3월 29일 혁명에 있어, 호전당은 29일 늦은 밤 홍콩에서 배를 타고 광주에 도착했다. 적들을 물리치려는 의욕으로 참가한 것이이었으나 다음 날 새벽 해안에 다다르자 혁명이 실패한 것을 알고 도로 배를 타고 홍콩으로 돌아왔다. 9월 광동 광복 후에는 두 차례 광동 도독(都督)을 역임하였다.

민국 11년 이후 두 차례나 광동성장을 역임했다. 생각하는 것이 그 임무를 오래하는 것뿐이었으나 오래 하지 못하였다. 민국 13, 4년간 한 번 대리로 대원수를 1년 정도 하였다. 이후 국민정부 상무위원, 그것도 오래하지 못하였다. 민국 17년 입법원장을 민국 20년까지 3년 동안 하였다. 계산해보니 제일 오래되었다.

호전당은 만년에 홍콩에서 묘고(墓庫)대 높은 곳에서 5년 간 있었다. 직책과 직위는 서남정무위원회와 서남집행부 두 기구의 책임자였으나 허명에 불과하였다. 실권은 진제당(陳濟棠)의 손 안에 있었다. 별자(別字) '전당(展堂)'은 시종(始終) 뜻을 펼치지 못하는 자기 신세를 비유해서 지은 것이다. 능히 命運의 탓으로 돌리지 못한 것은 아니나 그러할 뿐이다.

호전당의 명리(命理)의 입명(立命)은 申宮이고, 태원(胎元)은 丁卯이다. 丙火 일주가 겨울에 태어나 천시(天時)의 이점을 얻지 못하니 기쁜 것은 일주 좌우에 丙丁火이다. 일원(日元) 좌하(座下) 寅木은 장생(長生)이니 木火가 뜻을 얻었다. 적천수(滴天髓)에서 "좌우가 귀한 것은 뜻이 같다는 것이다. 상하가 귀하다는 것도 뜻이 협력한다는 것이다." 호전당이 이에 합당한다.

원신이 도리어 약한 것이 강하게 되었다. 지지(地支)는 한 개의 재성,

한 개의 관성, 한 개의 인성이니 역시 기이(奇異)한 격(格)이다. 재, 관, 인이 지지에 있는 것에 불과하고 천간(天干)에 드러나지 못한다. 연간 己土 상관이 월지 관성을 극하였으니 호전당의 총명함이 절정에 이른 것은 상관이 빼어남을 토로한 것이나 종신토록 진급하고 내려오고 일정할 수가 없구나. 공훈을 세우는 사업이 고르지 못한 것도 일점 상관(傷官)의 짓이다.

33세 辛亥년은 정재가 투출하니 상관이 생재하고 재성이 관성을 생하여 병력과 칼날에 피를 묻히지 않고 광동을 광복하였다. 亥水는 丙火 일주의 귀인이다. 마땅히 세상 사람들을 놀라게 하여 감탄시킨다.

민국 2년 癸丑년 상반(上半)은 좋으나 하반(下半)은 丑土 상관이 드러나 원세개(袁世凱)의 명령으로 면직되어 다시 망명길에 오른다.

민국 3년에서 민국 10년은 壬申 대운으로 丙寅 일주와 천극지충(天剋地沖)하여 천하의 지혜를 다하였음에도 모든 일이 부족하여 노력은 하나 공명(功名)이 없었다.

민국 11년 壬戌년(44세) 七殺과 관성이 혼잡(混雜)하니 강방회의(江防會議)의 변란이 일어나 몇 번이나 예기치 않은 재난을 만났다. 46세 甲子년이니 이미 申運으로 바뀌었으니 다시 광동성장에 임명되고 대리 대원수(大元帥)가 된다. 이것은 子水 관성의 힘이며 또 甲木이 己土를 극제(剋制)한 것이다.

민국 14년 乙丑년은 상관(傷官)이 또 나타나니 상반(上半)년은 乙木이 작용하여 아름다우나 하반년(下半年)은 료중개(廖仲愷)가 제출한 안건으로 무고하게 혐의를 입었다. 원망스러운 일이다!

민국 17년에서 민국 19년(50세-52세)은 未運이라. 卯未 半會 木局이니 木은 능히 己土 상관을 제할 수 있어 입법원장에 임명되어 3년이란 오랜 기간이었다. 52세 庚午년은 丙火 일주가 태세(太歲)를 범하고 子午卯酉 전부 구성되는 四敗지국이라. 52세는 위험한 것이 숨어있는 형세다. 다음해 초봄에 탕산에 수감되고 53세 이후에는 庚運이라. 편재가 작용하여 편안히 홍콩에 머무른다. 월(상해) 지역에서 매월 공급한 공관 경비가 수 만원이었다. 몇 년 동안 편안히 머무니 호씨 일생에 최고로 안일한 시기였다.

민국 25년 丙子 유년이니 庚午대운과 천극지충(天剋地沖)하여 뇌일혈로 갑자기 죽었다. 향년 58세라.

유체(遺體)는 광주 동쪽 용안동에서 장례를 지내니 국민정부의 명령으로 국장(國葬)으로 지냈다. 애절함과 영화로움을 갖추었구나. 오직 관성이 손상을 입었기 때문에 자식(子息)이 없다.

295　于右任(우우임)

섬서 삼원(三原) 사람으로 본명은 백순(伯循)이고, 字는 유인(誘人), 서명은 소심(騷心) 혹은 염옹(髥翁), 호는 태평노인(太平老人)이다. 근현대 정치가이자 교육가, 서법가(書法家)이다. 일찍이 동맹회(同盟)의 성원이었고, 장기간 국민정부의 고급관료 생활을 했다. 동시에 중국 근대 서법가이다. 복단대학, 상해대학, 국립서북농림전과학교 등 중국의 저명한 고등교육기관을 창설하는 데 큰 기여를 했다. 저서로《우임시존(右任詩存)》,《우임문존(右任文存)》,《우임묵존(右任墨存)》,《표준초서(標准草書)》등이 있다.

우우임은 청대 광서 5년(농력 기묘년 3월 20일 신시 – 1879년 4월 11일)에 태어났다. 그 팔자는 다음과 같다.

```
壬 甲 戊 己
申 子 辰 卯
```

우우임은 금년에 이미 82세 고령이다. 혁명에 헌신하여 공훈이 찬란하다. 시문과 서법으로 국가의 인물이라 칭한다. 장년 시절에 군사에 관한 일로 바쁨에도 문인으로서도 훌륭했다. 섬서 정국(靖國) 총사령관에다 서북 국민연합군 부 총사령관이었다. 늦은 나이에 감찰원장에 임명되기도 하였다. 20여 년 전 일이다. 일생의 사업은 가위 아름다웠다. 그 팔자는 확실히 연구할 가치가 있다. 추론하여 보자.

명리(命理)의 입명(立命)은 巳宮이고, 태원(胎元)은 己未이다. 甲木 일주가 청명(淸明) 후 6일에 태어나니 木旺한 시절(時節)이라. 원신(元神)은 뿌리가 깊고 꼭지가 단단하다. 오행(五行)을 살펴보면 水氣의 수량이 최고로 많다. 지지에 申子辰 삼합 수국(水局)하여 壬水가 투출하니 본래 물이 넘실거려 木이 둥둥 뜨는 우환이 있겠다.

이론을 추구하자. 일생에 필히 여러 번의 위험이 지나가겠으나 다행히 戊己土가 투출하니 戊土는 태산같은 흙이어서 족히 水氣의 어지러움을 진압할 수 있다. 甲子 일주는 또다시 진신(眞神)인 길성이 보호하고 있어 종내는 흉(凶)한 것이 변(變)하여 길(吉)할 것이다.

광서 9년 丁火 대운 내에 癸未년에 癸水와 丁火가 상충(相沖)하는 5세에 아버지의 명으로 야외에서 양(羊)을 돌보고 있는데 이리떼가 갑자기 습격하는 등 몇 번의 예측하지 못하는 일이 벌어졌다. 바로 한 끝 차이로 피신하여 논밭 사이로 달아나니 용감하여 위험을 피한 것이다. 이것은 일차의 위험한 고비였다. 12세 庚寅년은 甲木과 庚金이 상충(相沖)하고 寅木과 申金이 또한 沖하니 폭약 만드는 일꾼이었는데 공장에 불이 일어나 몇 개의 항아리에 있던 화약(火藥)이 신변에서 폭발하여 터지는데 갑자기 동이를 엎을 만큼의 큰 비가 쏟아져 화염(火焰)이 순식간에 꺼졌다. 이것이 두 번째의 위험이었다.

상속 후 학교에 들어가 독서를 하는데 천성이 총명하고 영특하니 매우 빠르게 성취하였다. 광서 辛丑년 때는 23세에 응시한 향시(鄕試)에서 과거에 합격(호한민과 동년)하였다. 辛金은 관성이고 丑土의 귀인은 본명의 희신이다. 그때에 이름을 얻어 혁명의 장대한 꿈을 지니게 된다.

지은 책으로는 《반곡반소누집(哭半笑樓集)》이 있는데 '반은 울고 반은 웃는다'는 뜻이다. 청나라 조정을 반대하는 시문이 많다. 광서 癸卯년에 그 시집이 청나라 관리에게 들켜서 우우임을 잡으려고 수색하였다. 우우임은 개봉에서 실시하는 회시(會試:과거시험)에 응하고 있었는데 청나라 관리들이 파견되어 개봉에서 체포하려 하자 다행히 집안사람이 그 소식을 재빨리 알려 변장하여 위험을 벗어났다. 상해로 망명하니 이것이 세 번째 위험을 만난 것이다.

우우임은 상해 조계에서 앞뒤로 잡지를 발행하니 신주, 민우, 민호, 민립 등 네 개의 잡지였다. 함께하는 동지와 복단 및 중국 공학 두 개의 대학을 설립하였다. 광서 말에는 동맹회에 가입하고 혁명 지하공작에 참가하였다.

민국 원년 국부 손중산 선생이 남경에서 임시 대총통에 취임하자 우우임은 교통부 차장이 되었다. 총장은 탕수잠(湯壽潛)이었으나 아직 직위에 취임하지 않아 우우임이 대리로 교통부 업무를 보게 되었다. 민국 원년에 남경에서 혁명정부 중요 직책으로 근무한 사람 중에 현재까지 건재하게 있는 사람은 겨우 우우임 한 명뿐이다. 분투한 지 무려 60년간 시종 여일하였다. 정말로 칭찬받아 마땅한 영광일 것이다. 민국 15년 우로 48세 丙寅년은 壬申 시주와 천극지충(天剋地沖)하니 몽고 사막을 지날 때 풍옥상(馮玉祥)의 부하 병사가 그를 죽이려고 하여 창칼이 우우임의 뚱뚱한 가슴팍을 정확히 찔렀는데 타인이 살펴보니 평안 무사하였다. 이것이 네 번째의 위험함이다.

말하기를 큰 고통에도 죽지 않는 것은 필히 늦게 복이 있을 것이다. 평생의 복인 것이며 백 년 사는 동안 인간의 상서로움일 것이니 의심할 것이 없다.

296 馬歇爾(마헐이) = 맥아더

태평양전쟁 시 미군 최고사령관. 제2차 세계대전이 일어나자 진주만을 기습한 일본을 공격하여 1945년 8월 일본을 항복시키고 일본점령군 최고사령관이 되었다. 6·25전쟁 때는 UN군 최고사령관으로 부임하여 한국전쟁에 참전하여 인천상륙작전을 지휘하였다. 하지만 중공군과 전면전을 두고 트루먼 대통령과 갈등을 빚어 해임되었고 '노병은 죽지않는다. 다만 사라질 뿐이다'라는 말을 남겼다.

홍콩의 西報에 실려 있는 것을 근거로 하였다. 맥아더는 1880년 12월 31일 오전 4시에 태어났다. 농력을 환산해 보니 실로 경진년 12월 초1일 寅時이다. 만약 우리나라의 운명 보는 수로 추산하면 그 팔자는 다음과 같다.

丙甲戊庚
寅午子辰

미국에서 1959년에 두 사람의 중요한 인물이 앞서거니 뒤서거니 죽었다. 그 한 사람은 전임 국무장관 듀이고, 또 한 사람은 10월 중순 죽은 오성장군 맥아더 원수였다. 명리는 천간 甲戊庚 삼기(三奇)가 있고, 연월(年月) 子辰 반회(半會) 수국(水局)이며, 일시는 寅午 반회(半會) 화국(火局)이다. 각각 문호(門戶)를 담당하여 수화기제(水火旣濟)이다. 사주가 순양(純

陽)이니 기백이 웅장하고 위엄이 있다. 부끄럽지 않은 일대의 장군이다.

乙未운에 乙庚이 합하여 화금(化金)하고, 未土는 귀인이라. 일세에 황금시기였다. 전쟁에서 공격을 하면 승리하여 불리함이 없었다. 단 78세 申運으로 바뀌자 甲木 일주가 申金의 절지(絶地)의 곳으로 들어가서 申子辰 삼회(三會) 수국(水局)되니 역시 물이 넘실거려 나무가 뜨는 폐단이 생기어 금년(1959) 亥年에 수세(水勢)를 더욱 도우니 한목(寒木)이 어떻게 스스로 존재할 수 있으랴. 생기가 끊어지는 것이다.

297 溥儀(부의) * [24]와 時柱가 다름.

청나라 마지막 황제 선통황제(宣統皇帝)는 이름이 부의(溥儀 1906~1967)다. 도광황제(道光皇帝)의 증손자이자 순친왕(醇親王) 재풍(載灃)의 아들인 부의는 광서황제(光緖皇帝)가 죽은 뒤에 황위를 계승했다. 3년간 재위하던 중 신해혁명(辛亥革命)으로 황위를 내어주면서 중국 역사상 마지막 황제로 남았다. 1967년 부의는 신장암으로 시달리다 쓰러져 1967년 10월 16일 세상을 떠났다.

부의는 청대 광서 32년(1906년) 병오 정월 13일 午時에 태어났다. 그 팔자는 다음과 같다.

```
丙 壬 庚 丙
午 午 寅 午
```

중국의 24史에서는 수많은 나라가 지나갔다. 매 나라의 (마지막) 황제들은 대다수 불행하게 최후를 맞았다. 편안하고 존경받아 목숨을 부지한 자는 겨우 한나라의 마지막 황제인 헌제뿐이다. 그는 종신토록 조조(曹操)의 괴뢰였다. 조조가 옆구리에 끼고 모든 제후들을 명령하였다. 조비(曹丕)가 찬탈하면서 헌제를 공으로 봉하고, 각박하게 하였으나 죽이지는 않아 목숨을 마칠 수 있었다. 생각해보니 역사상 망국 황제로서는 행운아였다. (유선, 손호, 진 후주 등은 모두 안정된 국면이 아니어서 일통으로 칭하지 않아 계산하지 않는다.)

　중국 역대 왕조 역사상 생각하여 보니 채워 넣는 일개 괴뢰로서 비명에 죽지 않은 자는 한나라 헌제뿐이었다. 매우 매우 어렵고 어렵다. 부득이하게 다음을 생각해보자. 전 청나라 부의도 그에 따른다. 간략히 비교하여 견주어보면 한나라 헌제와는 매우 멀리 있었던 것이다.

　태원(胎元)은 辛巳이고, 입명(立命)은 酉宮이며, 소한(小寒) 辰月이다. 명리(命理)는 壬水 일주가 寅月에 태어나 팔자는 一金 一水 一木인데 火土가 다수를 차지하고 있다. 지나치게 편고(偏枯)되었다 할 수 있다. 혹시 기명종재격(棄命從財格)을 취하는 것이 아닐까? 南方 화운(火運)에 큰 일이 있음이 가히 애석하다. 壬水는 양수(陽水)라 기명(棄命)됨을 용서치 않는다. 壬水는 강과 바다의 물이기 때문이다. 지구를 돌아 감싸는 것인데, 水氣는 다수가 운명을 버리는 법이 없다. 이리하여 재다신약(財多身弱)한 사주이다.

　일간에 바짝 붙은 (庚金이 水를 生할 수 있는데), 두 개의 丙火가 극제(剋制)하여 제거하니 庚金은 무력하여 水를 생할 수 없다. 전적으로 의지하는 곳이 명궁(命宮) 酉金이다. 태원(胎元)은 巳火에 있고 巳酉 반회(半會) 금국(金局)하여 水를 生하고, 납음(納音) 역시 두 개의 水다. 족히 밑천을 희생하여 도울 수 있다. 사주가 순양(純陽)이다. 하나의 음기(陰氣)도 섞이지 않았으니 격국(格局)이 기이(奇異)한 점도 있다. 원신(元神)이 비록 한 개라 약하다 해도 당연히 최선을 다하여 전국을 통치한다.

　민국 6년 丁巳년은 12세다. 辛運 내에 있어 정인이 일주를 생하고 태세(太歲)는 귀인이다. 장훈(張勳)의 힘으로 복벽을 꾀하나 흐릿한 꿈속에 잠시 나타난 것이다.

민국 11년 壬戌년은 卯運이다. 귀인운에다 태세가 壬水 일주를 돕고, 寅午戌 삼회(三會) 화국(火局)하는데, 水는 위에 있고 火는 아래에 있어 수화기제(水火旣濟)라 할 수 있다. 17세에 혼사를 치르고 조정에서 잠시 한때나마 따뜻하였다. 민국 정부에서 청나라 황실을 우대한 조건 때문이다. 외국의 군주를 상대하는 의례를 하고, 각국의 북경 주재 공사들도 왕래하여 따뜻하게 치하하였다. 부의(溥儀) 일생에 결혼한 일 년 동안이 최고로 체면을 세우던 시기였다. 이러한 것이 끝나자 비탈진 곳을 내려가게 되었다.

1년이 지나자 민국 13년 甲子년은 子水와 午火가 상충(相沖)하고 일원좌하(座下)를 沖하니 임금의 자리가 편치 않았으니 卯運 끝이었다. 子水와 卯木이 상형(相刑)하니 배신한 장군 풍옥상(馮玉祥)의 핍박으로 궁궐에서 도망치다시피 하였다. 일본인의 비호 하에 천진에서 평안하였다. 이것은 卯運이 귀인이기 때문이다.

20세에서 25세는 壬運이다. 약한 壬水 일주가 비견의 도움이 있으니 천진 장원에서 편안한 세월을 보냈다.

민국 20년 심양 사변이 발생한 때는 부의(溥儀)가 26세 때였다. 이어서 모두 金水 유년이라. 癸巳 대운으로 이어지고 壬辰 癸巳 납음이 장류수, 즉 小水이다. 큰 물이 아니라 일본의 괴뢰로서 이용만 당할 뿐이었다.

민국 34년 乙酉년은 甲午 대운이다. 水氣가 물방울처럼 전혀 없고, 木火土 기신이 일제히 뛰쳐나오니 마침내 소련(아라사)에게 포로가 되었다.

다시 한 번 옮겨졌다가 이리 저리로 떠다녔다. 공산당이 중국 대륙을 통치하자 비로소 아라사에서 중국 공산당에게 옮겨졌으니 무려 10여 년이었다. 생활이 좋지 않았으니 황제는 꿈에서나 이루어지는 과거였다.

부의는 금년 1959년은 54세다. 己亥年은 壬水 일원(日元)이 녹원(祿元)을 만나니 최근에 듣기로는 공산당의 사면의 은혜가 있었다 하나 확인할 수가 없다.

부의 팔자에 문창성이 있어 어리석은 사람은 아니나 매일 사람을 보아야 사람과 대화를 하지, 귀신을 보고 귀신과 대화를 나눈다는 식이다. 혹시 공산당이 부의의 사상을 고쳤나? 자유를 회복시켰는지 모르겠다.

한 사람의 위원으로서 배급이나 제대로 될런지, 만주족 인민을 회유하려고 이용이나 하는 건지 생각해본다.

298 李濟深(이제심) * [211]과 時柱가 다름.

중국의 군인·정치가. 국민혁명군 총참모장 겸 광동유수사령(廣東留守司令)을 지냈다. 반장개석운동(反蔣介石運動)을 일으켰고, 홍콩에서 국민당 혁명위원회를 조직하고 주석에 취임하였다.

조사해 보니 이제심은 광서 을유년 9월 24일 卯時에 태어났다. 그 팔자는아래와 같다.

```
丁 己 丙 乙
卯 未 戌 酉
```

중화민국이 성립한 이후에 앞뒤로 월(상해)의 남천왕(南天王)으로 칭한 자는 용제광(龍濟光), 이제심(李濟深), 진제당(陳濟棠) 세 사람이다. 세 사람 중 이제심이 제일 오래 살았다. 1959년 10월 己亥년에 병으로 북평에서 죽었으니 75세다.

현재까지 그의 삶을 살펴보니 없어진 것이 있어 자세히 모르겠으나 보충하여 적어 두겠다. 비록 이것은 '나중에 맞추어 만들어 놓았으나' 독자 여러분은 즐겁게 듣기를 바란다.

이제심의 원래 이름인 제침(濟琛)은 팔자 오행에서 水氣가 없다. 대략 그의 삶을 보면 원인이 '침(琛)'자를 '심(深)'자(字)로 고친 것이다. 별자(別

字)는 임조(任潮)이다. 역시 세 점의 水가 곁에 있다.

청나라 말년에 광동에 있는 장변학당을 마치니 혁명선열 등중원(鄧仲元)과 동학(同學)이다. 단 이제심은 동맹회에 가입하지는 않았다. 그러므로 국민당에서의 이력은 깊지 못하다.

辛亥 혁명 시에 광동이 광복되자 대도독(大都督) 호한민(胡漢民)이 파견한 요우평(姚雨平) 동지 통솔 하에 일부분이 신군에 편성되어 남경을 공략하고 북벌에 참가하였다. 서주에서 장훈을 공격하여 패퇴시키니 이제심은 당시 중교(中校) 참모였다.

민국이 성립하자 남북통일이 되어 군대가 축소돼 편성하자 제심은 북경 육군대학에서 공부하고 마친 후 육군부에 후보위원으로 되니 월급이 겨우 30원이었다.

민국 9년 이전에 이제심은 '논밭을 관리하는 벼슬'에다 이름도 없었다. 민국 9년에 이르자 월군(粵軍)이 장주를 거쳐 월(粵: 상해)로 돌아오자 등중원이 월군 총사령관의 참모장과 제1사단장을 겸하게 된다. 이제심은 이로부터 등중원 동학인 관계로 등중원을 보좌하니 등중원이 사령부 부관장으로 임용하였고, 이제심은 일개의 작은 재주만 있을 뿐이었으나 오래지 않아 사령부 참모장으로 승임하여 등중원의 막중한 의지처가 되었다.

당시 월군 제1사단에는 인재가 가장 많은 시기였다. 진제당(陳濟棠), 장발규(張發奎), 진명추(陳銘樞), 서경당(徐景唐)이 모두 단장으로 있었다. 등중원과 고응분(古應芬)이 가장 친밀했다. 이제심이 등중원에게 소개한 것이었으므로 고응분의 믿음을 얻은 것이나.

고응분은 역시 그릇이 무거웠다. 민국 11년 등중원이 극력 주장하여 국부 손중산 선생의 북벌의 큰 계획을 옹호하니 진형명(陳炯明)은 음모를 꾸며 화북 군벌 오패부(吳佩孚)와 연결하여 사람을 시켜 등중원을 넓은 구차역에서 암살하였다. 당시 이제심은 이미 제1사단 참모장으로 있었다. 고응분이 보증하고 추천하여 이제심은 손중산에게 발탁되어 월군 제1사단장이 되었다. 그해 6월 16일 진형명이 반란하니 이제심은 반란을 따르지 않고 주둔한 병력을 네 읍으로 분산시켜 경계를 지키고 인민을 편안하게 하였다.

민국 12년 고응분이 대원수의 강문(江門) 행영 주임으로 임명되니 이제심은 그의 주력이 되어 고응분이 보증하고 추천하여 강서 독판이 되었다. 조경에다 병력을 주둔시키어 꿈을 기다리고 있게 된다. 하루하루가 천리다. 원래는 계성 창오 사람이라 지역을 방어하면서 광서와 연결고리를 만드니, 마침내 '이황이(李黃李) 삼각동맹'이 조직되었다. 형성된 새로운 계보의 세력은 즉 '이황이'는 이종인(李宗仁), 황소굉(黃紹竑), 이제심(李濟深)이다.

민국 16년 고응분이 책동한 월군(粤軍)의 숙청작업이 성공하니 제8로군을 총지휘하게 된다. 광동성 정부 주석을 겸하고 정치분회 주석이 된다. 고응분은 겨우 광동 재정총장과 남경 국민정부 재정부장을 겸직하여 이름만 걸고 있는 상황이었다. 때는 이제심이 이미 광동의 국민당과 정치, 군대의 권력을 장악하고 있을 때였으니 오히려 힘이 부족하게 역전되었다. 마침내 이제심은 고응분을 싫어하여 토벌하고자 하였다. 고응분은 이에 밀려남을 당하니 월을 떠나게 되었고, 원한을 머금고 보복하기를 맹세한다.

　민국 18년 고응분이 남경 국민정부 문관장(文官長)이 되니 이제심에게 무한의 일을 조정하여 남경으로 들어오라고 하였고, 이제심이 들어오자 고응분이 장개석(蔣介石)에게 청하여 이제심을 탕산에 구류시킨다. 이리하여 진제당(陳濟棠)을 제8로군 총지휘자로 임명하고 고응분, 진제당 두 사람은 자주 연락하니 이제심은 다시 일어서지 못하게 된다.

　이제심의 팔자는 삼기격(三奇格)이나 애석하게도 水氣가 없다. 명궁(命宮)은 卯에 있고, 근년 소한(小寒)이 丑月이다. 천간 乙丙丁은 이름이 삼기격이다. 스스로 귀함을 취한다. 오행(五行)의 水氣가 없음이 애석하다. 중년에 壬運으로 흐르니 월(粵: 상해)에서 영웅이라 칭하였으니, 이것은 壬水 일주가 무근(無根)하기 때문에 꿈 속에서 한 번 피어난 것이다. 이러한 짓들이 민 지역에 인민정부에서는 아이들의 놀이거리가 되었다. 만년에 천수를 다하였으니 삶을 청산하지 못한 것이 다행이다. 고통스러움이 고소하다. 생각하여 보자.

　75세는 卯運으로 바뀌어 세 卯木이 戌土와 쟁합(爭合)하고 酉金과 다투어 沖한다. 금년 태세(太歲)가 己土이니 팔자의 연간 乙木이 태세를 범하고 소한(小限)은 丑土이다. 丑戌未 삼형(三刑)이 이루어지며 己未 일주이다. 좌하(座下)가 沖되는 폐해가 있다. 들불이 사방(四方)에서 일어나니 죽지 않음을 얻을 수 있겠는가?

299 伍憲子(오헌자)

고랑향(古朗) 출신으로, 본명은 장(庄), 字는 헌자(憲子), 호는 몽접(夢蝶)이다. 일찍이 생업을 위해 직업을 얻고자 보황회에 가입하였으며,《홍콩상보》,《남양총회》,《국사보》의 주필을 역임하여 군주 입헌을 고취하였다. 중화민국 초년 광동 호북 내무국장과 풍국장(馮國璋) 총통부 참의, 서불소(徐佛蘇)와 국민공보를 공동 주관하였다. 1927년 양계초(梁啓超), 서근등(徐勤等) 등과 함께 중국 민주헌정당을 창당하고, 미국 샌프란시스코에서 이 당 기관지 '세계일보'를 주최해 한때 주석을 지냈다. 전쟁 이후, 중국 국사당이 중국의 민주헌정당과 중국 민주사회당에서 통합되며 부주석에 선출되었다. 국민정부 중앙위원, 중국 민주사회당 중앙주석을 지냈다. 그 후, 홍콩에 정착하여 책을 쓰고 강의를 하였다. 저서로는《몽접문존(夢蝶文存)》등이 있다.

오헌자 선생은 청대 광서 7년 신사년 5월 초 7일(1881년 6월 3일) 丑時에 태어났다. 그 팔자는 다음과 같다.

癸	戊	癸	辛
丑	辰	巳	巳
(貴人)	(財庫)	(元祿)	(元祿)

戊辰 일주가 巳月에 태어나니 이름하기를 건록격(建祿格)이라 한다. 지지에 두 개의 巳火 건록이 있고 丑時에 태어나니 (戊土) 원신(元神)이 매우 건실하다. 일시 두 개의 천간이 戊癸로 합하고 여름에 태어났으니 화

화격(化火格)이라 할 수 있겠으나, 病은 두 개의 癸水가 하나의 戊土를 쟁합(爭合)하는 데 있다. 일시의 두 지지는 합을 하지 않고 있으니 천간과 지지가 하나는 합하고 하나는 합하지 않고 다르게 흐르고 있으므로 이로써 化火格을 이루지 못했다. 辛巳년 간지는 (明暗合) 丙辛 합하여 水로 化하였으니 족히 火로 化하는 局을 파괴하고 있다. 이렇게 추리하는 것이 맞으므로 化火格을 이루지 못했다. 그러므로 金水가 희용신임을 의심하지 않는다.

천간은 상관이 재성을 생하고 있다. 일찍 운로에 金水가 개두(蓋頭)하였고, 중년에는 亥子丑 北方 水運이니 어찌 이름을 알리지 못할까 두려워 할 것인가? 그러나 안타깝게도 亥子丑 대운에 천간이 火土 기신이 개두(蓋頭)하여 運의 흐름이 매화나무 사이의 대나무처럼 어울리지 못하고 옥의 티가 있음을 알겠으니 그 포부를 크게 펼치지 못하는 것이 운명이다.

78세 戊戌년에 戊辰 일주와 천간은 같고 지지에서 沖을 만나니 무너지는 형상이 보인다. 79세 己亥년은 月令 癸巳와 천간은 극하고 지지는 沖을 만나게 되는데 명궁(命宮)은 辰土에 있고 소한(小限)은 戌土에 있는데 명궁과 소한이 서로 沖을 하고 있다. 이렇게 되니 4곳에서 싸움이 벌어지는구나! 천상에서의 움직임이 스스로 이렇게 되어간다. 戌月이 매우 교묘하구나. 기이하다.

300 陳公博(진공박)

광동성 남해에서 청나라 고위관리의 아들로 태어났다. 북경대학 재학 중 1919년 5.4 운동 시위에 참가하였으며, 마르크스 사회주의 이론을 접하게 된다. 1920년 대학을 졸업하면서 공산당원으로 활동하였으며 왕정위와 함께 친일노선을 걷게 되었고, 일본의 꼭두각시 정부인 남경 국민정부에서 입법원장으로 왕정위 다음 가는 제2인자 지위에 있다가 왕정위가 병사하자, 뒤를 이어 주석대행겸 행정원장직을 맡았다. 1946년에 '매국노'로 몰려 한간(漢奸)재판에서 사형선고를 받고, 처형되었다.

진공박은 나에 비해 두 살이 빠르다. 광서 18년 8월 29일 戌時에 태어났다. 그 팔자는 다음과 같다.

```
丙 甲 庚 壬
寅 申 戌 辰
```

최근 주기적으로 연재되는《춘추잡지》에 진공박(陳公博)의 옥중 유저로서 '대일항전 전후 8년의 회고'라는 글이 실렸다. 필자가 읽기로는 그 사람은 학문과 사고가 있는 사람이다.

진공박은 광동 남해 사람이다. 일찍이 미국 유학을 하니 풍채와 태도가 맑고 맑았다. 말 재주가 민첩하고 글을 쓰거나 말을 하면 모든 것을 갖추었다. 진독수(陳獨秀)와 함께 중국공산당을 발기하였다. 상해에서 소집하여 개최된 제1차 10인 대표 대회를 대표하였으나 후에 공산주의 제도가 중국에서는 마땅하지 않음을 깨닫고 공산당을 떠났다.

고맹여(顧孟餘)와 함께 왕정위(汪精衛)를 보좌하니 왕정위의 좌우 측근이라 칭한다. 북벌 이전에는 광동에서 농공(農工)청장 등 요직을 지냈으며 민국 21년 왕정위가 행정원장이 되자 고맹여는 철도부장, 진공박은 실업부장이 되었다. 민국 24년 왕정위가 중앙당부공작에서 몸에 세 발의 총탄을 맞는 사건이 벌어지자 왕정위는 하야하고 출국하였다. 그때에 진공박 역시 사직하고 중앙당부에 있었다.

민국 27년 왕정위를 떠나서 전전하다가 전(滇: 윈난성(云南省))을 거쳐 홍콩으로 갔다. (왕정위는) 상해에서 계획된 정부 조직으로 다시 돌아왔으나 진공박은 그 소식을 듣지 못하였다.

민국 28년 겨울에 진공박은 홍콩을 지나 상해에서 왕정위를 만나 적극적으로 그만 두기를 권하며 반복하여 며칠간이나 변론하였다. 그러자 왕정위가 말하기를 "일은 이미 결정이 났다. 이미 그만둘 수 없게 되었다." 하였고, 다시 말하기를 "만약 네가 스스로 온전함을 구한다면 더 이상 강제하지 않겠다. 행동을 멈추고 스스로 결정하라."고 하였다. 진공박은 "나와 공은 나의 유일한 벗이나 이런 마당에 등지면 서로 어렵다. 오직 관우(關羽)의 일을 모범 삼아 유비(劉備)가 예주에서 한 일을 나와 공은 알고 있다."라고 하였다.

왕정위 정권이 성립하자 진공박은 입법원장이 되었고 상해 시장을 겸직하였다. 왕정위가 동호에서 병으로 죽자 행정원장이 되고 대리국부 주석을 겸직하여 일본과의 전쟁에서 승리를 다짐하였다.

일제 왜구가 투항하기를 선포하니 남경 도시가 처음에는 질서가 너무 혼란하여 진공박은 굴욕을 감수하고 전용 비행기를 타고 그 처(妻) 이려장과 임백생, 진군혜, 막국강 등 비행기로 일본으로 가려 하였으나 와중에 중요한 곳에서 전보가 와 명령을 따르라 하여 압송되어 소주 감옥에 갇히게 되었다. 강소 고등법원 재판 결과 사형선고가 내려졌고, 민국 25년 소주 옥중에서 집행되었다.

진공박의 팔자 사주는 순양(純陽)이어서 이곳이 좋은 곳이다. 월상(月上)이 괴강(魁罡)이고 식신제살(食神制殺)격이다. 칠살을 화(化)하여 권위가 된다. 스스로 마땅히 뚜렷한 벼슬이라 한다.

애석한 것은 천간은 甲庚이 상충(相沖)하고 壬丙 역시 상충(相沖)한다. 지지는 辰戌이 상충(相沖)하고 寅申 역시 상충(相沖)한다. 천간지지 팔자 모두가 沖이다. 이름하기를 하늘은 덮지를 못하였고 땅은 싣지를 못하였다. 마땅히 비명에 죽는다.

하물며 민국 35년은 丙戌 태세이다. 팔자의 壬辰과 또 沖하니 이미 범한 천라지망과 같이 도망갈 길이 없어 죽는다.

진공박의 일생은 풍류를 즐긴다. 의복은 가지런하고 항시 법국의 모자를 쓰고 검은 색의 깃을 지니니 엄연한 아름다운 공자다. 지은 책으로는 《한풍집(寒風集)》이 있으니 문사가 매우 아름답다. 사람들이 함께 보아 상쾌하다 한다. 시종 충성으로 마친다. 형장에서도 얼굴 모습을 바꾸지 않아 기개가 가득하다. 그러므로 죽었을 때 많은 사람들이 안타깝다 하였다.

301 汪精衛(왕정위)

중국의 정치가. 신해혁명과 국민혁명, 중일전쟁에 걸쳐 정치가로 활동을 했으며 친일 정부를 조직하여 주석으로 취임하였다. 중화민족을 배반한 친일파로 오명을 남겼다.

정위 숙부(평자 : 왕희문은 왕정위의 조카다)의 팔자는 다음과 같다.

```
丁 戊 丙 癸
巳 申 辰 未
```

정위 숙부의 일생의 품행(행적)을 보면 공명과 죄악의 시비가 많다. 후세 역사가들이 공평하게 평가를 내릴 것이고 나는 다만 그의 팔자를 말하겠다.

정위 숙부는 청나라 광서 9년 3월 28일 巳時에 태어나니 즉 서기 1883년 5월 4일이다. 민국 30년 이전에는 집안에서는 농력 생일로 탄신일을 경축하였다. 민국 31년 봄에 내가 남경에 도착하니, 외국의 승인으로 정위 숙부가 집권을 하고 있었다. 의지와 덕이 있었고, 대리의 뜻도 있고, 일본과 만주국 등이 일국의 원수의 생신을 외빈들이 치하했다. 그때에 나는 건의하기를 양력을 개용하여 5월 4일을 탄신일이라 하자 하였고, 외빈들의 치하를 받고 있던 정위 숙부는 그렇게 하라 하였다. 그러나 숙모 진벽군(陳璧君) 측은 동의하지 않았다. 이때에 절충하는 방법으로 채용하여 대외적으로는 양력 생일을 하고, 집안에서의 잔치는 구력으로 하자 하였다. 이러한 일은 내가 관여했다.

동해 서락오의 저서 《고금명인명감(古今名人命鑑)》에서 戊癸合 화화격(化火格)이라고 취했으나 나는 그렇지 않다. 寅午戌月이 아니고 戊土와 癸水는 떨어져 있는데 어떻게 化火인가? 辰宮에 암장(暗藏)된 癸水가 연간(年干)으로 투출하니 당연히 잡기 재성이 투출한 격이다. 대귀함은 재성을 용신함에 있지 관성을 용신함에 있는 것이 아니다.

광서 癸卯년에 재성과 관성이 둘 다 왕(旺)하여 답안지를 수석으로 제출하여 약관의 나이로 학교에 들어갔고, 선통 2년 庚戌(28세) 寅運 중에 寅巳申 삼회(三會) 형(刑)하니 丙火 효신(梟神)이 식신을 빼앗아 섭정왕이 체포하여 옥에 가두었다. 다음해 辛亥는 丙火와 辛金이 합화하여 水氣가 되니 출옥하였다.

민국 원년 壬子는 재성이 왕(旺)하여 이로 인해 이름이 떨치니 훈장 2등급을 수여받았다. 丑運은 未土를 沖하니 여러 곳에서 비난이 있었다.

민국 14년 乙丑년(43세)은 이미 壬運으로 바뀌니 丁火와 壬水가 합하여 木氣가 되니 乙木이 다시 유력하게 되기 때문에 월(상해)에서 국민정부 주석으로 당선되었다.

민국 15년 丙寅년은 三刑을 만나게 된다. 壬運은 丙火를 沖하여 태세를 범하니 중산함안(中山艦案)에서 변고가 발생하여 불안하여 출국하였다. 그 후 子運은 申子辰 삼회 수국으로 水가 많은 것을 꺼리니 과유불

급이라. 여러 곳으로 다니면서 고통이 많았고 힘을 썼으나 공(功)이 없었다.

민국 20년 辛未년 이후는 辛運으로 흐르니 책에 말하기를 "丙火가 辛金을 합하여 生하면 권위를 잡는다." 이에 출임하니 행정원장으로 5년이나 지냈다.

민국 24년 乙亥년은 辛運이 태세를 범하고 巳亥가 상충(相沖)하니 녹원(祿元)이 손상을 입어 중앙당부에서 세 차례나 피격을 당했음에도 죽지 않았다. 좋은 운 중에는 그렇다.

민국 28년 戊寅년은 천간은 비견이고 지지는 沖하며, 또 寅巳申 삼형을 보아 일본과 화친(和親)한다는 소문이 발생하였다. 다음해 봄에 하내에서 자객을 만나니 上年에 禍를 당하는 이유인 것이다.

민국 29년 庚辰년은 식신이 출현하니 되돌아가 정부를 조직하려 한다. 庚辛壬癸 4년이 경과한다. 모두 金水 유년이라 하는 일이 즐겁고 평안하여 탈이 없었다. 병환으로 누웠으나 치유가 되고, 민국 33년 甲申년(62세) 庚運이니 월간 丙火 효신(梟神)이 식신을 빼앗으며 태세 甲木을 庚金운이 범하고 甲木 태세는 일원(日元) 戊土를 범하니 이렇게 중중하게 극벌하며 칠살이 모두 드러나니 9년 전에 등에 박혔던 실탄이 드러나 죽었다. 대한(大限:목숨)은 도망칠 수 있는 것이 아니다.

302 葉譽虎 恭綽(엽예호 공작)

광동 번우(番禺) 사람으로 字는 유보(裕甫), 옥보(玉甫), 왕호(玉虎), 왕부(玉父), 예호(譽虎) 등이고, 호는 하암(遐庵), 서명은 구완(矩園), 실명(室名)은 선실(宣室)이다. 근대의 정치가이자 서화가(書畫家), 수장가(收藏家)이다. 조부(祖父)는 엽연란(葉衍蘭), 부친은 엽패함(葉佩含)이다. 경사대학당 사학관을 졸업하고 일본에 유학 가서 동맹회에 가입했다. 북양정부 교통총장, 손중산 광주국민정부 재정부장, 남경국민정부 철도부장, 북경대학 국학관 관장, 중앙문사관 부관장, 제2회 중국정현 상위 등을 역임했다. 저서로《하암시고(遐庵詩稿)》,《하암청비록(遐庵淸祕錄)》,《하암사(遐庵詞)》,《하암담예록(遐庵談藝錄)》등이 있다.

엽예호(공작)는 청대 광서 7년 10월 초 3일 辰時에 태어났다. 그 팔자는 다음과 같다.

```
甲 壬 己 辛
辰 戌 亥 巳
```

엽공작(恭綽)의 자(字)는 예호(譽虎)이다. 광동성 번우 사람이다. 민국 초에 북양정부 양사이(梁士詒)의 제일 참모였다. 원세개(袁世凱) 시대에는 교통부 차장과 더불어 '양사이와 같은 대우'를 받는 것 같지만 다른 것이다.

민국 6년 장훈(張勳)이 복벽을 주도할 때 단기서(段祺瑞)는 마창(馬廠)의 병력까지 동원하여 토벌하였으나 병력을 다룰 수 있는 재력이 없었는데, 엽예호가 교통은행에서 수백만 원을 빌려 군사비용에 충당하였다. 그리하여 토벌할 수 있었다. 그 후 세 번씩이나 교통부 총장을 하였다. 이것은 정치 흐름에 따라서 갑자기 일어나고 갑자기 넘어지는 상황이라 그 직책이 오래가지 않았다.

그때에 오패부(吳佩孚)가 양사이를 토벌하자고 떠드니 엽예호는 달아나는 신세가 되어 남쪽으로 내려가 국민당에 투항하였다. 국부는 그를 한 번 보고 대본영의 재정부장을 담당시켰다. 민국 21년 손철생(孫哲生)이 행정원장일 때 엽예호는 철도부장이었으나 1월에 곧 사직하고 홍콩으로 갔다.

민국 30년 일제 왜구가 홍콩을 함락시키자 엽예호는 포로가 되어 압송되어 호(상해)로 갔으나 끝내 적들에게 항복할 것을 인정하지 않았다. 굽히지 않는 뼈대와 기질을 가지고 있는 것이었다.

민국 38년 대륙은 색깔이 변하여 중국 공산당의 사람들이 북평에 있으니, 엽예호는 놀라 북쪽으로 가게 되었다. 중국 대륙이 평온해진 후 중국 공산당이 관청에서 대우를 야박하게 하여 치료비마저도 주지 않으니, 항상 홍콩의 친구들에게 치료비를 빌렸다. 세월이 늙으니 이렇듯 민망하다.

엽예호의 명리(命理)는 입명(立命)이 丑宮이고, 태원(胎元)은 庚寅이다. 사주와 태원이 각기 1旬이니 그것이 특별한 것이다. 壬水 일주가 亥月에 태어나니 이름이 건록격(建祿格)이다. 신왕하니 재관(財官)을 감당할 수 있다. 甲木 식신이 투출하여 수기(秀氣)가 아름답다. 영특하고 우수하여 문장(文章)이 능할 것이며 다재다능(多才多能)할 것이다. 관성과 인성이 명랑하니 스스로 귀하다 할 수 있다.

애석하게도 巳亥가 이미 상충(相沖)하고 辰戌도 역시 상충(相沖)하고 있다. 이른바 '하늘을 덮었으나 땅은 신지를 못하였으니' 부귀가 장구하지 못하여 진급하고 좌천됨을 알 수 없구나.

28세 후에 丙申 대운에 沖한 중에 합하여 최고의 황금시절이었다. 민국 11년 壬戌년은 복음이 病이 되고 두 개의 戌土가 辰土를 沖하니 이로써 막히게 된다. 이후에는 다시 沖한 중에 合이 있는 대운이 없음에도 재기함을 바라는 것은 일장춘몽으로 끝날 것이다.

식신은 또 문성(文星)이라 하고 수성(壽星)이라 한다. 식신이 유기(有氣)한 자는 문장을 날리는 것을 제외하더라도 장수(長壽)한다. 서(書)에 이르기를 "목숨이 명랑하니 오래 살겠다."

엽예호는 금년(1959년) 79세다. 질병은 많으나 큰 장애는 없으니 86세에 이르도록 장수할 것이다. 대한(大限:죽다)은 丙午년이다.

303 許崇智(허숭지)

광동 번우(番禺) 사람으로 字는 여위(汝爲)이다. 근대의 군사가로 일본육군사관학교 보병과를 졸업했고, 1906년에 동맹회에 가입했다. 장개석(蔣介石)과 의형제를 맺은 사이다. 1911년에 복주 봉기에 참여하고, 기의군전적총지휘가 되었다. 그 후에 육군 제14사 사장, 복건북벌군총사령, 중화혁명군무부장, 대원수부참모장, 민국군사부장 겸 광동성정부주석 등을 역임했다.

허숭지는 광서 13년 농력 9월 초 10일(1887년 10월 26일) 午時에 태어났다. 그 팔자는 다음과 같다.

```
庚 甲 庚 丁
午 子 戌 亥
```

허숭지의 字는 여위(汝爲)이며 광동성 번우현 사람이다. 청나라 광서 연간에 작은 할아버지인 허응규는 민절(閩浙) 총독을 지냈다. 숭지(崇智)는 관비 유학생으로 일본 사관학교 육군 과정을 학습하였다. 동경에서 동맹회에 가입하여 학업을 마친 후 귀국하였다.

복건군에서 복무하면서 辛亥 혁명에 참여하여 광복의 공을 세웠다. 복건 제1 사단장에 임명되니 그때 나이가 25세다.

민국 2년 재차 망명하여 일본에서 국부 선생이 다시 조직한 중화혁명당에 힘을 보탰다. 민국 8년 월군 제2군장에 임명되어 병력을 장주에 주둔시켰다. 민국 9년 월군을 통솔하여 월(粤: 상해)로 돌아왔다. 민국 10년 출병하여 桂의 군대를 도와 누차 전공을 세우니 천하에 이름이 알려졌다. 민국 11년 진혁명(陳炯明) 역도가 반란을 일으키니 역도를 토벌하는 공이 없어 병력을 인솔하여 복주로 퇴각하였다.

민국 12년에 이르자 다시 월로 돌아가서 손중산에 의해 월군 총사령관에 임명되었다. 월군 총사령관 시절 국부 손중산 선생은 봉화 사람 장개석(蔣介石)을 월군 총사령부 참모장에 추천하였다. 허숭지는 매일 그의 말을 듣고 일체를 장개석에게 잘 다스리도록 맡겼다. 절대로 그는 지나치지 않았다. 장개석과는 동년 동월생이다. 장개석과 비교하니 5일이 빠르다. 장개석은 일찍부터 선배는 진기미(陳其美)였고, 최후에는 그였다. 현재 국민당 원로 중 장개석의 선배는 몇 없고 겨우 그 사람 하나뿐이다. 그러므로 국민당 원로로서 자격이 있다. 50년 이상 당원이었다.

허숭지는 민국 14년 가을, 겨울에 하야한 후 다시 나오지 아니하고 국민정부 감찰원 부원장에 선임되었으나 취임하지 않고 홍콩에 은거한 지 수십 년이다.

전년도에 나에게 산명(算命)을 부탁하기에 허숭지의 명리(命理)를 본다. 입명(立命)은 子宮이고, 태원(胎元)은 癸丑이다. 납음(納音)에 두 개의 土가 두 개의 金을 생하고 있다. 일주와 七殺이 고르게 있다. 아름다운 면모이다. 어린 나이에 申運으로 들자 칠살이 인수를 생조하므로 일찍이 병권을 장악하고 27세 丁運으로 바뀌니 일주 원신(元神)을 설기(洩氣)하며 민국 2년 癸丑년은 癸水와 丁火가 상충(相沖)하고 세운이 불화(不和)하여 해외로 망명한다. 32세 未運으로 바뀌니 귀인의 고향이다. 甲木 일주가 묘고(墓庫)의 곳이라, 누차 공훈을 세운다.

민국 9년 庚申년과 민국 10년 辛酉년이 매우 좋다. 살인상생(殺印相生)한 것이다. 38세 丙運으로 바뀌자 다시 설기한다. 민국 14년 부하의 잘못으로 하야하게 된다. 누차 재기를 기도하였으나 어렵겠다. 만년 68세 이전은 甲辰운이니 庚戌 월주와 괴강(魁罡)이 상충(相沖)하였으나 다행히 재야에 있어 평안하게 지낼 수 있었다. 만약 조정에 있었다면 당연히 위험스럽고 두려웠을 것이다.

현재 卯運은 양인(羊刃)이 칠살을 만났으니 호운(好運)이다. 내년 74세는 庚子이며 후년 75세 辛丑년은 관살이 당령(當令)하니 석양빛에 무한하게 즐겁겠으나 황혼에 가까운 것이 애석하다. 80세 丙午년은 제살태과(制殺太過)하니 두렵다. 돌아가는 운명이여!

304 陳濟棠與胡適之(진제당과 호적) *[217]과 同

1908년 중국 혁명 동맹에 가입하여 1920년 광동 육군에서 대대에서 여단 사령관으로 복무하였다. 1925년 4 군대의 11 사단 지휘관을 지냈고, 1926년 광서에서 흠주시의 수비대를 점령하여 북부 원정대의 남쪽에 머물렀다. 1928년 제4국 육군 사령관이 되었다. 제2차 세계 대전 중 내각의 농림부 장관직을 맡은 국가 정부, 최고 국방위원회 및 전략위원회 위원이었고, 전쟁 후 해남도의 주지사로 지명되었다. 1950년 4월 해남이 공산주의를 통제하고 대만으로 피신해 대통령 전략 고문으로 임명됐다. 대만에서 1954년 11월 3일에 사망했다.

내가 거듭 진제당의 팔자를 추산해 보니 청대 광서 18년 정월 23일 寅時에 태어났다. 그 팔자는 다음과 같다.

丙 甲 戊 庚
寅 子 寅 寅

민국 24년에 진제당(陳濟棠)은 월(粵:상해)의 주인이었고, 그때에 사람들이 「南天의 왕」이라 칭하였다. 그때 호적(胡適)은 남쪽으로 돌아다니다가 월에 도착했고, 정부 주석 임운해(林雲陔)의 소개로 총사령부에서 진제당을 만나게 되었다.

대화하면서 진제당이 힘주어 말하기를 "경전을 읽는 것은 나의 주장과 같다. 공자의 말씀도 내 주장과 같다. 관우의 주장도 내 주장과 같다.

병권을 장악하고 27세 丁運으로 바뀌니 일주 원신(元神)을 설기(洩氣)하며 민국 2년 癸丑년은 癸水와 丁火가 상충(相冲)하고 세운이 불화(不和)하여 해외로 망명한다. 32세 未運으로 바뀌니 귀인의 고향이다. 甲木 일주가 묘고(墓庫)의 곳이라, 누차 공훈을 세운다.

민국 9년 庚申년과 민국 10년 辛酉년이 매우 좋다. 살인상생(殺印相生)한 것이다. 38세 丙運으로 바뀌자 다시 설기한다. 민국 14년 부하의 잘못으로 하야하게 된다. 누차 재기를 기도하였으나 어렵겠다. 만년 68세 이전은 甲辰운이니 庚戌 월주와 괴강(魁罡)이 상충(相冲)하였으나 다행히 재야에 있어 평안하게 지낼 수 있었다. 만약 조정에 있었다면 당연히 위험스럽고 두려웠을 것이다.

현재 卯運은 양인(羊刃)이 칠살을 만났으니 호운(好運)이다. 내년 74세는 庚子이며 후년 75세 辛丑년은 관살이 당령(當令)하니 석양빛에 무한하게 즐겁겠으나 황혼에 가까운 것이 애석하다. 80세 丙午년은 제살태과(制殺太過)하니 두렵다. 돌아가는 운명이여!

304 陳濟棠與胡適之(진제당과 호적) *[217]과 同

1908년 중국 혁명 동맹에 가입하여 1920년 광동 육군에서 대대에서 여단 사령관으로 복무하였다. 1925년 4 군대의 11 사단 지휘관을 지냈고, 1926년 광서에서 흠주시의 수비대를 점령하여 북부 원정대의 남쪽에 머물렀다. 1928년 제4국 육군 사령관이 되었다. 제2차 세계 대전 중 내각의 농림부 장관직을 맡은 국가 정부, 최고 국방 위원회 및 전략위원회 위원이었고, 전쟁 후 해남도의 주지사로 지명되었다. 1950년 4월 해남이 공산주의를 통제하고 대만으로 피신해 대통령 전략 고문으로 임명됐다. 대만에서 1954년 11월 3일에 사망했다.

내가 거듭 진제당의 팔자를 추산해 보니 청대 광서 18년 정월 23일 寅時에 태어났다. 그 팔자는 다음과 같다.

```
丙 甲 戊 庚
寅 子 寅 寅
```

민국 24년에 진제당(陳濟棠)은 월(粤:상해)의 주인이었고, 그때에 사람들이 「南天의 왕」이라 칭하였다. 그때 호적(胡適)은 남쪽으로 돌아다니다가 월에 도착했고, 정부 주석 임운해(林雲陔)의 소개로 총사령부에서 진제당을 만나게 되었다.

대화하면서 진제당이 힘주어 말하기를 "경전을 읽는 것은 나의 주장과 같다. 공자의 말씀도 내 주장과 같다. 관우의 주장도 내 주장과 같다.

내가 내 주장을 말하는 이유다. 민국 15년 나는 과거를 물리치고 세상을 관찰하건대 우리나라에서는 공산당은 마땅치 않다. 나의 정치 방책을 말하자면 첫째가 건설을 함으로써 생산하여야 한다. 둘째는 사람을 보듬어야 된다. 나는 관우의 사당에서 기도하고 공자를 존경하여 그의 글을 읽는다. 말하기를 '사람을 보듬어야 된다.'는 도리에 기초하고 있다. 사람을 보듬어야 하는데 있어서는 '근본'이 있어야 한다. 중국 문화에서 구하는 것은 중용이다. 누구나 욕심이 있겠으나 충의와 성현의 말씀을 버린다면 근본을 잊는 것이다. 근본을 저버린 자는 필연코 버림을 받을 것이다."라고 하였다.

진제당의 말은 매서웠고 엄숙하였고, 신문화를 제창한 호적(胡適)은 사양하지 않았다. "중국의 금일 교육은 어찌하여 나라가 망하는 것을 보고만 있느냐? 이것은 소위 과학이 부족하여서이다. 어떻게 건설할 수 있을까? 그 사람들의 과학적 올바름을 공부하지 못한다면 창조할 수가 없다. 그렇게 나라가 멸망한 근본을 모른 체 하면서 교육이 가능할 것인가?"라고 하였다.

완곡하게 서로 논쟁하였으나 호적은 진제당과는 뜻이 같지 않았다. 호적은 허무하다 여겼다. 진제당은 말하기를 "사람을 보듬어 사람이 근본을 잃어버리지 않는 것이 천고에 바뀌지 않는 이치인 것이다. 옛날에 마땅하다는 것이 이것이다. 단 어찌할 수 없이 새로움을 알아야 한다."라고 하였다.

진제당의 말은 치우친 것이다. 그러나 그가 도학을 지키고자 하는 정신은 매우 아름답고 존경하지 않을 수 없다.

진제당의 명리(命理)는 寅宮에서 甲丙戊 세 가지 기운이 있고, 묘한 것은 甲丙戊가 모두 투출하였다. 甲戊庚은 천상(天上) 삼기(三奇)라. 甲木 일주가 寅月에 태어나니 때는 날씨가 추워 丙火를 보면 나무가 따뜻해져 빼어남이 있을 것이다. 즐겁고 즐겁게 영화로울 것이다. 연상(年上)에 庚金 하나의 칠살이 귀하다. 病은 丙火의 제살이 지나친 것이다. 장년에 壬運에 丙火를 극거(剋去)하면 한 번에 출세한다.

민국 25년 丙子년은 壬午 대운이다. 태세(太歲)와 대운(大運)이 천극지충(天剋地沖)하여 실패하니 하야하였다. 癸運에 재기하여 농림부장이 되었다. 위세와 권력은 예전보다 못하다. 子水와 寅木이 丑土 귀인을 지지에서 공협(拱挾)하였다.

민국 38년 己丑년은 귀인이 나타나서 다시 해남 행정장관을 하게 된다. 한순간에 피었다가 쓰러지는 꽃처럼 허무하다. 다음 해 庚寅은 물러나 대만으로 돌아갔다.

민국 43년 甲午(65세)는 유년(流年)과 일원(日元)이 천비지충(天比地沖)하니 세상의 인물도 어쩔 수 없이 마치는구나!

305 胡展堂與劉紀文(호전당과 유기문) *[205], [306] 비교

[205] 호전당

丙 丙 丙 己
申 寅 子 卯

[306] 유기문

庚 癸 丙 庚
申 酉 戌 寅

사람과 사람의 관계란 불능불(不能不) 인연(因緣)이 있어야 한다. 인연 있는 사람과는 피차 뜻이 통한다. 물과 우유가 서로 융합되듯이. 인연 없는 사람과는 서로 바로 잡으려고 하여 잘 어울리지 않는다. 수십 년 이래 내가 인식하고자 하는 중요 인물 가운데 인연이 없는 사람은 호전당(胡展堂)과 유기문(劉紀文)이다.

민국 16년 국민혁명군이 남경을 점령하고 총사령관인 장개석(蔣介石)이 보증하고 추천한 유기문이 남경 특별시장이 되었다. 그때 호전당은 국민정부 상무위원회 주석으로 직무를 집행하고 있었다. 국민정부의 일체 행정을 주재하며 인식하기를 "당 중앙에 기타 특별한 인물도 많았는데 하필 유기문을 임용했을까?"라고 하였다. 이것은 아직 판단하지 못하고 보류된 것을 장개석이 헤아려 인선한 것이므로 유기문(紀文)의 관운이 형통한 것이다. 10여 일 후 유기문의 처의 아버지가 되는 고응분(古應芬)이 광주에서 남경에 도착하였다. (당시 古의 여식(女息)은 이미 죽었다.) 호전당과 고응분 두 사람의 관계는 독실하고 두터웠다. 호전당(展堂)

은 힘든 일도 고응분과 정(情)을 나누는 사이였다.

유기문(紀文) 남경 시장은 민국 17년 봄에 허숙진 여사와 시정부 예식장에서 결혼하였는데 화려한 등불과 비단으로 큰 연회를 베풀었다. 그 당시 호전당은 유럽을 여행하고 있었다.

호전당이 가을에 귀국하여 입법원장에 임명되었는데, 들리는 소문으로는 유기문이 결혼식에 낭비가 심했다는 것이었다. 의아하게 생각했다. 길거리에서 들리는 소문도 허숙진 여사에게 20여 원으로 한 쌍의 구두를 사주었다고 하였다.

호전당이 기념식 자리에서 유기문에게 되풀이 해서 물었으나 유기문은 아니라고 하였다. 뒤에 풍옥상(馮玉祥)이 남경에 도착해서 다시 그러한 사정으로 유기문을 공격하니 호전당도 같은 생각이었다.

이때 유기문은 안정된 위치에 있기 위해 장개석 선생에게 부탁하기를 송자문(宋子文) 재정부장에게 말하여 자신을 강해(江海) 관세에 감독으로 보내달라고 부탁하였다. 비록 그렇게 되었어도 작은 직책인데, 좌천된 것이다. (특별시장은 특임이고, 감독은 간단한 직책이다)

민국 20년 호전당은 탕산에 유폐되었고, 고응분은 먼저부터 월(粤: 상해)로 돌아가서 왕정위(汪精衛)와 합작하여 비상회의를 소집하였다. 월(粤:상해)에서 조직한 국민정부는 광주시장이던 임운해(林雲陔)를 발탁하여 광동성 정부 주석으로 하고, 유기문을 광주시장에 임명하였다. 그 해 겨울에 고응분은 병(病)으로 죽었다.

호전당(胡展堂)은 남쪽으로 돌아와 서남 정무위원회와 서남집행부를 성립하였다. 호전당은 홍콩에 거주하면서, 남모르게 서남 정부의 두 기구를 통제하였다. 그 해 호전당은 홀연히 광주시장 직책에 유기문(劉紀文)이 마땅치 않았다. 다시 한 번 홍콩에서 서남 정무위원회에 부탁하여 다른 사람으로 계승하라 하였고, 서남 정무위원회 상임위원은 등택여(鄧澤如), 소불성(蕭佛成) 등이 명령을 받고 도착하였다. 그들은 앞뒤로 몇 번 믿음을 버리면서도 호전당(展堂)에게 말하기를 적당한 인선을 하기가 곤란하다 하였다. 구관(舊官)만 못할 것이다는 것이었다. 호전당에게 재삼 문서로 광주 문제는 유기문을 빼고서는 불가하다는 주장을 굽히지 않았다. 서남 정무위원회에 중요인물들은 호전당의 성품이 집요한 것을 듣고도 들은 체를 아니 했다.

어느 날 가장 믿음이 가는 이효생(李曉生)에게 호전당이 추궁을 해보니 이효생은 홍콩에 도착하여 유기문과 소통한 이야기를 말하기를, "유기문의 재주는 과연 평범하지 않구나. 단 큰 잘못이 없었으면서 살펴보니 규정과 법칙을 지켰다. 또한 고상옹의 사위였다. 상옹(湘翁)은 이미 죽었다. 어린 여식이 있었으니 가까운 친척은 기문 그 사람뿐이었다. 그는 상옹 일가의 생활을 부담했다. 청컨대 호 선생이여, 생각하지 마시고 부처님의 마음을 지니십시오."라고 언급하여 광주 시장의 문제는 이렇게 해소되었다. 이효생의 말을 들은 전당은 다시는 고집부리지 않기로 한다. 침상에서의 의논이었다.

이때에 유기문의 직책은 민국 25년 여름, 가을에 광동에서 중앙으로 올라가 남경 심계부 차장이었다. 유기문과 호전당의 '인연'은 마땅치 않음에도 관운이 형통한 것과 호전당이 끝내 정리가 있었던 것은 사람의 일에서 미묘(微妙)한 것이다. 그렇다.

306 劉紀文與汪希文(유기문과 왕희문)
* 유기문은 행정가, 왕희문은 철판신수와 명리의 대가

유기문은 이미 죽었고 나는 오히려 살아있다. 유기문은 이전 청대 광서 16년 9월초6일 신시에 태어났다. 나와 더불어 동년, 동월, 동일생이다. 단 나는(왕희문 스스로 '나'라고 칭하였다.) 진시에 태어나고, 서로 4시진의 차이가 있다. 기문의 팔자는 다음과 같다.

유기문	왕희문
庚 癸 丙 庚 申 酉 戌 寅	丙 癸 丙 庚 辰 酉 戌 寅

국민당 원로 고응분(古應芬) 선생은 나의 스승이었다. 유기문(劉紀文)은 고응분 선생의 사위다. 이미 정혼(定婚)하였으나 고소저(古小姐)는 결혼하기도 전에 죽었다. 그럼에도 유기문은 시종 고응분 선생을 아버지처럼 대했다. 내가 어렸을 때 고응분 선생 집에서의 기문(紀文)은 사리가 밝았다.

민국 6년 호법의 큰 일이 있을 때 국부는 대원수라 칭하고 월(粵:상해)에 있었다. 기문(紀文)은 대본영 재정부 첨사(簽事 – 부장 당소의(唐紹儀), 차장

료중개(廖仲愷)였고, 나는 내정부 첨사(부장 거정(居貞), 차장 엽하성(葉夏聲))였다. 그때는 나와 기문은 아침 저녁으로 만났다. 북벌 이전(민국 15년 이전)이니 피차 벼슬살이가 갑자기 오르고 느닷없이 내리기를 반복하였다. 때를 얻기가 마땅치 않았다. 민국 16년 유기문은 일약 남경특별시의 시장이 되었다. 이것은 갑자기 벼락출세한 것이다.

유기문(紀文)의 명리(命理)는 지지(地支)가 申酉戌 삼회(三會) 西方 金局이라. 글에 "하나의 水가 세 개의 庚申을 만나면 말하기를 전체가 갖추어진 상이다."라고 한다. 마땅하구나! 귀함이 드러날 것이다.

유기문의 사주의 원신(元神) 金氣는 왕하고 나의 원신 水氣는 약하므로 당연히 비교하면 높지 않다. 나는 丙辰時에 태어나서 시상(時上)에 한 개의 수고(水庫)가 통근(通根)이라 종신토록 작은 물이 흐르는 듯하다. 늙도록 먹는 일로 겨우 살아간다.

민국 46년 丁酉년은 나와 기문이 같은 68세이다. 이미 癸水운으로 바뀌자 일주가 태세를 범하며 대운도 태세를 범하고 있으며 또한 바로 각도(방위, 방향)가 옮기는 때이다. 東方에서 南方으로, 나는 스스로 이때는 필연코 숨쉬기도 힘들 것이며 늙은 몸이 세상을 떠날 것 같다. 그때 유기문은 신대륙에서 암으로 죽었다. 나는 아무 탈 없이 지나갔다.

오문(澳門: 홍콩)에서 두 번씩이나 일을 하였으니 '丁火'는 나의 편재성이다. 단 어째서 기문(紀文)은 죽고 나는 안 죽었을까? 당시 수많은 생각을 하였음에도 몰랐는데 시간이 지나서 깊게 생각해보다가 갑자기 깨달았다.

기문(紀文)은 癸水 원신이 튼튼하여 癸運에 다시 水가 왕해지니 癸水가 태세 '丁火'를 범하였던 것이다. 태세는 모든 별의 주인이다. 침범한 즉 필히 흉하다. 丁火로서는 왕한 水의 충극(沖剋)을 이길 수 없다. 이래서 죽은 것이다.

나의 癸水 원신은 본래 약한데다가 癸運이 앉은 곳이 巳火이니 그 세력 역시 약하다. 약(弱)한 水의 힘으로는 태세(太歲)를 범하는 것이 부족하므로 태세는 이미 별 탈이 없다. 그래서 특별히 편안하지는 않았으나 적은 돈을 볼 수 있었다.

명리의 이치가 매우 중요하구나. 잘못됨을 추론함에도 경각이라도 확실하지 않다면 답을 하지 말아야 한다.

나는 금년이 70세이다. 현재 운로는 癸巳운이고 금년 태세는 己亥이다. 대운(己亥)과 세운(癸巳)이 천극지충(天剋地沖)하니 금년에 죽을 것이다. 단 계말(辰戌丑未月)에 병(病)이 많을 것이다. 12월에 마칠 것이다. 다만 "깨달음을 얻기를!"

(살펴보니 왕선생의 죽음은 입춘(立春) 후 11일이었다.) 다행히 태세가 대운을 극충(剋沖)한 것이지 대운이 태세를 범(犯)한 것이 아니다. 어려움이 그만큼 감해진 것이다. 내년 농력(農曆)으로 정월(正月) 입춘(立春) 절(節)이 바뀌면 이후에는 4년 간이 좋다. 혹자는 나의 글에 결함이 많다 할 것이나, 하늘에 빚을 갚은 것이니 나는 일찍이 매일 힘써 노력하였으나 용서하지 말라.

글을 마치니 힘이 없다. 두 구절로 말하면, "만경창파(萬頃蒼波)에 기댄이 몸은 외롭고 적막하구나. 아직도 티끌을 떨치지 못했으니…" 감개스럽구나! 이 글은 1959년 12월 30일에 홍콩 천문태보에 실린 것이다.

편집자 : 왕희문(汪希文) 선생은 1960년 2월 15일 수면제를 드시고 홍콩 모랫가 만불사 회사원 객사에서 목숨을 마치셨다. 운명이여! 이 글을 쓴 것은 그로부터 46일 지나서다.

古今名人命鑑
고 금 명 인 명 감

초판 1쇄 발행 2019년 8월 9일

원저자 東海 서락오
옮긴이 春光 김기승
펴낸이 방성열
펴낸곳 다산글방

출판등록 제313-2003-00328호
주소 서울특별시 마포구 동교로 36
전화 02) 338-3630 **팩스** 02) 338-3690
이메일 94youl@hanmail.net
홈페이지 www.iebook.co.kr

ⓒ 김기승, 2019, Printed in Korea
ISBN 979-11-6078-114-4 03150

이 도서의 국립중앙도서관 출판예정도서목록(CIP)은 서지정보유통지원시스템 홈페이지(http://seoji.nl.go.kr)
와 국가자료종합목록 구축시스템(http://kolis-net.nl.go.kr)에서 이용하실 수 있습니다.
(CIP제어번호 : CIP2019030943)

* 이 책은 저작권법에 의해 보호받는 저작물이며, 저자와 출판사의 서면 허락 없이 내용의 전부 또는 일부를 인용
하거나 발췌하는 것을 금합니다.
* 제본, 인쇄가 잘못되거나 파손된 책은 구입하신 곳에서 교환해드립니다.
* 책값은 뒤표지에 있습니다.